LORENZAS ITALIENISCHE FESTE

LORENZA DE' MEDICI

LORENZAS ITALIENISCHE FESTE

CHRISTIAN VERLAG

Herzlichen Dank an John Meis für seine Mitarbeit

Aus dem Englischen übersetzt von Susanne Vogel
Redaktion: Gertraud Bellon
Korrektur: Dr. Michael Schenkel
Umschlaggestaltung: Horst Bätz
Herstellung: Dieter Lidl
Satz: Fotosatz Völkl, Puchheim

Druck und Bindung: Conti-Tipocolor, Mailand
Printed in Italy

ISBN 3-88472-473-8

HINWEIS

Alle Informationen und Hinweise, die in diesem Buch enthalten sind, wurden von der
Autorin nach bestem Wissen erarbeitet und von ihr und dem Verlag mit größtmöglicher
Sorgfalt überprüft. Unter Berücksichtigung des Produkthaftungsrechts müssen wir
allerdings darauf hinweisen, dass inhaltliche Fehler oder Auslassungen nicht völlig
auszuschließen sind. Für etwaige fehlerhafte Angaben können Autorin, Verlag und
Verlagsmitarbeiter keinerlei Verpflichtung und Haftung übernehmen.

Korrekturhinweise sind jederzeit willkommen und werden gerne berücksichtigt.

INHALT

Vorwort 7

FRÜHLING

Einführung	8
Die Vorratskammer	18
Antipasti, Pasta und Suppen	21
Fleisch, Geflügel und Fisch	33
Gemüse und Salate	40
Desserts, Kuchen und Brot	44
Ein Oster-Festmahl	49

SOMMER

54	Einführung
62	Die Vorratskammer
65	Antipasti, Pasta und Suppen
73	Fleisch, Geflügel und Fisch
82	Gemüse und Salate
86	Desserts, Kuchen und Brot
91	Ein Sommer-Picknick

HERBST

Einführung	96
Die Vorratskammer	106
Antipasti, Pasta und Suppen	109
Fleisch, Geflügel und Fisch	119
Gemüse und Salate	126
Desserts, Kuchen und Brot	130
Ein Fest zur Weinlese	135

WINTER

140	Einführung
150	Die Vorratskammer
154	Antipasti, Pasta und Suppen
164	Fleisch, Geflügel und Fisch
170	Gemüse und Salate
174	Desserts, Kuchen und Brot
179	Ein Weihnachts-Festmahl

Eine Wein-Auswahl 186

Register 188

VORWORT

In meiner Kindheit und Jugend verging kaum eine Woche ohne *festa,* irgendein kirchliches oder weltliches Fest, das landesweit oder zumindest auf lokaler Bühne gefeiert wurde. Abgesehen davon, dass ich dann einen Tag schulfrei hatte und manchmal auch länger aufbleiben durfte, bis der Tanz begann, mit dem solche Feste oft ausklangen, waren diese Gelegenheiten für mich noch aus anderer Sicht ein Grund zur Freude. Natürlich wurden je nach Anlass immer besondere Speisen zubereitet, und während zumindest in meiner Familie die Kinder normalerweise in der Küche nichts zu suchen hatten, durften wir dann mithelfen. Wir waren umso begeisterter bei der Sache, als wir meist mit Aufgaben betraut wurden, die mit Desserts oder Gebäck zu tun hatten. Sahne zu schlagen, zum Beispiel für *montebianco,* eine norditalienische Süßspeise aus Kastanienpüree, machte besonders viel Spaß.

Im Laufe der Jahre wurden viele Festtage abgeschafft. Vermutlich steckte dahinter das Bestreben, die Produktivität im Lande zu steigern. Ich erinnere mich noch an mehrere Situationen, bei denen Freunde aus nördlichen Ländern, die als sehr fleißig bekannt sind, erstaunt fragten: »Wie, die Geschäfte sind mitten in der Woche geschlossen?« Und das konnte ohne weiteres auch zwei, drei Tage der Fall sein, wenn ein solcher Feiertag einem Wochenende unmittelbar vorausging oder folgte.

Obwohl der Festkalender also inzwischen merklich geschrumpft ist, blieb unsere Lust, gemeinsam zu essen und zu feiern, davon unberührt. Die religiösen oder patriotischen Hintergründe mancher italienischen *feste* mögen längst in Vergessenheit geraten sein, doch die Begeisterung für Festmähler mit altüberlieferten Zubereitungen ist in Italien so lebendig wie eh und je.

Nicht selten bieten sogar die regionalen landwirtschaftlichen Produkte der jeweiligen Saison den Anlass für Festivals. Dank seiner geographischen Lage hat Italien vier deutlich voneinander abgegrenzte, aber zugleich nicht allzu extrem verlaufende Jahreszeiten. Eine abwechslungsreiche Topographie bedingt Mikroklimate, die von Fall zu Fall Obst- oder Gemüseanbau, Viehzucht oder Fischerei besonders begünstigen. In Italien schätzt man die frischen Erzeugnisse der jeweiligen Jahreszeit. Den Frühlingsanfang feiern wir mit *primizie,* den jungen, zarten Salat- und Gemüsesorten, wie zum Beispiel Erbsen und Artischocken. Als Nachtisch genießen wir die ersten Erdbeeren und Kirschen. Sobald es wärmer wird, tafeln wir im Freien; nun zieht es uns ans Meer, wo Spezialitäten mit Fischen und Meeresfrüchten locken. Im Herbst und Winter servieren wir herzhafte Gerichte; viele werden traditionsgemäß über dem offenen Feuer zubereitet. Gegrilltes Fleisch, gebratenes Geflügel und üppige Desserts beherrschen die Menüs.

Meine Sensibilität für den Wechsel der Jahreszeiten erklärt sich wohl aus dem Kontrast zwischen dem großstädtischen Mailand und der stark landwirtschaftlich geprägten Toskana, den beiden Welten, in denen ich den größten Teil meines Lebens verbracht habe. In der Toskana erlebe ich die Natur am intensivsten. Hier bestelle ich auch meinen Garten und besuche die Märkte. Trotz industrieller Massenproduktion und der ganzjährigen Verfügbarkeit vieler Produkte gehen die meisten Köchinnen und Köche erst in den Garten oder auf den Markt und entscheiden dann, was sie zubereiten werden. Mit dem vorliegenden Buch möchte ich meine Leser inspirieren, es genauso zu machen. Wer im Rhythmus der Jahreszeiten kocht, wird seine Fantasie gebrauchen. Lassen Sie sich dazu anregen, nur die frischesten Zutaten auszuwählen und dann unter den Rezepten nach einer geeigneten Idee zu suchen, wie man das Beste aus ihnen machen kann.

Wie sehr ich in der Toskana heimisch bin, kommt vor allem in den Einführungen der Kapitel zum Ausdruck. Bei den Rezepten hingegen finden sich auch solche aus anderen Regionen sowie weitere, die von mir stammen. Im Anschluss an die Rezepte der jeweiligen Saison habe ich für die Feste des Jahres – von Ostern über die Sommerferien und die Erntezeit im Herbst bis Weihnachten – Menüvorschläge zusammengestellt. Ob den regionalen Küchen Italiens entlehnt oder von mir kreiert, schöpfen sie aus dem, was die Jahreszeiten hervorbringen. Möge dieses Buch meine Leser dazu inspirieren, die Freude am genussreichen Feiern mit der Familie und Freunden zu pflegen.

EINFÜHRUNG

Wenn ein Termin im italienischen Festkalender das Attribut »beweglich« verdient, ist es sicherlich der Frühlingsbeginn. In Agrigent, das an der Südküste Siziliens liegt und nur durch ein vergleichsweise schmales Band des Mittelmeers von Nordafrika getrennt ist, feiert man das Ende des Winters am ersten Februarsonntag mit dem Mandelblütenfest. Weiter nördlich, auf der italienischen Halbinsel selbst – genauer in Kampanien mit seiner Hauptstadt Neapel –, stehen im März Bougainvillea, Glyzine, Oleander und Dutzende anderer Pflanzen in voller Blüte. Im Norden der Toskana aber, wo ich lebe, hat der Winter nach wie vor alles fest im Griff. Wir müssen uns weitere Wochen gedulden, bis dann die ersten Veilchen und Narzissen die kahle Kulisse schmücken, in die einstweilen die Bäume noch ihre nackten Zweige recken, und es ist auch keineswegs ungewöhnlich, zu Ostern den Kamin anzuzünden. Traditionsgemäß stellt man jetzt die Töpfe mit den Zitronenbäumchen ins Freie, doch wenn das Fest früh ins Jahr fällt, besteht weiterhin Frostgefahr und es kann sogar schneien. Im Mai erwacht dann die Natur endgültig zu vollem Leben. Die Wiesen sind mit Wildblumen übersät und die Wälder zeigen sich in leuchtendem Grün.

Auf den lokalen Märkten füllen sich die Gemüsestände mit einem überwältigenden Angebot, das einem geradezu die Qual der Wahl bereitet. Mit zu den ersten Produkten gehören die *fave*. Junge Dicke Bohnen, die besonders klein und noch hellgrün sind, schmecken so süß und zart, dass man sie roh essen kann. Als Antipasto werden sie oft mit jungem Pecorino, dem bekannten italienischen Schafmilchkäse, kombiniert. Mit Olivenöl *extra vergine* angemacht, sind sie äußerst schmackhaft als Salat oder auch als Belag für ein *crostone,* eine große Scheibe geröstetes und mit Knoblauch eingeriebenes Landbrot.

Bei einem zwanglosen Essen im Freundeskreis stelle ich eine große Schüssel mit noch nicht ausgehülsten Dicken Bohnen sowie ein Schälchen mit Salz in die Tischmitte und überlasse den Gästen die Arbeit. Dazu kredenze ich eine große Karaffe Weißwein. Die jungen Bohnenkerne munden auch gut, wenn sie wie frische Erbsen nur kurz gegart werden.

Vor allem für Fischgerichte sind sie eine herrliche Beilage. Später in der Saison, wenn die Bohnenkerne größer werden, entwickelt ihre dünne Haut einen unangenehm bitteren Geschmack, weshalb man sie abziehen sollte. Reife Dicke Bohnen sind, mit gewürfelter Pancetta geschmort, einfach köstlich. Sie lassen sich aber auch zu aromatischen Suppen und Saucen verarbeiten.

Wenn die ersten Dicken Bohnen auf dem Markt auftauchen, regt sich in mir bald die Vorfreude auf eine andere Gemüsesorte, die in meinem Garten wächst. Zarte Erbsen versprechen, frisch gepflückt und eben ein, zwei Minuten gegart, ja sogar roh oder nur kurz blanchiert in einen Salat gemischt, einen unvergleichlichen Genuss. Nach der Ernte büßen sie buchstäblich binnen Stunden an Aroma ein, doch glücklicherweise lassen sie sich gut durch Einfrieren konservieren. Die modernen Verarbeitungstechniken, bei denen vollreif geerntete Samen ohne großen Zeitverlust tiefgefroren werden, machen dies möglich.

Piselli al prosciutto heißt eine klassische italienische Zubereitung, für die Erbsen mit Streifen von Parmaschinken gegart werden. Die gleichen Zutaten ergeben auch eine schmackhafte Ergänzung zu Pasta. Ebenso gut munden als erster Gang Kartoffel-Gnocchi mit einem Püree von Erbsen – oder alternativ von Dicken Bohnen –, und auch zu Reis passen Erbsen geradezu ideal. Auch eine Suppe bereite ich aus pürierten Erbsen zu und würze sie mit Estragon oder Minze, zwei Kräutern, die mit dem Aroma dieses Gemüses bestens harmonieren. Darüber hinaus vertragen sich Erbsen mit vielen anderen Frühlingsgemüsen wie Dicken Bohnen, Artischocken und Spargel und sie gehören zu den wenigen Sorten, die ich zu Fischgerichten serviere.

Ein weiteres Gemüse, das jetzt Hochkonjunktur hat und übrigens im Spätherbst ein zweites Mal geerntet wird, sind die Artischocken. Überall auf den Märkten sieht man sie kistenweise aufgetürmt, und außerhalb der Städte und Ortschaften warten mitunter Händler mit ganzen Lastwagenladungen auf Käufer, die sich über absolute Niedrigpreise freuen dürfen. Artischocken sind für mich das italienische Gemüse schlechthin. Es wird sogar vermutet, dass die *carciofi* ursprünglich aus Italien, wahrscheinlich aus Sizilien, stammen. Fest steht indes, dass die Italiener weltweit Platz eins unter den Erzeugern und Verbrauchern von Artischocken halten.

Botanisch gesehen handelt es sich bei der Artischocke um ein Mitglied der Distelfamilie und eine Verwandte der im Mittelmeerraum heimischen wilden Kardone (auch Kardy oder Cardy), die sich schon bei den alten Griechen und Römern großer Beliebtheit erfreute. Angebaut werden Artischocken wegen ihrer Blütenknospen. Die noch kleinen, zarten Exemplare verspeisen die Italiener gegart oder sogar roh mitsamt dem Stiel. Anderenorts gelangen die Artischocken erst in den Handel, wenn ihre Hüllblätter bereits fester sind. Man zupft diese von den gekochten Blütenköpfen und tunkt sie mit dem essbaren fleischigen Ansatz in zerlassene Butter oder eine Dip-Zubereitung, während man in Italien für diesen Zweck Olivenöl *extra vergine* favorisiert.

Mehr als ein Dutzend Artischockensorten sind auf italienischen Märkten zu finden. Manche sind an der Spitze ihrer Hüllblätter mit Stacheln versehen, andere nicht, was natürlich über die Art der Zubereitung mit entscheidet. Während einige der Sorten landesweit erhältlich sind, zählen andere zu den lokalen Spezialitäten. So sollte man in Venedig Ausschau halten nach den auffallend kleinen und besonders zarten *castraure della laguna veneta,* den »Verschnittenen aus der Lagune von Venedig«. In Harry's Bar serviert Arrigo Cipriani sie warm mit einer Portion *gamberetti,* also Garnelen. Eine wundervolle Kombination, deren sündhaft teurer Preis sich zumindest zum Teil durch den Aufwand rechtfertigt, den das Vorbereiten beziehungsweise Schälen der Zutaten mit sich bringt. Sehr früh reifen die leicht eiförmigen *violetti di Toscana;* besonders weit verbreitet ist die kugelförmige Sorte Romanesco, die auch in großem Stil exportiert wird. Aus ihr bereiten die Römer ihr berühmtestes Antipasto zu, die *carciofi alla romana.*

Dafür werden die Artischocken von allen harten, ungenießbaren Teilen befreit und dann im Ganzen mitsamt ihrem zarten Stiel unter Beigabe von Petersilie, Knoblauch und Minzeblättern in Olivenöl gegart. In einer anderen Version füllt man sie mit einer Mischung aus Petersilie, Knoblauch und Minze und dünstet sie anschließend in Olivenöl und Wasser. Ursprünglich aus dem römischen Getto stammt das Rezept für *carciofi alla guidea:* rundliche Artischocken, die in Olivenöl ausgebacken werden, bis sie außen schön knusprig, innen hingegen zart und saftig sind.

Sofern Sie aber, so wie ich, nicht gern endlose Stunden in der Küche zubringen wollen, sollten Sie sich für beide Delikatessen einen Besuch in einer guten *trattoria* Roms gönnen.

Das mühselige Säuberungsritual lässt sich in Italien auch damit umgehen, dass man sich auf einen Markt begibt und sich dort vertrauensvoll an einen der zahlreichen Händler wendet, die diese Arbeit in der Regel für ihre Kunden übernehmen. Äußerst geschickt entfernen sie in Windeseile mit einem kleinen, sehr scharfen Messer die Außenblätter und geben die Artischocken dann, damit sie nicht dunkel anlaufen, sogleich in einen Eimer mit Wasser, in dem etliche Zitronenhälften schwimmen. Ein weiteres Problem bei der Verwendung von Artischocken ist für mich der Berg von Abfall, denn schließlich wurde ich von klein auf darauf getrimmt, nichts zu verschwenden. Man kommt in diesem Fall aber nicht umhin, seine Skrupel über Bord und manchmal bis zu einem Viertel der Blütenköpfe in den Mülleimer zu werfen, bis man zu den hellgrünen, genießbaren Blättern vordringt. Ob Sie zum Vorbereiten ein Gemüsemesser oder, wie ich, die Finger einsetzen, bleibt Ihnen überlassen. Das Zitronenwasser jedoch ist ein Muss.

Probieren Sie bei einem Aufenthalt in Italien auf jeden Fall die besonders kleinen, frühen Artischocken, die roh serviert und einfach nur mit Olivenöl *extra vergine* angemacht werden. Übrigens

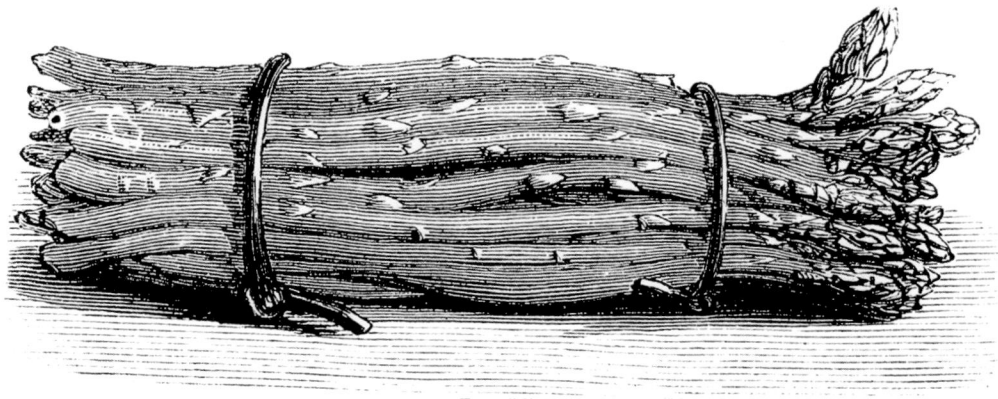

passt Letzteres generell zu Artischocken entschieden besser als Butter. Ein attraktives Paar bilden auch Artischocken und Reis, ob in Form eines Risottos oder eines Reisauflaufs, und ganz besonders freue ich mich jedes Jahr auf die Pastagerichte mit Artischocken, die entweder in Tomatensauce geschmort oder einfach komplett, also mitsamt den zarten Stielen, gedünstet werden.

Während die Artischocken eine geraume Weile auf dem Markt präsent sind, gibt der Spargel, das vornehmste und zugleich kostspieligste unter den Frühlingsgemüsen, nur eine sehr kurze Vorstellung. *Asparagus officinalis* lautet der botanische Name der Pflanze, die zu den Liliengewächsen zählt. In Mittelitalien findet man *asparagi di campo,* wilden Spargel, noch heute an manchen Stellen mit sandigem, feuchtem Boden. Die dunkelgrünen Stangen sind beinahe schon zerbrechlich dünn, schmecken aber sehr intensiv. Für kurze Zeit kann man sie sogar auf dem Markt kaufen. Wir garen sie nur kurz und beträufeln sie mit einer Marinade aus Olivenöl, vielleicht einem Spritzer Zitronensaft, Salz und Pfeffer; in Rom gibt man häufig noch ein kleines Sardellenfilet dazu. Auch in einer *frittata,* der italienischen Version des Omeletts, kommt die etwas herbe Note des wilden Spargels gut zur Geltung.

In Kultur wächst Spargel ebenfalls in sandigem Grund. Die leuchtend grünen Stangen werden gestochen, sobald sie sich aus dem Boden schieben. Vor allem in den nordöstlichen Regionen Italiens, insbesondere Friaul und Venetien, ist das Bleichen verbreitet; das heißt, die Bauern häufeln um das sprießende Gemüse regelmäßig weitere Erde auf. Diese Methode erbringt weiße, nur an der Spitze violett überhauchte, dicke und ebenmäßige Stangen, die zarter, aber nicht so aromatisch sind wie grüner Spargel. Allerdings ist der weiße Spargel infolge des Mehraufwands noch teurer als der grüne. Der Preis erklärt sich dadurch, dass das Spargelstechen von Hand erfolgt und dass erst im vierten Jahr nach der Anpflanzung zum ersten Mal geerntet werden kann.

Der Spargelanbau hat in Italien nachweislich eine lange Geschichte. Schon im ersten nachchristlichen Jahrhundert schrieb Plinius der Ältere, beim Spargel aus Ravenna kämen »drei Stangen aufs Pfund«. Selbst wenn wir dabei ein gewisses Maß an dichterischer Freiheit unterstellen, können wir doch annehmen, dass der Spargel seinerzeit von größerem Kaliber war als heute. Noch immer ziehen die Italiener die dicken Stangen vor, obwohl sie nicht zwangsläufig schmackhafter sind. Vor allem kosten sie mehr, lassen sich aber auch leichter handhaben, wenn man sie mit den Fingern isst. Ob dick oder dünn, grün oder weiß, sind feste, noch geschlossene Köpfe und eine gleichmäßige Färbung ohne vergilbte Stellen verlässliche Merkmale für Frische. Sie ist gerade auch beim Spargel von entscheidender Bedeutung, leidet doch durch längere Lagerung der Geschmack erheblich. Wer also nicht wie ich das Glück hat, einfach in den Garten gehen und dort holen zu können, so viel gerade benötigt wird, sollte beim Kauf von Spargel möglichst darauf achten, dass er aus der näheren Umgebung kommt. Zu Hause gibt man die Stangen wie Schnittblumen mit den Köpfen nach oben in mehrere Zentimeter hohes kaltes Wasser und stellt das Gefäß an einen kühlen Platz.

Bei grünem Spargel muss man in der Regel nur das holzige Ende abbrechen oder abschneiden. Etwas ältere Ware sollte man eventuell zusätzlich im unteren Abschnitt schälen. Wichtig ist auch das Waschen in mehrfach erneuertem Wasser, da sich in den Köpfen gern Sand festsetzt. Gewöhnlich gare ich Spargel liegend und nehme dafür einen flachen, länglichen Topf. Der Handel bietet auch spezielle Töpfe, in denen der Spargel steht, wobei sich die Stangen im Wasser befinden, während die zarten Köpfe im Dampf garen.

Alla parmigiana heißt die klassische und zugleich einfachste italienische Zubereitungsart für Spargel. Dafür gibt man die bissfest gegarten Stangen mit Butterflöckchen in eine ofenfeste Form, bestreut sie mit frisch geriebenem Parmesan und schiebt sie unter den Grill, bis sie zartbraun überkrustet sind.

Als Antipasto oder leichtes Hauptgericht schmeckt bei einem Mittagessen im Frühling kaum etwas besser als eine Portion Spargel, der, mit Olivenöl *extra vergine* und Zitronensaft beträufelt, kalt oder mit zerlassener Butter warm serviert wird. Auch in Risottos und Pastasaucen macht sich zarter Spargel vorzüglich. Für *crocchette di asparagi* wird panierter Spargel knusprig gebraten, ein Gericht, mit dem Sie bei Ihren Gästen garantiert Erfolg haben werden.

Ohne eine Zwiebel – *cipolla* – kommt ein italienischer Koch nicht weit. Das ganze Jahr über bilden die braunschaligen Küchenzwiebeln oder rote Zwiebeln einen Grundbestandteil des *soffritto*, das wiederum Ausgangspunkt vieler Gerichte ist. Petersilie, Bleichsellerie, Möhre, Knoblauch sowie, je nach Rezept, vielleicht noch ein wenig Pancetta, gehören außerdem zu den *soffritto*-Zutaten, die fein gehackt und dann in Olivenöl *extra vergine* sanft gebraten werden.

Eine Besonderheit der Saison sind die Frühlings- oder Lauchzwiebeln, die gebündelt verkauft werden. Sie besitzen kleine, längliche oder flachrunde, weiße oder auch zartrosa angehauchte Knollen mit langen, röhrenförmigen Blättern. Unter der dünnen Haut dieser Zwiebeln verbirgt sich saftiges, zartes Fruchtfleisch, das viel milder schmeckt als das der großen Verwandten. Einfach nur leicht gegrillt, geben sie eine schmackhafte Beilage zu vielen Gerichten ab. Meist aber bereichern sie, roh in Scheiben geschnitten, grüne Frühlingssalate.

Kleine Blattsalate gehören auf den italienischen Märkten ebenfalls zu den Frühjahrsboten, sind aber bis in den Herbst zu bekommen. Früher, als es sie nur wild wachsend gab, wurden sie gesammelt, inzwischen werden sie aber kommerziell angebaut. Trotzdem sieht man auf dem Land immer noch Frauen, die, oft in Begleitung ihrer Kinder oder Enkel, auf der Suche nach Kräutern und so genannten Unkräutern mit einem Korb am Arm umherstreifen. Sie halten Ausschau nach den ovalen, gezähnten

Blättchen des Pimpernell *(salvastrella)*, zarten Exemplaren der Rapunzel-Glockenblume *(raperonzolo)*, dem mit der Brunnenkresse verwandten und ähnlich bitter-würzigen Wiesenschaumkraut *(crescione dei prati)* und natürlich Löwenzahn.

Diese bilden neben zahlreichen anderen Arten, etwa der Salatrauke – die in ihrer Wildform wie auch in der pfeffrig-scharfen Zuchtform als Rucola inzwischen in großen Mengen kultiviert wird –, der Minze, dem Portulak und Sauerampfer die Ingredienzen der *misticanza*. Wichtig ist bei diesem gemischten grünen Salat die Ausgewogenheit zwischen lieblichen und herben sowie zarten und derberen Komponenten. Das klassische italienische Salatdressing besteht schlicht aus einer kräftigen Prise Salz sowie Olivenöl *extra vergine* und einem guten Rotweinessig. Meist mischt man vier Teile Öl mit einem Teil Essig, wobei man mehr Öl verwendet, wenn die bitteren Bestandteile im Salat überwiegen. Damit sich das Salz gut verteilt, verrühre ich es im Löffel des Salatbestecks im Essig und gebe diesen dann vor dem Öl an den Salat.

Das folgende Rezept für eine *misticanza*, das Giacomo Castelvetro im Jahr 1614 in seinem Buch *Frutta, erbe e verdure di Italia (Früchte, Kräuter und Gemüse Italiens)* veröffentlichte, hat bis heute Gültigkeit:

Von allen Salaten, die wir im Frühling essen, ist der gemischte der beste und herrlichste überhaupt. Man nehme für ihn junge Minzeblätter, Gartenkresse, Basilikum, Zitronenmelisse, zarte Pimpernelltriebe, Estragon sowie Borretschblüten und -blätter, die Blüten vom Krähenfuß, die jungen Schösslinge vom Fenchel, Blätter von Rauke und Sauerampfer, Rosmarinblüten, eine Anzahl Duftveilchen und schließlich noch ein paar zarte Kopfsalatherzen. Nachdem diese kostbaren Kräuter sorgsam verlesen, mehrmals gewaschen und alsdann mit einem sauberen Leinentuch ein wenig getrocknet wurden, mache man sie wie gewöhnlich mit Öl, Salz und Essig an.

Nun beginnt auch wieder die Zeit der frischen Kräuter, die bis in den Herbst hinein viele Gerichte immens bereichern. Man sollte frische Küchenkräuter immer den getrockneten vorziehen, außer wenn letztere für ein Rezept ausdrücklich vorgeschrieben sind. Wer nicht über einen Garten oder Balkon verfügt, kann vielleicht auf der Fensterbank eine kleine Auswahl in Töpfen ziehen. Ansonsten bieten Gemüsehändler und Märkte jetzt frisch geschnittene Kräuter, so viel das Herz begehrt.

Außerordentlich vielseitig ist die glatte Petersilie (*prezzemolo*) mit ihrem süßlich würzigen Aroma, ob beispielsweise als eine Hauptzutat in der Füllung für den Lammrollbraten, den ich gern zu Ostern serviere, oder auch in Salaten, wobei ich oft die ganzen Blätter verwende. Salbei (*salvia*) ist das vielleicht typischste toskanische Kraut. Er würzt Bohnengerichte und Braten, und große Blätter, durch einen leichten Backteig gezogen und ausgebacken, ergeben ein apartes Antipasto. Als winterhartes Gewächs steht Rosmarin (*rosmarino*) ganzjährig frisch zur Verfügung. Besonders gut passt er zu gebratenem Lamm- und Schweinefleisch sowie Bratkartoffeln, sollte aber aufgrund seines intensiven Aromas mit Bedacht dosiert werden. Thymian, der auf Italienisch *timo* oder auch *pepolino* heißt, harmoniert gut mit Fisch. Eine Besonderheit bilden Oregano und Fenchelsamen insofern, als sie im Gegensatz zu anderen Kräutern beim Trocknen in puncto Duft und Geschmack noch gewinnen.

Natürlich bringen die Fleischesser unter uns mit der Osterzeit vor allem Lamm in Verbindung. Dennoch entwickle ich im Frühling eine ausgeprägte Vorliebe für Geflügel, besonders Huhn. Nach den deftigen, langsam gegarten Fleischgerichten der kalten Jahreszeit empfinde ich es als angenehm leicht und frisch und zudem ist es unkompliziert in der Zubereitung. Eine Zeit lang habe ich in Coltibuono selbst Hühner und sogar einige Truthähne gehalten, konnte mich aber, wenn sie eigentlich schlachtreif waren, immer nur schwer von ihnen trennen. Also gehe ich jetzt wieder zum Fleischer, der im Frühjahr Hühner anzubieten hat, die von Bauern aus der Umgebung stammen und im Freien scharren und

picken durften. Im besten Fall wurden sie mit Mais gefüttert, wodurch ihr Fleisch eine leicht gelbe Tönung erhält, und sie sind relativ klein, fettarm und besonders schmackhaft. Gerade in der Toskana, die einst eine arme Gegend war, hat die Hühnerhaltung eine lange Tradition.

Schon seit der Renaissance hat das Huhn einen festen Platz in der italienischen Küche, und so gibt es Dutzende regionaler Rezepte für seine Zubereitung. Ein klassisches toskanisches Gericht ist *pollo alla diavola.* Dafür muss das Huhn eine »teuflische« Behandlung über sich ergehen lassen: Es wird aufgeschnitten und auseinander geklappt – in manchen Rezepten wird es auch vorher halbiert oder aber in Portionsstücke geteilt –, leicht flach geklopft, mit Olivenöl bestrichen, mit Salz, nicht zu wenig Pfeffer und roten Chilis oder Chilipulver gewürzt und bei hoher Temperatur gegrillt oder gebraten, bis es knusprig ist. Besonders typisch ist auch Huhn auf Jägerart – *alla cacciatora* –, das zerlegt und mit Tomaten, Zwiebel, Knoblauch, Möhre, Sellerie und Wein in Olivenöl geschmort wird. Es gibt von diesem Gericht viele Varianten; zumindest hat jede Jägersfrau, die ich kenne, ihr eigenes Rezept.

In Scheiben geschnittene Hühnerbrüstchen, in der Pfanne gebraten und mit Zitrone und Salbei aromatisiert, gehören zu meinen Lieblingsgerichten, weil sie delikat schmecken und im Handumdrehen fertig sind. Als leichtes, aber schmackhaftes und elegantes Mittagessen brate ich häufiger Hühnerschenkel im Backofen. Zuvor wälze ich sie in einer Mischung aus gehacktem Rosmarin, Salbei und Knoblauch und umhülle sie dann jeweils mit einer Scheibe Pancetta.

Im Frühling schmecken viele italienische Käsesorten am besten. Manche, etwa Pecorino, Ricotta oder auch der seltene *raveggiolo,* sind nur in dieser Jahreszeit und bis zum Frühsommer frisch erhältlich. Bezeichnenderweise heißt der zu Beginn der neuen Saison produzierte Pecorino in der Toskana *marzolino,* was so viel bedeutet wie »kleiner« oder vielmehr »zarter Märzkäse«. Er wird hergestellt, solange die Schafe die neu sprießenden Gräser und Kräuter knabbern. Für die Produktion von Pecorino wird frische Schafmilch durch den Zusatz von Lab

dickgelegt. Nach etwa 30 Minuten, wenn sich die Molke abgeschieden hat, wird die Gallerte ausgeschöpft und in große, weite Rundformen gefüllt, durch deren perforierten Boden unter Druckeinwirkung die restliche Molke abfließt. Hat die Bruchmasse die erforderliche Festigkeit erreicht, reibt man sie mit Salz ein, das dem Käse weitere Feuchtigkeit entzieht und auch dem Geschmack zugute kommt. An einem kühlen, dunklen Ort müssen die Laibe nun reifen, wobei sie regelmäßig gewendet werden, damit sie gleichmäßig trocknen und keinen Schimmel ansetzen.

Pecorino ist schon nach etwa einer Woche genussreif, wird aber ebenso nach ungefähr dreimonatiger Reifung sowie nach etwa neun Monaten Lagerung angeboten. Im ganz jungen Stadium erinnert er in der Farbe und in seinem milden Aroma an Milch und besitzt eine weiche Konsistenz, im Lauf der Zeit aber wird er immer fester und im Geschmack zunehmend *piccante.* Für eine längere Reifung vorgesehene Laibe werden mit einer Mischung aus Mehl und Olivenöl eingerieben, die eine schützende Schicht bildet und verhindert, dass der Käse austrocknet oder reißt. *Pecorino di fossa* liegt beinahe ein Jahr lang zugeschüttet in einem Graben (auf Italienisch *fossa*). Diese uralte Methode erlebt derzeit in den handwerklich geführten Käsereien eine Wiederbelebung. Sie verleiht dem Käse einen sehr angenehmen, charakteristischen und beinahe erdigen, aber dennoch milden Geschmack.

Während der in Latium und auf Sardinien produzierte Pecorino romano (beziehungsweise Pecorino sardo) als scharf-würziger gereifter Hartkäse auf den Markt kommt und gerne zum Reiben verwendet

wird, genießt man den Pecorino toscano jung, mittelalt oder gereift. Insbesondere der handwerklich hergestellte Pecorino toscano ist zu kostbar, um ihn zum Kochen oder Reiben zu verwenden. Häufig serviert man ihn zum Abschluss einer Mahlzeit, kombiniert etwa mit süßen, saftigen Birnen, die zugleich einen wundervollen Kontrast und eine perfekte Ergänzung zu der leichten Schärfe und etwas trockenen Art von gereiftem Pecorino bilden. Beliebt ist er in meiner Familie auch in Scheiben geschnitten, mit Olivenöl *extra vergine* von unserem Gut beträufelt und mit etwas frisch gemahlenem schwarzem Pfeffer bestreut. Für ein leichtes, aber sättigendes Mittagessen servieren Sie dazu einfach einen frischen grünen Salat und etwas gutes Brot.

Ricotta entsteht aus der bei der Käseherstellung aufgefangenen Molke, die man aufkocht, wodurch das enthaltene Eiweiß nach oben steigt. Es wird abgeschöpft, in eine durchlöcherte Form gefüllt und fertig ist der Ricotta. In der Toskana kommt er zusammen mit gehacktem Spinat in *tortelli*, große Ravioli, die man mit warmer Salbeibutter genießt. Darüber hinaus dient Ricotta als Füllung für süße und herzhafte Tartes und Aufläufe. Echter Schafmilch-Ricotta ist nicht immer ohne weiteres zu bekommen. Die Kuhmilchvariante kann zwar geschmacklich nicht ganz mithalten, bietet aber eine akzeptable Alternative.

Noch rarer, aber, falls sich die Gelegenheit bei einer Fahrt durch Italien ergeben sollte, absolut probierenswert ist *raveggiolo.* Hierbei handelt es sich um einen Frischkäse aus Schafmilch, der entfernt an Quark erinnert. Für seine Herstellung wird die Gallerte unzerkleinert aus der Molke genommen und in kleine Formen gefüllt. Anders als beim Ricotta, der gewissermaßen ein Abfallprodukt ist, muss sich die Käserei also entscheiden, ob sie Pecorino produzieren will oder *raveggiolo,* der noch weniger haltbar ist als Ricotta. Damit erklärt sich, weshalb diese Käsespezialität so selten zu finden ist und oft nur auf Bestellung erzeugt wird. *Raveggiolo* mundet herrlich zum Frühstück mit Toast und Marmelade oder wird, meist auf einem Bett aus Wildkräutern und grünem Salat angerichtet, einfach mit frisch gemahlenem schwarzem Pfeffer gewürzt als Antipasto serviert.

Mit Käse schließt üblicherweise auch ein italienisches Essen im familiären Kreis. Bei besonderen Anlässen servieren wir hingegen ein Dessert, und was läge im Frühling näher, als dafür auf die ersten frischen Früchte der Saison zurückzugreifen? Jetzt fängt in Italien die kurze Kirschenzeit an. Während sich die Vignola mit ihrem intensiven süßen Aroma als Tafelfrucht empfiehlt, eignen sich die festeren Sauerkirschen wie Amarena und Morello besser zum

Kochen. Gegen Frühjahrsende reifen in den Wäldern und Gebirgsregionen Italiens – und inzwischen auch in Plantagen – die ersten Beeren. Anfangs sind sie noch etwas sauer, entwickeln aber mit dem nahenden Sommer mehr Süße. Man verarbeitet sie gerne zu Sirup und köstlichen Saucen für Desserts.

FESTE IM FRÜHLING

Während meines Studiums, als noch keiner an die Abschaffung von Feiertagen dachte, verging kaum eine Woche ohne wohltuende Unterbrechung. Eine Ausnahme bildete jedoch die Fastenzeit zwischen Aschermittwoch und Ostern. Diese gut sechs Wochen ohne Feiertage kamen mir fast endlos vor und der Eindruck wurde durch das trübe Wetter noch zusätzlich verstärkt.

Zum Glück gab es aber am 19. März den Josephstag zum Gedenken an den Gatten Marias und Pflegevater von Jesus zu feiern. Natürlich ist er bis heute ein kirchliches Fest, seinen Status als gesetzlicher Feiertag aber hat er verloren und so zweifle ich, ob meine Enkel ihn später überhaupt noch zur Kenntnis nehmen werden. Überall in Italien wurde diese 24-stündige Aufhebung der Fastengebote und der Abstinenz mit besonderen Köstlichkeiten gefeiert. Einige von ihnen, vor allem die Süßigkeiten, haben, anders als der festliche Charakter dieses Tages, bis heute überlebt. Ihre Namen variieren von Region zu Region, aber fast immer handelt es sich um Fettgebackenes in Form von Kringeln oder Krapfen. In Mailand, wo ich aufwuchs, genießt man weiterhin am Josephstag frittierte und dabei locker aufgegangene *tortelli,* deren süßer Teig mit Vanille, Zitrone, Zimt und Rum aromatisiert ist. Straßenstände bieten in Neapel frisch zubereitete *zeppole di San Giuseppe* an, mit Creme gefüllte Kringel, auf denen manchmal zur Dekoration noch eine Sauerkirsche prangt. In meiner jetzigen Heimat, der Toskana, verkaufen die Bäckereien *frittelle di San Giuseppe,* Reisküchlein, die nach Zitrone und Orange schmecken und dick mit Zucker bestreut sind. Sehr lecker sind auch die *sfince di San Giuseppe,* eine Art Windbeutel mit Ricotta-Füllung. Sie sind typisch für Sizilien, wo Joseph und viele andere Heilige nach wie vor gebührend verehrt werden.

Schließlich ist Ostern da, das Fest der Auferstehung. Es kündet von einem Neubeginn, vor allem auch vom Wiedererwachen der Natur, selbst wenn das Wetter nicht immer mitspielt. In Italien ist Ostern bis heute ein wichtiges Familienfest. Die Schulen und auch die meisten Unternehmen schließen am Karfreitag um die Mittagszeit. Der Ostermontag ist ein Nationalfeiertag, was für den Dienstag leider nicht mehr gilt. Einige Tage vor dem eigentlichen Fest macht der Priester der Gemeinde, angetan

»jungfräulich« ist. Das tut dem Genuss aber keinen Abbruch. Das Fleisch wird mit Schmalz oder Olivenöl eingerieben, mit Knoblauch und Rosmarin in der Pfanne gebraten und mit neuen Kartoffeln serviert, die genauso zubereitet wurden. Auch Koteletts vom Lamm sind in Rom sehr beliebt. Man isst sie direkt vom Grill, wenn sie noch so heiß sind, dass man sich die Finger verbrennt. Dies kommt in der italienischen Bezeichnung *scottadito* zum Ausdruck. Da an jedem Knochen nur ein, zwei Bissen Fleisch sitzen, sollte man für jeden Gast schon drei Koteletts veranschlagen. In meiner Rezeptvariante werden sie mit einer fein gehackten Mischung aus Thymian, Majoran und Minze überzogen.

Nach einem traditionellen toskanischen Rezept wird der Lammbraten so in Portionsstücke geteilt, dass diese noch zusammenhängen, mit einer Mischung aus Rosmarin, Knoblauch, Salz und Pfeffer eingerieben und ganz langsam in Olivenöl und, je nach Rezept, Weißwein geschmort. Nach mindestens zwei Stunden ist er schön knusprig, aber auch so butterzart, dass er praktisch vom Knochen fällt. Nach einem ähnlichen Prinzip bereite ich meinen Osterbraten zu, der allerdings aufwendiger ist: Das Fleisch wird ausgelöst, mit einer cremigen Huhn-Petersilien-Mischung gefüllt und aufgerollt.

Das frische Gemüse der Saison sollte in keinem Ostermenü fehlen. Bei mir gibt es ein Antipasto mit Dicken Bohnen und für den ersten Gang verwende ich Spargel und Erbsen oder aber Zucchini. Sollten Sie zu dieser Zeit einmal in Ligurien weilen, probieren Sie unbedingt die *torta pasqualina*. Die berühmte Ostertorte birgt in einer blätterteigartigen Hülle eine Zubereitung aus jungen, zarten Artischocken, gewürzt mit Borretsch und Majoran und gemischt mit frischem Ricotta und Parmesan. In diese Füllung werden zwölf Mulden gedrückt, in die jeweils ein ganzes Ei hineingeschlagen wird – die Zwölf ist nach der christlichen Lehre eine heilige Zahl. Wenn die fertig gebackene Torte aufgeschnitten wird, sind das Weiß und Goldgelb der Eier sehr hübsch anzusehen. Bei einer Freundin bekam ich einmal eine hausgemachte *torta pasqualina* zu kosten. Angefangen bei den zahlreichen hauchdünnen Teigblättern, stellt sie natürlich eine Geduldsprobe für jede Köchin dar, weshalb ich in einen der vielen exzellenten Feinkostläden der Region gehen und die beste fertig kaufen würde.

Kaum eine italienische Familie, in der es Ostern keine *colomba pasquale* gäbe, einen dem Panettone ähnlichen Kuchen. Er hat die Form einer Taube, die den Heiligen Geist symbolisiert. Der lockere, butterreiche Hefekuchen ist mit Hagelzucker und gerösteten Mandeln bestreut und manchmal auch mit

mit schwarzer Soutane und weißem Chorrock, in Begleitung eines Messdieners, der ein Gefäß mit Weihwasser trägt, die Runde, um die jährliche Segnung der Häuser und ihrer Bewohner vorzunehmen. Vor seinem Besuch findet überall der obligate Frühjahrsputz statt, und früher, als die gläubigen Familien während der Fastenzeit noch gemeinhin auf Milchprodukte und Fleisch verzichteten, stellten sie Eier und besondere Osterbrote auf den Tisch, die ebenfalls gesegnet werden sollten.

Spätestens seit dem Mittelalter erscheint das Lamm in der christlichen Kunst als Sinnbild des leidenden und auferstandenen Christus. In der kirchlichen Liturgie des Osterfestes spielt das »Lamm Gottes« eine zentrale Rolle und auch beim Ostermahl steht Lamm im Mittelpunkt der Festspeisen. In Italien bevorzugt man Milchlamm, das, wie schon der römische Dichter Juvenal schrieb, »Milch statt Blut« haben muss und noch nicht durch das Fressen von Gras seiner »Jungfräulichkeit« beraubt sein soll. Meist sind die Tiere zwischen 30 und 60 Tage alt. Jüngere hätten noch zu viel Babyspeck, ältere wären nicht mehr so unvergleichlich zart. Gebratenes Lamm ist eine der gerühmten Spezialitäten Roms, wobei ich vermute, dass so manches *abbacchio*, wie diese Delikatesse dort heißt, längst nicht mehr

Schokolade überzogen; oft enthält der Teig zudem kandierte Orangenschalen. Großbäckereien wie auch die kleinen Konditoreien machen mit dem Brauch der *colomba pasquale* alljährlich ein gutes Geschäft.

Mein Favorit unter den italienischen Osterkuchen ist die *pastiera* aus Neapel, eine Mürbteigtorte mit einer ganz speziellen Füllung. Neben Ricotta, gehackten kandierten Früchten, Zitronenschale und Zimt enthält sie zwei weitere Zutaten, die ihr eine orientalische Note verleihen: in Wasser und dann in Milch gequollene Weizenkörner sowie Orangenblütenwasser. Zuletzt wird die Füllung mit einem Gitter aus Teigstreifen abgedeckt. Jede Familie und jeder Bäcker hat ein eigenes Rezept für diesen aufwendigen Kuchen, der an das arabische Kapitel der Geschichte dieser Gegend erinnert. Als ich dort vor einigen Jahren in der Woche nach Ostern ein paar Tage verbrachte, kam ich mehrfach in den Genuss der *pastiera*. Jede Kostprobe schmeckte anders und jede schien mir noch besser als die vorherige.

Auch in Italien wäre Ostern ohne Schokoladeneier nicht denkbar. Hohl sollen sie sein und möglichst groß, damit viel Platz ist für die Überraschung, deren Wert natürlich den Preis des Eies bestimmt. Außerdem kann man bei Konditoren Sonderanfertigungen bestellen, in denen ein individuelles Geschenk, etwa ein wertvolles Schmuckstück, versteckt ist. Im letzten Jahr war ein Handy der absolute Renner, was wiederum mich besonders überraschte, da ich angenommen hatte, dass jeder in Italien schon mindestens eines besaß.

Der 1. Mai ist der letzte wichtige und gesetzliche Feiertag vor dem Sommer. Wenn er nicht gerade auf einen Mittwoch fällt, genehmigen sich viele ein verlängertes Wochenende, das sie für einen Kurzurlaub nutzen. In letzter Zeit sind unsere »Kulturstädte« – beispielsweise Rom, Florenz oder Venedig – beliebte Ausflugsziele, bevor sie von den ausländischen Touristen überschwemmt werden. Ursprünglich von den Marxisten und Arbeitnehmern als Feiertag erkämpft, nahm auch die Kirche den 1. Mai in ihren Kalender auf, um des heiligen Joseph, der ein Zimmermann war, als »Arbeiter« zu gedenken. In Rom begehen die Männer diesen Tag auf ihre Weise, wie ich beobachten konnte, wenn ich meine Tochter vor Jahren besuchte, als sie dort in einem alten, traditionsreichen Viertel wohnte. Sie stellen Tische vor ihre Häuser, spielen Karten und essen dabei Dicke Bohnen mit Pecorino. Beides verursacht ziemlich viel Durst, der mit reichlich Frascati aus den umgebenden Hügeln gestillt wird. Am Ende des Tages sitzen diese Herren knöchelhoch in Bohnenhülsen, umgeben von leeren Weinflaschen. Glücklicherweise haben sie es nicht weit bis nach Hause.

DIE VORRATSKAMMER

Aceto di rose

Rosenessig

Für Salatdressings nimmt man in Italien gewöhnlich Rotweinessig. Bei der Zubereitung von Fruchtsalaten, Brathuhn oder gebratenem Truthahn kann man jedoch die hier vorgestellte Essigvariante verwenden; sie verleiht den Gerichten eine besonders delikate Note.

Ergibt 500 ml

500 ml Weißweinessig
30 Rosenblütenblätter
1 Prise zerstoßene Chilis

Den Essig in ein frisch sterilisiertes großes Glas mit Schraubdeckel füllen. Die Rosenblütenblätter und zerstoßenen Chilis hinzufügen und das Glas fest verschließen. Für 1 Monat an einen kühlen, dunklen Platz stellen und gelegentlich schütteln.

Danach den Essig durch einen Papierfilter in eine frisch sterilisierte Flasche abgießen und diese fest verschließen. Kühl und dunkel lagern.

Olio al dragoncello

Estragonöl

In Öl lässt sich das Aroma frischer Kräuter gut konservieren. Besonders gern verwende ich Estragon und Minze, da sie dem Öl ein besonders intensives Aroma verleihen, doch lässt sich auch mit vielen anderen Arten Kräuteröl herstellen.

Ergibt 500 ml

120 g frischer Estragon
500 ml natives Olivenöl extra

Den Estragon waschen, zum Trocknen auf ein sauberes Küchentuch legen und die Blättchen von den Stielen zupfen. In ein frisch sterilisiertes großes Glas mit Schraubdeckel geben und mit dem Öl übergießen. Das Glas fest verschlossen etwa 2 Wochen an einem kühlen, dunklen Platz ruhen lassen.

Das Öl durch ein feines Sieb in eine frisch sterilisierte Flasche abgießen und diese verschließen. Die Kräuterblätter wegwerfen. Kühl und dunkel gelagert hält sich das Öl lange Zeit.

Nach der gleichen Anleitung können Sie Weiß- oder Rotweinessig mit Estragonblättchen ansetzen. Allerdings müssen diese nicht entfernt werden, da die Gefahr der Schimmelbildung nicht besteht.

Weitere für Kräuteröl bestens geeignete Arten sind beispielsweise Basilikum, Thymian, Petersilie und Koriandergrün.

Olio all'aglio
Knoblauchöl

Knoblauchöl sollte in der Vorratskammer nicht fehlen, denn es lässt sich feiner dosieren als frischer Knoblauch. Wenn ich sehr schnell ein Essen auf den Tisch bringen möchte, koche ich oft Pasta, gebe Gemüse wie Erbsen, Dicke Bohnen oder junge grüne Bohnen ins Kochwasser und beträufele das Ganze nach dem Abseihen einfach mit diesem Öl.

Ergibt 500 ml

5 Knoblauchzehen
1 Hand voll frische Basilikumblätter
500 ml natives Olivenöl extra

Die Knoblauchzehen schälen und mit einer Gabel zerdrücken. Mit dem Basilikum und dem Öl in ein frisch sterilisiertes großes Glas mit Schraubdeckel geben und dieses fest verschließen. Etwa 2 Wochen an einem kühlen, dunklen Platz ruhen lassen.

Das Öl durch ein feines Sieb in eine frisch sterilisierte Flasche abgießen und diese verschließen. Kühl und dunkel gelagert hält es sich bis zu 1 Jahr.

Pesto alla genovese
Genueser Basilikumsauce

Da industriell hergestelltes Pesto immer Konservierungsmittel enthält, bereite ich es lieber selbst zu. Es ist im Nu fertig und hält sich im Kühlschrank etwa 1 Woche. Basilikum lässt sich zwar in Olivenöl eingelegt oder auch gehackt und mit etwas Salz vermischt im Gefrierfach konservieren, doch verlangt Pesto aus Gründen der Farbe wie des Geschmacks unbedingt frische Blätter.

Für 6 Personen

3 Hand voll frische Basilikumblätter
3 EL frisch geriebener Parmesan
3 EL frisch geriebener Pecorino
3 EL Pinienkerne
2 Knoblauchzehen
125 ml natives Olivenöl extra
Salz

Das Basilikum mit Salz nach Geschmack in den Mixer geben und einige Sekunden mixen. Die beiden Käsesorten, die Pinienkerne, den Knoblauch und das Olivenöl hinzufügen. Alles zu einer glatten, cremigen Sauce verarbeiten.

In eine Schüssel füllen und mit Klarsichtfolie abgedeckt in den Kühlschrank stellen.

Kurz bevor die Pasta gar ist, 1 Schöpflöffel des Pasta-Kochwassers in die Basilikumsauce einrühren. Die *al dente* gegarte und abgetropfte Pasta in einer vorgewärmten Schüssel mit dem Pesto vermischen. Sogleich servieren.

Come seccare le erbe aromatiche

Küchenkräuter trocknen

Ohne Kräuter wären zum Beispiel viele Pizzas und Pastagerichte, Tomatensauce oder *saltimbocca alla romana,* die berühmten italienischen Kalbsschnitzelchen mit Salbei und Schinken, nicht denkbar. Pfefferminztee tut gut und erfrischt, Rosmarin würzt manches Fleisch- und Gemüsegericht, und Thymian rundet Suppen ab.

Im Frühling, wenn das Angebot an Kräutern groß ist, kann man gut Vorräte anlegen. Je stärker man Kräuter beschneidet, desto üppiger wachsen sie. Man trennt möglichst lange Stengel ab, bindet sie unten zusammen und hängt die Bündel an einen trockenen, gut belüfteten Platz. Sobald sie getrocknet sind (je nach Klima langsamer oder schneller), zerbröselt man die Blätter und füllt sie in ein luftdicht verschließbares Gefäß. Sie halten sich lange, verlieren aber nach einer gewissen Zeit an Aroma. Basilikum und Petersilie sind zum Trocknen nicht geeignet.

ANTIPASTI, PASTA UND SUPPEN

Palline di prosciutto

Schinkenbällchen

Beim italienischen Schinken unterscheidet man zwischen *prosciutto crudo,* dem nur mit Salz eingeriebenen und luftgetrockneten rohen Schinken, und *prosciutto cotto,* dem gekochten Schinken. Der größte italienische Erzeuger beider Produkte ist die Provinz Parma im Norden des Landes, in der auch der berühmteste aller Grana-Käse, der Parmigiano reggiano, hergestellt wird.

Für 6 Personen

500 g gekochter Schinken
100 g Pistazien, fein gehackt
100 g Walnüsse, fein gehackt
2 große Eigelb
3 EL Sahne
1 Hand voll fein gehackter Schnittlauch

Den Schinken im Mixer pürieren. In einer Schüssel mit den Pistazien, den Walnüssen, dem Eigelb und der Sahne gründlich vermischen.

Den Schnittlauch in einen tiefen Teller geben. Aus der Schinkenmasse walnussgroße Bällchen formen und diese im Schnittlauch wälzen, bis sie gleichmäßig überzogen sind.

Die Schinkenbällchen auf einer Platte anrichten und bis zum Servieren kalt stellen.

Torta di ricotta

Ricotta-Torte mit Sardellen

Ricotta wird aus Molke hergestellt, die bei der Käseherstellung übrig bleibt. Durch Aufkochen – italienisch *ricottura* – und eventuell auch den Zusatz gesäuerter Molke trennt man das Eiweiß ab. Dieses sehr fettarme und äußerst gesunde Produkt ist also genau genommen kein Käse. Früher wurde Ricotta nur im Frühling und ausschließlich aus Schafmilch hergestellt, heute dagegen bekommt man ihn das ganze Jahr, und oft ist er aus Kuhmilchmolke gewonnen.

Für 6 Personen

300 g Ricotta
2 große Eier
2 EL frisch gehackte glatte Petersilie
1 Knoblauchzehe, gehackt
1 EL natives Olivenöl extra
12 Sardellenfilets in Öl, abgetropft
12 Kirschtomaten, halbiert
Salz und frisch gemahlener Pfeffer

Den Backofen auf 180 °C vorheizen.

Den Ricotta mit den Eiern, der Petersilie und dem Knoblauch in eine Schüssel geben. Alles gründlich verrühren und die Mischung mit Salz und Pfeffer abschmecken. Eine etwa 18 cm große beschichtete Springform mit dem Öl ausstreichen und die Ricotta-Mischung einfüllen.

Etwa 15 Minuten im Ofen backen. Mit den Sardellenfilets und den Tomatenhälften garnieren und nochmals für etwa 15 Minuten in den Ofen schieben, bis sich die Ricotta-Mischung leicht gesetzt hat und zart gebräunt ist. Herausnehmen, die Torte etwas abkühlen lassen, dann den Rand und den Boden mit einem Messer vorsichtig lösen.

Die Ricotta-Torte auf eine Platte geben und raumtemperiert servieren.

Gnocchi di patate al purè di fave

Kartoffel-Gnocchi mit Püree von Dicken Bohnen

Die Idee, Pasta und Gnocchi mit püriertem Gemüse zu servieren, ist relativ neu. Bisher kombinierte man sie meist mit einer Tomaten-, Fleisch- oder sahnigen Käsesauce. Anstelle der Dicken Bohnen kann man für das Püree auch junge Erbsen nehmen.

Für 6 Personen

1 kg mehlig kochende Kartoffeln
1 großes Ei
200 g Mehl, dazu etwas mehr für die Teigbearbeitung
1 kg frische Dicke Bohnen (mit Hülsen gewogen)
1 Hand voll frische glatte Petersilie
Einige Schnittlauchstengel
125 ml natives Olivenöl extra
6 Scheiben Pancetta (luftgetrockneter Bauchspeck)
Salz und frisch gemahlener Pfeffer

Die Kartoffeln ungeschält in etwa 30 Minuten gar kochen – die exakte Garzeit richtet sich nach ihrer Größe. Abgießen, schälen und noch warm durch eine Kartoffelpresse drücken. Dann das Ei, das Mehl und Salz nach Geschmack hinzufügen und alles gründlich vermischen.

Den Teig mit bemehlten Händen in 6 Portionen teilen. Auf einer mit Mehl bestäubten Arbeitsfläche aus jeder Portion eine etwa 3 cm dicke Rolle formen.

Etwa 1,5 cm lange Stücke abschneiden und mit bemehlten Händen zu ovalen Klößchen rollen. Vor ihrer endgültigen Zubereitung können die Gnocchi auf einem bemehlten Tablett bis zu 1 Stunde ruhen.

Die Dicken Bohnen aushülsen. Reichlich Wasser zum Kochen bringen, salzen und die Bohnen einige Minuten darin köchelnd garen. Abseihen und mit der Petersilie, dem Schnittlauch und dem Öl in den Mixer geben. Alles pürieren und mit Salz und Pfeffer nach Geschmack würzen.

Die Pancetta-Scheiben in einer Pfanne bei mittlerer Temperatur knusprig ausbraten.

In einem großen Topf reichlich Wasser zum Kochen bringen und salzen. Die Gnocchi portionsweise hineingeben. Sobald sie an die Oberfläche steigen, mit einem Schaumlöffel herausnehmen und in eine vorgewärmte Schüssel geben.

Das Bohnenpüree wieder erhitzen und mit 250 ml des Bohnen-Kochwassers verrühren. Dann mit einem Schöpflöffel über die Gnocchi geben. Die Pancetta-Scheiben etwas zerkrümeln und das Gericht damit bestreuen. Sogleich servieren.

Torta di zucchine

Zucchini-Tarte

Als feine Vorspeise bei einem eleganten Mittag- oder Abendessen mundet diese Tarte ebenso gut wie bei einem Brunch. Die Zucchini kann man auch durch grünen Spargel oder Erbsen ersetzen.

Für 6 Personen

200 g Mehl, dazu etwas mehr für die Teigbearbeitung und die Form
120 g Butter, in kleine Stücke geschnitten, dazu 1 EL für die Form
4 große Eier
600 g Zucchini, in dünne Scheiben geschnitten
4 EL natives Olivenöl extra
6 EL frisch geriebener Parmesan
100 ml Sahne
1 Hand voll frische Basilikumblätter
Salz und frisch gemahlener Pfeffer

Den Backofen auf 200 °C vorheizen.

Das Mehl, die Butter und 1 Ei in eine Küchenmaschine mit Schlagmesser geben. Die Zutaten mixen, bis man einen glatten Teig erhält. Diesen auf einer sauberen Arbeitsfläche mit eingemehlten Händen kurz durchkneten. Zu einer Kugel formen, in Klarsichtfolie wickeln und für 1–2 Stunden kalt stellen.

Die Zucchini bei mittlerer Temperatur einige Minuten im Öl garen, dabei mehrmals durchmischen. Mit Salz und Pfeffer nach Geschmack würzen und vom Herd nehmen. Den Parmesan und die Sahne unter die Zucchini mischen und das Ganze abkühlen lassen. Die restlichen 3 Eier mit einer Gabel unterrühren. Zuletzt die Basilikumblätter dazugeben.

Eine 24 cm große Obstkuchenform mit herausnehmbarem Boden mit 1 EL Butter ausstreichen und mit Mehl ausstreuen. Den Teig ausrollen und die Form damit auskleiden. Dann die Zucchini-Mischung einfüllen. Die Tarte ungefähr 40 Minuten backen, bis sie schön gebräunt ist.

Leicht abkühlen lassen. Aus der Form nehmen und auf einer Platte sogleich servieren.

Crocchette di asparagi
Spargel in knuspriger Hülle

Während grüner Spargel kaum einer Vorbereitung bedarf, muss man die weißen Stangen sorgfältig schälen und die holzigen Enden großzügig abschneiden. Weißer Spargel hat einen vergleichsweise stolzen Preis. Gerade deshalb sollte man lieber etwas zu viel als zu wenig entfernen, um einen vollendeten Genuss zu haben.

Für 6 Personen

1 kg Spargel
2 große Eier
120 g feine getrocknete Semmelbrösel
4 EL frisch geriebener Parmesan
6 EL natives Olivenöl extra
90 g Butter
Salz

Grünen Spargel, soweit erforderlich, von unten nach oben schälen und die harten Enden abbrechen. Weißen Spargel vom Kopf nach unten gut schälen; die holzigen Enden abschneiden.

In einem Topf reichlich Wasser zum Kochen bringen und salzen. Dann den Spargel hineingeben und köcheln lassen, bis er eben gar ist – weißer Spargel hat die doppelte Garzeit. Abgießen, gründlich abtropfen lassen und trockentupfen.

In einer weiten, flachen Schüssel die Eier mit etwas Salz verquirlen. Auf einem großen Teller die Semmelbrösel mit dem Parmesan vermischen. Die Spargelstangen durch das Ei ziehen und anschließend in den Semmelbröseln wälzen, bis sie gleichmäßig paniert sind.

Das Öl mit der Butter in einer großen Pfanne erhitzen. Die Spargelstangen bei mittlerer Temperatur in etwa 5 Minuten goldbraun braten, dabei mehrmals wenden. Auf Küchenpapier abtropfen lassen und zuletzt mit Salz nach Geschmack würzen. Auf einer vorgewärmten Platte sehr heiß servieren.

Riso nero con punte d'asparagi e gamberi
Wildreis mit Spargel und Garnelen

Seit einigen Jahren werden in der Piemonteser Provinz Vercelli und in Venetien neben Rund- und Langkornreis auch andere Sorten wie roter Reis und Wildreis angebaut. Sie finden bei den Verbrauchern zunehmend Anklang.

Für 6 Personen

600 g Wildreis
600 g grüner Spargel
6 EL natives Olivenöl extra
1 kleine Zwiebel, fein gehackt
300 g rohe Garnelen, geschält und der Darm entfernt
Salz und frisch gemahlener Pfeffer

In einem Topf Wasser zum Kochen bringen und salzen. Den Reis zufügen und bei niedriger Temperatur etwa 50 Minuten garen. Inzwischen die Spargelstangen, soweit erforderlich, von unten nach oben schälen und die harten Enden abbrechen. Lange Stangen teilen; nach Belieben nur die oberen Teile nehmen und die unteren anderweitig verwenden.

In einem zweiten Topf Wasser zum Kochen bringen und salzen. Dann den Spargel hineingeben und köcheln lassen, bis er eben gar ist. Abgießen und sogleich in kaltes Wasser legen, um den Garprozess zu stoppen und die grüne Farbe zu erhalten.

Das Öl in einer Pfanne erhitzen und die Zwiebel bei niedriger Temperatur in etwa 3 Minuten glasig schwitzen. Den Spargel und die Garnelen dazugeben und einige Minuten bei mittlerer Temperatur rühren, bis die Garnelen gar sind. Mit Pfeffer abschmecken.

Den Reis abseihen und in eine vorgewärmte Schüssel füllen. Dann den Spargel mit den Garnelen darüber verteilen und das Gericht sogleich servieren.

Minestrone primavera

Minestrone mit Frühlingsgemüse

Der verlockende Duft, der mir, als ich noch in Mailand wohnte, beinahe jeden Mittag aus dem Raum hinter der Portiersloge in die Nase stieg, ist mir unvergesslich. Neben allerlei Gemüse der jeweiligen Saison enthält die traditionelle Suppe Nudeln oder Reis und oft auch Fleisch oder Speck. Nachfolgend eine leichte Frühlingsversion.

Für 6 Personen

300 g frische Erbsen (mit Hülsen gewogen)
300 g frische Dicke Bohnen (mit Hülsen gewogen)
300 g grüner Spargel
Saft von 1 Zitrone
3 kleine Artischocken
6 EL natives Olivenöl extra
1 Zwiebel, fein gehackt
150 g Mangold oder Spinat, in feine Streifen geschnitten
1 Zucchini, in Scheiben geschnitten
150 g grüne Bohnen, in kurze Stücke geschnitten
1 Möhre, gewürfelt
1 Kopfsalat, in feine Streifen geschnitten
2 l Wasser
2 EL frisch gehackte glatte Petersilie
2 EL gehackter Schnittlauch
Salz und frisch gemahlener Pfeffer

Die Erbsen und Bohnen aushülsen. Den Spargel, soweit erforderlich, von unten nach oben schälen und die harten Enden abbrechen; dann die Stangen in kurze Stücke schneiden.

Eine Schüssel mit kaltem Wasser füllen und den Zitronensaft zufügen. Die Artischocken putzen: Die harten Außenblätter und den Stiel entfernen. Die Artischocken längs halbieren und das flaumige Heu mit einem Gemüsemesser sorgfältig entfernen. Fertig vorbereitete Artischockenstücke sogleich ins Zitronenwasser legen, damit sie sich nicht dunkel verfärben. Abgießen und mit Küchenpapier trockentupfen.

In einem großen Topf das Öl erhitzen und die Zwiebel bei niedriger Temperatur unter Rühren in etwa 3 Minuten glasig schwitzen. Dann das gesamte Gemüse in den Topf geben. Alles unter häufigem Rühren einige Minuten garen. Das Wasser hinzugießen und die Suppe mit Salz abschmecken. Zum Kochen bringen und zugedeckt bei niedriger Temperatur etwa 45 Minuten köcheln lassen. Danach die Petersilie und den Schnittlauch einrühren.

Die Suppe mit Pfeffer abschmecken, in eine vorgewärmte Terrine füllen und servieren.

Crema di piselli al dragoncello

Erbsencremesuppe mit Estragon

Erbsen und Estragon bilden ein perfektes Paar, wie sich in Pasta- und Reisgerichten oder auch in Suppen immer wieder zeigt. In Italien konnte Estragon bisher nicht richtig Fuß fassen. Nur in Siena ist das Kraut bei fast allen Gemüsehändlern und in beinahe jeder Restaurantküche zu finden.

Für 6 Personen

2 kg frische Erbsen (mit Hülsen gewogen)
6 EL natives Olivenöl extra
1 kleine Zwiebel, fein gehackt
6 Scheiben Frühstücksspeck
1,5 l Hühnerbrühe
125 ml Sahne
1 Hand voll frische Estragonblättchen
Salz und frisch gemahlener Pfeffer

Die Erbsen aushülsen. In einem Topf Wasser zum Kochen bringen, salzen und die Erbsen darin in etwa 5 Minuten köchelnd garen. Abseihen.

Das Öl in einer Pfanne erhitzen. Die Zwiebel mit dem Speck zufügen und bei niedriger Temperatur braten, bis der Speck knusprig ist.

Den Speck mit den Erbsen und etwas Brühe in den Mixer geben und alles pürieren. Das Püree mit der restlichen Brühe und der Sahne in einen Topf füllen und etwa 10 Minuten köcheln lassen, bis sich die verschiedenen Aromen gut vermischt haben. Die Suppe mit Salz und Pfeffer abschmecken.

Die Estragonblättchen fein hacken. Die Suppe in eine vorgewärmte Terrine füllen, mit dem Estragon bestreuen und servieren.

Tagliatelle ai piselli mangiatutto e salmone

Tagliatelle mit Zuckererbsen und Lachs

Zuckererbsen, die auf Italienisch *mangiatutto* oder auch *taccole* heißen, haben eine ganz kurze Saison. Bei ihren Hülsen ist die innere Pergamenthaut nicht ausgebildet, weshalb man sie sehr gut mitessen kann. Sie besitzen, ebenso wie die Samen, einen zuckersüßen Geschmack.

Für 6 Personen

300 g Zuckererbsen
450 g Tagliatelle
200 g Räucherlachs, in dünne Scheiben geschnitten
60 g Butter
100 ml Sahne
Abgeriebene Schale von 1 unbehandelten Zitrone
1 EL fein gehackter Schnittlauch
Salz und frisch gemahlener Pfeffer

In einem Topf reichlich Wasser zum Kochen bringen und salzen. Die Zuckererbsen hineingeben. Sobald das Wasser erneut aufwallt, die Tagliatelle zufügen und eben *al dente* kochen – ziehen Sie von der Packungsangabe zur Garzeit etwa 2 Minuten ab.

Inzwischen die Lachsscheiben in kleine Stücke schneiden. Mit der Butter, der Sahne und der Zitronenschale in eine Pfanne geben und alles bei niedriger Temperatur sanft erhitzen – der Lachs darf auf keinen Fall braten.

Die Tagliatelle und Zuckererbsen abseihen. In die Pfanne geben und alles einige Minuten gründlich vermischen. Dann in einer vorgewärmten Schüssel anrichten, mit dem Schnittlauch und Pfeffer nach Geschmack bestreuen und sogleich servieren.

Anello di riso primavera

Frühlingsgemüse im Reisring

Ein leichtes, aber delikates Reisgericht, das ich manchmal auch im Voraus zubereite. Den gekochten Reis presse ich in die Form und wärme ihn im Backofen etwa 10 Minuten auf. Das Gemüse erhitze ich nochmals kurz im Topf. Gelegentlich püriere ich es auch im Mixer und wärme die Sauce in einem Topf auf. Einen Teil gebe ich in die Mitte des Reisrings und den Rest verteile ich ringsum.

Für 6 Personen

12 Stangen grüner Spargel
125 ml natives Olivenöl extra
150 g ausgehülste frische Erbsen
1 kleine Zucchini, gewürfelt
1 Hand voll grüne Bohnen, in kurze Stücke geschnitten
1 Möhre, gewürfelt
600 g Reis (beliebige Sorte)
2 EL gehackte frische Minze
Salz und frisch gemahlener Pfeffer

Den Spargel, soweit erforderlich, von unten nach oben schälen und die harten Enden abbrechen. Dann die Stangen in kurze Stücke schneiden.

Die Hälfte des Öls in einem Topf erhitzen. Den Spargel, die Erbsen, die Zucchini, die Bohnen und die Möhre mit 2 EL Wasser hinzufügen. Einen Deckel auflegen und das Gemüse bei mittlerer Temperatur einige Minuten dünsten – es soll nicht mehr roh sein, aber noch Biss haben. Mit Salz und Pfeffer nach Geschmack würzen.

Inzwischen in einem Topf Wasser zum Kochen bringen und salzen. Den Reis hineingeben und etwa 15 Minuten garen. Abseihen und in einer Schüssel mit dem restlichen Öl und der Minze vermischen.

Den Reis in eine Ringform von 22 oder 24 cm Durchmesser füllen; leicht zusammenpressen. Eine Servierplatte auf die Form legen und diese mit einem Schwung umdrehen.

Vorsichtig die Form abnehmen. Das Gemüse im Reisring anrichten und sogleich servieren.

Pizzoccheri con patate novelle

Pizzoccheri mit Frühkartoffeln
und grünen Bohnen

Pizzoccheri sind kurze, dunkle Bandnudeln aus Buchweizen- und Weizenmehl. Vor Jahren fuhren wir am Wochenende häufiger zum Skilaufen ins Veltlin, das etwa auf halber Strecke zwischen Mailand und St. Moritz liegt. In einem kleinen Restaurant stärkten wir uns vor der Heimfahrt meist mit einem Teller dieser herzhaften Nudeln, die zu den Spezialitäten der Gegend gehören.

Für 6 Personen

300 g Frühkartoffeln, geschält und gewürfelt
300 g grüne Bohnen, geputzt
600 g frische oder getrocknete Pizzoccheri,
ersatzweise Tagliatelle
2 Knoblauchzehen, fein gehackt
100 g Butter
80 g frisch geriebener Fontina
2 EL frische Majoranblättchen
Salz und frisch gemahlener Pfeffer

In einem Topf reichlich Wasser zum Kochen bringen und salzen. Die Kartoffeln mit den Bohnen hineingeben und einige Minuten garen. Die Pizzoccheri hinzufügen und ungefähr 5 Minuten mitgaren, bis sie *al dente* sind.

Inzwischen den Knoblauch in der Butter in einigen Minuten goldgelb braten.

Die Pizzoccheri und das Gemüse abseihen. In einer weiten, flachen Schüssel mit der Knoblauchbutter beträufeln und gründlich durchmischen. Mit dem Käse, dem Majoran sowie Pfeffer nach Geschmack bestreuen und sogleich servieren.

Passato di fave e cicoria

Suppe von Dicken Bohnen
und Blattzichorie

Für dieses typisch neapolitanische Gericht benötigen Sie die erste grüne Blattzichorie des Jahres, denn später im Jahr wird sie leicht bitter. Ersatzweise können Sie krause Endivie verwenden. Die Dicken Bohnen sollten ebenfalls möglichst frisch sein, doch gelingt diese Suppe auch mit getrockneten Kernen.

Für 6 Personen

4 EL natives Olivenöl extra
60 g Frühstücksspeck
2 Knoblauchzehen, fein gehackt
2 kg frische Dicke Bohnen (mit Hülsen gewogen)
2 l leichte Fleischbrühe
300 g Blattzichorie,
ersatzweise zarte krause Endivie (Frisée)
1 Prise Chilipulver
Salz

Die Hälfte des Öls in einem Topf erhitzen. Den Speck mit dem Knoblauch bei niedriger Temperatur unter gelegentlichem Rühren braten, bis er knusprig und zart gebräunt ist.

Die Bohnen aushülsen und zum Speck geben. Die Brühe hinzugießen, zum Kochen bringen und etwa 1 Stunde köcheln lassen.

Inzwischen in einem zweiten Topf Wasser zum Kochen bringen. Die Blattzichorie hineingeben und einige Minuten garen. In kaltem Wasser abschrecken, abtropfen lassen und trockentupfen. Grob hacken und in einem Topf im restlichen Öl kurz erhitzen. Mit Salz nach Geschmack und dem Chilipulver würzen.

Die Suppe im Mixer pürieren. In einen sauberen Topf füllen und zum Kochen bringen. Die Blattzichorie dazugeben und alles kurz erhitzen. Die Suppe in eine vorgewärmte Terrine füllen und servieren.

Fettuccine di pasta e zucchine al basilico

Fettuccine und Zucchinistreifen mit Basilikum

In letzter Zeit wird Pasta nicht nur mit neuartigen Saucen kombiniert, sondern auch, was bisher ebenso ungewöhnlich war, mit gehacktem oder in Scheiben geschnittenem Gemüse. Meist wird das Gemüse einfach in etwas Olivenöl gegart, sodass das Gericht insgesamt sehr leicht ist.

Für 6 Personen

6 Zucchini
600 g Fettuccine
6 EL natives Olivenöl extra
3 Knoblauchzehen, fein gehackt
1 Hand voll frische Basilikumblätter
6 EL frisch geriebener Fontina
Salz und frisch gemahlener Pfeffer

Die Zucchini in Längsrichtung fein abschälen. Die Schalenstreifen annähernd auf die gleiche Breite wie die Fettuccine zuschneiden. (Das Fruchtfleisch für eine andere Verwendung beiseite legen.)

In einem Topf reichlich Wasser zum Kochen bringen und salzen. Dann die Zucchinischalen und die Fettuccine hineingeben und garen, bis die Fettuccine eben *al dente* sind – ziehen Sie von der Packungsangabe zur Garzeit etwa 2 Minuten ab.

Inzwischen das Öl in einer Pfanne erhitzen. Den Knoblauch bei niedriger Temperatur hellgelb anschwitzen. Die Zucchinischalen und die Fettuccine abseihen – dabei einen Teil des Kochwassers auffangen – und in die Pfanne geben. Alles einige Minuten behutsam vermischen, dabei etwas von dem Kochwasser hinzufügen.

Auf einer vorgewärmten Platte anrichten. Mit dem Basilikum, dem Käse und Pfeffer nach Geschmack bestreuen. Sehr heiß servieren.

Minestra di patate e finocchio

Kartoffel-Fenchel-Suppe

Im Frühjahr neigt sich zwar die Fenchelsaison ihrem Ende zu, trotzdem findet man auf dem Markt noch immer zarte Knollen. Dagegen beginnt der Dill gerade erst zu sprießen. Wenn ich das Kraut nicht frisch bekomme, verwende ich glatte Petersilie, deren noch junge, kleine Blättchen ich jedoch nicht hacke, sondern im Ganzen verwende.

Für 6 Personen

4 Fenchelknollen
6 EL natives Olivenöl extra
4 mehlig kochende Kartoffeln, geschält und gewürfelt
2 l leichte Fleischbrühe
2 EL gehackter Dill
Salz und frisch gemahlener Pfeffer

Den Fenchel putzen; falls erforderlich, die äußeren Schuppenblätter entfernen. Die Knollen halbieren und gründlich waschen, dann in Scheiben schneiden und würfeln.

Das Öl in einem Topf erhitzen. Die Kartoffeln bei mittlerer Temperatur unter ständigem Rühren goldgelb braten. Den Fenchel mit der Brühe zufügen, alles zum Kochen bringen und etwa 30 Minuten bei niedriger Temperatur köcheln lassen. Mit Salz und Pfeffer abschmecken.

Die Suppe in eine vorgewärmte Terrine füllen, mit dem Dill bestreuen und servieren.

Lasagne alla rucola

Lasagne mit Rucola

Schon im Mittelalter war die Rauke ihrer bekömmlichen und würzenden Eigenschaften wegen geschätzt. Nachdem sie zwischenzeitlich eher ein Schattendasein führte, ist sie seit einigen Jahren unter ihrem italienischen Namen Rucola am Markt und wird leider oft zu wahllos in Pasta-, Reis-, Fleisch- und Gemüsegerichten verwendet. Mit Bedacht eingesetzt, stellt das Kraut jedoch vor allem im Frühling, wenn die Blätter noch zart sind und das bitter-scharfe Aroma noch nicht zu ausgeprägt ist, eine echte kulinarische Bereicherung dar.

Für 6 Personen

200 g Mehl, dazu etwas mehr für die Teigbearbeitung
2 große Eier
150 g Rucola
600 g mehlig kochende Kartoffeln
4 EL natives Olivenöl extra
200 g Crescenza (italienischer Frischkäse)
4 EL frisch geriebener Parmesan
Salz und frisch gemahlener Pfeffer

Zunächst die Lasagne herstellen. Dafür das Mehl auf eine Arbeitsfläche häufen, in die Mitte eine Mulde drücken und die Eier hineinschlagen. Mit einer Gabel das Mehl mit kreisförmigen Bewegungen unter die Eier rühren. Wenn schließlich beide Zutaten gründlich vermischt sind, den Teig mit den Händen bearbeiten, bis er eine glatte, elastische Kugel bildet. Den Teig auf der leicht bemehlten Arbeitsfläche mit einem Nudelholz sehr dünn ausrollen (oder eine Nudelmaschine dafür verwenden). Mit einem Teigrädchen in 10 cm große Quadrate schneiden.

Den Backofen auf 180 °C vorheizen.

In einem Topf reichlich Wasser zum Kochen bringen und salzen. Außerdem eine Schüssel mit kaltem Wasser bereitstellen.

Die Lasagneblätter ins sprudelnde Wasser geben. Sobald sie an die Oberfläche steigen, mit einem Schaumlöffel herausnehmen und sogleich kurz ins kalte Wasser tauchen. Zum Trocknen auf ein sauberes Küchentuch legen.

Die Rucola im Pasta-Kochwasser 1 Minute blanchieren. Abseihen, ausdrücken und hacken.

Die Kartoffeln ungeschält weich kochen. Abgießen, etwas abkühlen lassen, schälen und mit einer Gabel zerkleinern.

Eine ofenfeste Form mit etwas Öl ausstreichen und mit Teigblättern auslegen. Darauf die Kartoffeln und anschließend die Rucola verteilen. Das Ganze mit etwas Olivenöl beträufeln. Mit dem zerkrümelten Crescenza und anschließend mit der Hälfte des Parmesans bestreuen. Etwas Pfeffer darüber mahlen. Die übrigen Lasagneblätter darauf legen, mit dem restlichen Olivenöl bepinseln und mit der zweiten Hälfte des Parmesans bestreuen. Die Lasagne etwa 20 Minuten backen und sogleich servieren.

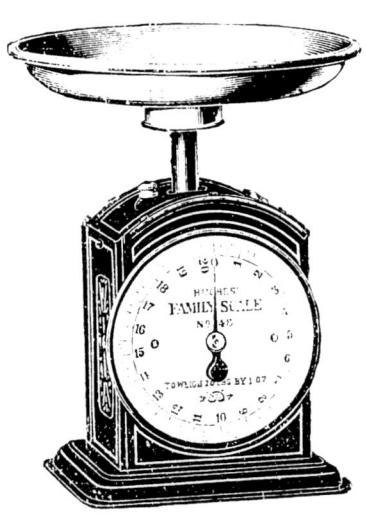

FLEISCH, GEFLÜGEL UND FISCH

Cosciotto d'agnello

Geschmorte Lammhachsen

Junges Lamm gilt in Italien als echte Delikatesse, insbesondere natürlich Keulen, Schultern und Koteletts. Überaus geschätzt sind auch die Nieren und übrigen Innereien, die *coratella* heißen, und sogar der Kopf wird, längs geteilt, im Ofen gegart.

Für 6 Personen

2 Lammhachsen (insgesamt etwa 1,5 kg)
4 EL Mehl
2 EL natives Olivenöl extra
1 EL Butter
2 Möhren, grob gehackt
1 Stange Lauch, grob gehackt
1 Fenchelknolle, grob gehackt
1 Hand voll frischer Thymian
½ Flasche Chianti
Salz und frisch gemahlener Pfeffer

Den Backofen auf 180 °C vorheizen.

Die Lammhachsen mit dem Mehl bestäuben und mit Salz und Pfeffer würzen.

Das Öl mit der Butter in einer großen, ofenfesten Kasserolle erhitzen. Die Lammhachsen auf dem Herd bei hoher Temperatur etwa 10 Minuten anbraten, bis sie ringsum gebräunt sind. Das gehackte Gemüse mit dem Thymian hinzufügen. Einen Deckel auflegen und die Hachsen etwa 2 Stunden (wenn sie von einem älteren Tier stammen, bis 3 Stunden) im Ofen schmoren, dabei gelegentlich etwas Wein angießen.

Die Lammhachsen auf eine vorgewärmte Platte geben und warm stellen.

Das Gemüse durch ein Passiergerät oder ein feines Sieb passieren und wieder zum Schmorfond geben. Die Sauce auf dem Herd unter Rühren nochmals kurz erhitzen, dann die Hachsen damit übergießen. Sogleich servieren.

Agnello arrosto alla toscana

Lammbraten auf toskanische Art

Die in der Toskana weit verbreitete Zubereitung von Lamm widerspricht allen gängigen Regeln; sie ergibt jedoch das zarteste, saftigste und schmackhafteste Fleisch, das man sich denken kann. Dieses Rezept gelingt auch mit abgepacktem Neuseelandlamm.

Für 6 Personen

1 Lammkeule (etwa 1,5 kg), nicht ausgelöst
3 EL fein gehackter Rosmarin
3 EL fein gehackter Knoblauch
1 EL Butter
2 EL natives Olivenöl extra
125 ml trockener Weißwein
Salz und frisch gemahlener Pfeffer

Den Backofen auf 180 °C vorheizen.

Das Fleisch der Lammkeule mehrmals einschneiden, um es in Portionsstücke zu teilen, die aber noch zusammenhängen sollen.

Den Rosmarin mit dem Knoblauch sowie Salz und Pfeffer nach Geschmack in einer kleinen Schüssel vermischen. Das Lammfleisch mit dieser Mischung gut einreiben.

Die Butter mit dem Öl in einen Bräter geben. Die Lammkeule in den Bräter legen und mit Alufolie abdecken. Etwa 1 Stunde im Ofen garen. Dann die Folie abnehmen und das Fleisch noch 1 Stunde garen.

Aus dem Ofen nehmen und die Keule tranchieren. Auf einer vorgewärmten Servierplatte anrichten.

Den Bratensatz mit dem Wein ablöschen und bei mittlerer Temperatur unter Rühren vom Topfboden lösen. Das Fleisch mit der Sauce umgießen und sogleich servieren.

Costolette d'agnello in crosta

Lammkoteletts
in Mandel-Kräuter-Kruste

Eine klassische römische Zubereitungsmethode für Koteletts vom Milchlamm heißt *scottadito,* was bedeutet, dass man sich an ihnen die Finger verbrennt. Sie werden nämlich einige Minuten bei sehr starker Temperatur gebraten und, da sie sehr klein sind, mit den Fingern gegessen. Hier die italienische und, wie ich finde, noch gelungenere Version eines französischen Rezepts.

Für 6 Personen

18 Lammkoteletts (nicht zu dick geschnitten)
250 g getrocknete Semmelbrösel
6 EL fein gehackte frische Kräuter
(Thymian, Majoran und Minze)
150 g blanchierte Mandeln, fein gehackt
3 große Eier
4 EL natives Olivenöl extra
2 EL Butter
Salz und frisch gemahlener Pfeffer

Die Koteletts von Fett und Sehnen befreien.

In einer flachen Schüssel die Semmelbrösel mit den Kräutern und gehackten Mandeln sowie Salz und Pfeffer nach Geschmack vermischen. Die Eier mit etwas Salz in einem tiefen Teller verquirlen. Die Koteletts erst in das verquirlte Ei tauchen und anschließend von beiden Seiten in die Semmelbröselmischung drücken, sodass sie schließlich vollständig überzogen sind.

Das Öl mit der Butter in einer großen beschichteten Pfanne erhitzen. Die Koteletts portionsweise bei mittlerer Temperatur von beiden Seiten ungefähr 3 Minuten braten (so sind sie innen noch rosa).

Auf Küchenpapier abtropfen lassen und auf einer vorgewärmten Platte anrichten. Sogleich servieren.

Involtini di pollo alla pancetta

Hühnerschenkel
im Speckmantel

Anstelle von Hühnerschenkeln verwende ich für dieses Rezept manchmal Stubenküken, die ich halbiere und in Speckscheiben wickle. Die Garzeit bleibt gleich, aber das Gericht wird noch delikater.

Für 6 Personen

6 Hühnerschenkel
1 frischer Rosmarinstengel, fein gehackt
6 große frische Salbeiblätter, fein gehackt
6 Knoblauchzehen, fein gehackt
6 sehr dünne Scheiben Pancetta
(luftgetrockneter Bauchspeck)
2 EL natives Olivenöl extra
1 EL Butter
Salz und frisch gemahlener Pfeffer

Den Backofen auf 180 °C vorheizen.

Die Hühnerschenkel enthäuten. In einer flachen Schüssel die Kräuter mit dem Knoblauch sowie Salz und Pfeffer nach Geschmack vermischen. Die Hühnerschenkel in der Mischung wälzen, bis sie gleichmäßig überzogen sind, und anschließend jeweils in eine Speckscheibe wickeln.

Das Öl mit der Butter in einem Bräter erhitzen; dann die Hühnerschenkel in den Bräter geben. Etwa 1 Stunde im Backofen garen und dabei nach der Hälfte der Zeit wenden.

Die Hühnerschenkel auf eine vorgewärmte Platte legen und warm stellen.

Den Bratensatz mit etwas Wasser ablöschen und bei mittlerer Temperatur unter Rühren vom Topfboden lösen. Die Hühnerschenkel mit der Sauce übergießen und servieren.

Carré di maiale al finocchio

Schweinekarree mit Fenchelsamen

Rosmarin, Knoblauch und Salbei sind die typischen Würzzutaten für ein Schweinekarree auf toskanische Art. Etwas ungewöhnlich, aber sehr delikat ist hingegen diese Version mit Fenchelsamen, die übrigens auch auf Ofenkartoffeln ganz vorzüglich schmecken. Gewöhnlich bereite ich dieses Gericht mit einem ganzen Spanferkel von höchstens vier Kilogramm zu, das man nur im Frühling bekommt. Ein Genuss!

Für 6 Personen

2 kg Schweinekarree (Kotelettstrang) mit Knochen
4 EL körniger Senf
2 EL Fenchelsamen
2 EL natives Olivenöl extra
1 EL Butter
Salz und frisch gemahlener Pfeffer

Den Backofen auf 180 °C vorheizen.

Das Schweinekarree auslösen. (Sie können auch Ihren Fleischer bitten, diese Arbeit für Sie zu erledigen.) Die Knochen nicht wegwerfen.

Das Fleisch mit dem Senf bestreichen. Die Fenchelsamen mit Salz und Pfeffer nach Geschmack vermischen und das Fleisch damit bestreuen.

Das Öl mit der Butter in einem Bräter erhitzen. Das Fleisch und die Knochen hineinlegen und bei hoher Temperatur etwa 10 Minuten anbraten, bis das Fleisch ringsum gebräunt ist. Mit Alufolie abdecken und etwa 2 Stunden im Ofen garen. Die Folie abnehmen und etwas Wasser in den Bräter geben, damit der Fond nicht eintrocknet. Den Braten noch etwa 1 Stunde garen, bis er appetitlich gebräunt ist.

Die Knochen entfernen und wegwerfen. Den Braten auf einer vorgewärmten Platte anrichten. Den Bratensatz mit etwas Wasser ablöschen und bei mittlerer Temperatur unter Rühren vom Topfboden lösen. Den Braten mit der Sauce übergießen und sogleich servieren.

Manzo al rosmarino

Rindfleischpfanne mit Zitrone und Rosmarin

Nachfolgend eine vereinfachte Version eines römischen Rezepts für sehr fein aufgeschnittenes Rindfleisch. Im Frühjahr bildet zum Beispiel ein Huhn aus Freilandhaltung mit seinem zarten und dabei saftigen Fleisch einen adäquaten Ersatz.

Für 6 Personen

4 EL natives Olivenöl extra
3 Knoblauchzehen, in Scheiben geschnitten
3 Rosmarinstengel
600 g Rindfleisch (Oberschale),
in sehr dünne Scheiben geschnitten
Saft von 1 Zitrone
Salz und frisch gemahlener Pfeffer

Das Öl in einer Pfanne erhitzen. Den Knoblauch mit dem Rosmarin zufügen und bei hoher Temperatur einige Sekunden sautieren.

Das Fleisch dazugeben und etwa 3 Minuten mitbraten, dabei mehrmals rühren.

Mit dem Zitronensaft beträufeln. Mit Salz und Pfeffer nach Geschmack würzen, gründlich durchmischen und sogleich servieren.

Coniglio agli asparagi

Kaninchen-Rollbraten mit Spargelfüllung

Ein Kaninchen auszulösen ist nicht ganz einfach, zumal das Fleisch leicht reißt. Mit etwas Geduld und Übung ist diese Arbeit dennoch zu bewerkstelligen, wobei man an den Hinterläufen beginnt.

Für 6 Personen

1 Kaninchen (etwa 1,5 kg)
1 kg grüner Spargel
1 Kartoffel, geschält und gewürfelt
1 großes Ei
2 EL natives Olivenöl extra
1 EL Butter
Salz und frisch gemahlener Pfeffer

Das Kaninchen auslösen. (Sie können auch Ihren Fleischer bitten, diese Arbeit für Sie zu erledigen.)

Den Backofen auf 180 °C vorheizen.

Die Spargelstangen, soweit erforderlich, von unten nach oben schälen und die holzigen Enden abbrechen. In einem Topf Wasser zum Kochen bringen und salzen. Den Spargel und die Kartoffelwürfel hineingeben und in etwa 5 Minuten weich garen. Abseihen, dabei das Kochwasser auffangen. Die Spargelstangen in der Mitte durchschneiden und die Spitzen beiseite legen. Den Rest mit den Kartoffelwürfeln im Mixer pürieren, dann das Püree mit etwas Kochwasser verdünnen, sodass man eine glatte Sauce erhält. Mit Salz und Pfeffer abschmecken und beiseite stellen.

Das Ei verquirlen und mit den Spargelspitzen vermischen. Das Kaninchen auf einer Arbeitsfläche ausbreiten. Den Spargel mit dem Ei in die Mitte geben, das Kaninchen aufrollen und mit Küchengarn umbinden.

Das Öl mit der Butter in einem Bräter erhitzen. Das Kaninchen bei mittlerer Temperatur ungefähr 10 Minuten von allen Seiten anbraten. Mit Alufolie abdecken und 1 Stunde im Ofen garen. Die Folie abnehmen und den Braten noch einige Minuten garen, bis er appetitlich gebräunt ist. Auf einer vorgewärmten Servierplatte warm stellen.

Die Spargelsauce in den Bräter geben und den Bratensatz bei niedriger Temperatur unter Rühren vom Topfboden lösen. Dann den Braten mit der Sauce umgießen und servieren.

Filetti di sogliola alle zucchine e dragoncello

Seezungenfilets mit Zucchini und Estragon

Um sicherzugehen, dass ich auch wirklich frische Seezungenfilets bekomme, kaufe ich gewöhnlich ganze Seezungen und bitte den Fischhändler, sie zu filetieren. Sonst ersteht man unter Umständen tiefgefrorene und wieder aufgetaute Ware.

Für 6 Personen

6 Schnittlauchstengel
6 EL natives Olivenöl extra
1 Knoblauchzehe, fein gehackt
3 kleine Zucchini, in Scheiben geschnitten
1 Hand voll frische Estragonblättchen, fein gehackt
6 Seezungenfilets
1 große Kartoffel, ungeschält
100 ml Fischbrühe
Salz und frisch gemahlener Pfeffer

Die Schnittlauchstengel einige Sekunden in kochendem Wasser blanchieren. Dann abseihen und abtropfen lassen.

In einer Pfanne 2 EL Öl erhitzen. Den Knoblauch mit den Zucchini bei mittlerer Temperatur ungefähr 3 Minuten garen. Mit Salz und Pfeffer nach Geschmack und mit der Hälfte des Estragons würzen.

Die Mischung über den Seezungenfilets verteilen, diese aufrollen und mit den Schnittlauchstengeln gut verschnüren.

Die Kartoffel gar kochen. Abgießen, leicht abkühlen lassen und schälen. Dann mit der Fischbrühe, 2 EL Öl, dem restlichen Estragon sowie Salz und Pfeffer nach Geschmack im Mixer zu einer glatten Sauce verarbeiten.

Das restliche Öl in einer beschichteten Pfanne bei mittlerer Temperatur erhitzen. Die Seezungenfilets 2 Minuten braten, wenden und von der zweiten Seite noch 1 Minute braten. Dabei nach Bedarf etwas Wasser hinzugießen.

Die Sauce bei niedriger Temperatur kurz erhitzen. Die Seezungenfilets auf einer vorgewärmten Platte anrichten, mit der Sauce umgießen und servieren.

Palombo ai cipollotti e zafferano

Kabeljau mit Frühlingszwiebeln und Safran

Beim Gewürzsafran handelt es sich um die getrockneten, in drei fadenförmige Äste geteilten Blütennarben einer bestimmten Krokusart. Jede Blüte liefert nur drei dieser zarten Fäden, die sorgsam von Hand geerntet werden müssen. Safran aus der Gegend von Aquila in den Abruzzen, wo besonders günstige Wachstumsbedingungen herrschen, ist von deutlich besserer Qualität als die gängigeren Erzeugnisse aus Spanien, Marokko oder Kaschmir.

Für 6 Personen

1,5 kg Kabeljaufilets
1 kg Frühlingszwiebeln
6 EL natives Olivenöl extra
4 EL trockener Weißwein
1 kräftige Prise Safranfäden
Salz und frisch gemahlener Pfeffer

Den Kabeljau in mundgerechte Stücke schneiden.

Die Frühlingszwiebeln putzen, dabei die Wurzeln entfernen und das Grün weitgehend erhalten.

In einem Topf 4 EL Öl erhitzen. Die Frühlingszwiebeln dazugeben und bei mittlerer Temperatur etwa 3 Minuten unter häufigem Rühren sautieren; mit Salz und Pfeffer nach Geschmack würzen. Dann den Fisch hinzufügen und zugedeckt etwa 5 Minuten dünsten. Den Wein angießen und im offenen Topf verdampfen lassen.

Den Fisch mit den Frühlingszwiebeln auf einer vorgewärmten Platte anrichten. Mit den Safranfäden bestreuen, mit dem restlichen Öl beträufeln und sogleich servieren.

Gamberi saltati con salsa di zucchine

Gebratene Garnelen mit Zucchinisauce

Wenn ich ein paar Tage in Siena in meinem schönen neuen Domizil an der Piazza del Campo verbringe, gehe ich oft zu Romolo in Salicotto, der meiner Meinung nach die besten Fische und Meeresfrüchte der Stadt anbietet. Fast immer bekomme ich dort statt der üblichen tiefgefrorenen Garnelen die besonders wohlschmeckenden *mazzancolle* (Furchengarnelen), und zwar, wie ihre lebhafte Färbung zu erkennen gibt, absolut fangfrisch. Ich brate sie einige Minuten, löse sie mit den Fingern aus und tunke sie vor dem Genuss in die Sauce.

Für 6 Personen

6 Zucchini
6 EL natives Olivenöl extra
1 EL Balsamessig
1 kg große rohe Garnelen,
geschält und der Darm entfernt
1 Knoblauchzehe
Salz und frisch gemahlener Pfeffer

Die Zucchini fein abschälen, dann nur die Schalen 1 Minute in kochendem Salzwasser blanchieren. (Das Fruchtfleisch für eine andere Verwendung beiseite legen.) Die Schalen abseihen, dabei das Kochwasser auffangen. Mit 4 EL Öl und so viel Kochwasser im Mixer pürieren, dass man eine glatte Sauce erhält. Den Balsamessig gründlich unterrühren.

Das restliche Öl in einer Pfanne erhitzen. Die Garnelen mit der Knoblauchzehe etwa 3 Minuten bei hoher Temperatur unter Rühren braten.

Die Zucchinisauce bei niedriger Temperatur kurz erhitzen und mit Salz und Pfeffer abschmecken. In eine vorgewärmte flache Servierschüssel gießen. Die Garnelen ohne die Knoblauchzehe darauf anrichten und sogleich servieren.

GEMÜSE UND SALATE

Insalata alle erbe

Salat mit frischen Kräutern

Ein frischer Blattsalat, vielleicht – je nach Saison – durch ein paar Scheiben sonnengereifter Tomaten ergänzt und einfach angemacht mit Olivenöl, Salz und Rotweinessig, entspricht ganz dem italienischen Geschmack. Im Frühjahr bilden frische Kräuter und Frühlingszwiebeln eine köstliche Bereicherung.

Für 6 Personen

150 g Feldsalat
150 g junge, zarte Kopfsalatblätter
150 g zarte Löwenzahnblätter
1 Hand voll Blätter von gemischten frischen Kräutern
wie Koriander, glatte Petersilie,
Kerbel und Minze
3 Frühlingszwiebeln,
in sehr dünne Scheiben geschnitten
1 EL Rotweinessig
4 EL natives Olivenöl extra
Salz

Den Salat verlesen, waschen und in der Salatschleuder trocknen, ebenso die Kräuter. Mit den Frühlingszwiebeln in eine Schüssel geben.

In einer Tasse etwas Salz im Essig verrühren, bis es sich auflöst. Das Öl gründlich einrühren. Den Salat mit dem Dressing beträufeln, durchmischen und sogleich servieren.

Fagiolini al pesto

Grüne Bohnen mit Pesto

Grüne Bohnen schmecken, nur mit etwas Olivenöl, Salz und vielleicht einigen Tropfen Zitronensaft vermischt, fast am allerbesten. Zur Abwechslung mische ich sie manchmal auch mit einem der bekannten ligurischen Basilikumsauce ähnlichen Kräuter-Pesto.

Für 6 Personen

1 kg grüne Bohnen
1 Hand voll Blättchen von frischer glatter Petersilie
1 Hand voll frische Minzeblätter
2 EL Pinienkerne
1 EL frisch geriebener Parmesan
1 EL frisch geriebener Pecorino romano
6 EL natives Olivenöl extra
Salz

Die Bohnen putzen und waschen. In einem Topf Wasser zum Kochen bringen und die Bohnen in etwa 5 Minuten bissfest garen. Abseihen und dabei 125 ml Kochwasser auffangen. Die Bohnen abkühlen lassen.

Die Kräuter mit den Pinienkernen, den beiden Käsesorten, dem Öl und etwas Salz im Mixer pürieren. Das Kochwasser der Bohnen in die Sauce einrühren. Die Bohnen damit übergießen und servieren.

Pisellini alla menta

Erbsen mit Minze

Vor allem junges Gemüse sollte nicht in schweren, geschmacksintensiven Saucen ertränkt werden. Kräuter bringen das zarte Aroma am besten zur Geltung.

Für 6 Personen

2 kg frische Erbsen (mit Hülsen gewogen)
1 Hand voll frische Minzeblätter
4 EL natives Olivenöl extra
Salz

Die Erbsen aushülsen (die Hülsen können noch in einer Suppe verwertet werden).

In einem Topf Wasser zum Kochen bringen und salzen. Die Erbsen 1 Minute blanchieren, abseihen und sofort 1 Minute mit kaltem Wasser abbrausen. Abtropfen lassen und in eine Schüssel geben. Mit der Minze, dem Öl und etwas Salz nach Geschmack vermischen. Sogleich servieren.

Timbaletti di spinaci

Spinatpastetchen

Gelegentlich reiche ich diese Becherpastetchen zum Hauptgericht und arrangiere sie rings um das Fleisch. Im Sommer serviere ich sie gern zum ersten Gang auf einem Coulis aus Tomaten, die dann voll ausgereift und wunderbar aromatisch sind.

Für 6 Personen

700 g zarter Spinat
4 große Eier
125 ml Sahne
1 Prise frisch geriebene Muskatnuss
200 g Haselnüsse, fein gehackt
1 EL Butter
Salz und frisch gemahlener Pfeffer

Den Spinat verlesen – die Stiele nicht entfernen – und waschen. In einem Topf etwas Wasser zum Kochen bringen und den Spinat 1 Minute blanchieren. Abseihen, kräftig ausdrücken und fein hacken. Völlig abkühlen lassen.

Die Eier in einer Schüssel verquirlen. Dann die Sahne, den Spinat, die Muskatnuss sowie Salz und Pfeffer nach Geschmack hinzufügen und alles gründlich vermischen.

6 Auflaufförmchen mit der Butter ausstreichen und mit den Haselnüssen ausstreuen – sie sollen einen gleichmäßigen Überzug bilden.

Die Spinat-Ei-Mischung einfüllen. Die Förmchen in einen Bräter stellen und in diesen bis auf halbe Höhe der Formen Wasser einfüllen. Die Spinatpastetchen etwa 30 Minuten im Wasserbad garen, bis die Masse gestockt ist.

Auf einzelne Teller stürzen und sogleich servieren.

Frittata di erbe di campo

Grünes Omelett

Auf dem Land sieht man im Frühling immer wieder ältere Frauen und Männer in gebückter Haltung. Sie sammeln allerlei Wildpflanzen, die sich in schmackhaften Omeletts und Suppen verarbeiten lassen. Auch mein Enkel Emanuele, der jetzt elf Jahre alt ist, streift nachmittags gern durch die Natur und kann die verschiedenen essbaren Pflanzen schon recht sicher identifizieren.

Für 6 Personen

1 kg gemischte Salate mit kräftigem Geschmack
(Löwenzahn, Rucola, Blattzichorie, Brunnenkresse)
3 große Eier
4 EL natives Olivenöl extra
2 Knoblauchzehen, fein gehackt
Salz

Die Salate verlesen beziehungsweise putzen und waschen. In einem Topf Wasser zum Kochen bringen und die Salate 1 Minute blanchieren. Abseihen, kräftig ausdrücken und fein hacken.

Die Eier in einer größeren Schüssel mit etwas Salz verquirlen. In einem Topf 2 EL Öl erhitzen und den Knoblauch in etwa 3 Minuten glasig schwitzen. Die Salate dazugeben und zugedeckt etwa 5 Minuten dünsten, dabei gelegentlich durchmischen. Den Topf vom Herd nehmen und abkühlen lassen.

Den Topfinhalt unter die Eier mischen und alles mit Salz nach Geschmack würzen.

In einer beschichteten Pfanne 1 EL Öl erhitzen. Die Eimischung hineingeben und zugedeckt bei mittlerer Temperatur etwa 5 Minuten garen, bis sie fast gestockt ist, dabei die Pfanne mehrfach rütteln. Das Omelett auf einen Teller gleiten lassen und mithilfe eines aufgelegten zweiten Tellers wenden. 1 EL Öl in die Pfanne geben, das Omelett wieder hineingleiten lassen und von der zweiten Seite noch einige Minuten braten.

Das Omelett auf einer vorgewärmten Platte anrichten und sogleich servieren.

Carciofi, fave e piselli saltati

Gemüsepfanne mit Artischocken, Dicken Bohnen und Erbsen

Im Frühling besuche ich gern meine Freundin Lidia Orsi, die neben ihrem Haus in der Nähe von Varese auch eine Wohnung in Camogli an der ligurischen Küste hat. Dort bekommt man vorzügliches Gemüse, aus dem wir einfache, aber deliziöse Gerichte kochen.

Für 6 Personen

1 kg frische Dicke Bohnen (mit Hülsen gewogen)
1 kg frische Erbsen (mit Hülsen gewogen)
6 kleine Frühlingszwiebeln
Saft von 1 Zitrone
3 Artischocken
3 EL natives Olivenöl extra
Salz und frisch gemahlener Pfeffer

Die Bohnen und Erbsen aushülsen.

In einem Topf Wasser zum Kochen bringen. Die Bohnen und Erbsen 1 Minute blanchieren. Abseihen und 1 Minute unter fließendem Wasser abschrecken.

Die Frühlingszwiebeln putzen. Dabei das Grün in feine Scheiben schneiden; die weißen Abschnitte nicht zerteilen.

Eine Schüssel mit kaltem Wasser füllen und den Zitronensaft hineingeben.

Die Artischocken putzen: Die harten Außenblätter und den Stiel entfernen. Die Artischocken längs vierteln und das flaumige Heu mit einem Gemüsemesser sorgfältig entfernen. Fertig vorbereitete Artischockenstücke sogleich ins Zitronenwasser einlegen, damit sie sich nicht dunkel verfärben. Abgießen und mit Küchenpapier trockentupfen.

Das Öl in einer Pfanne erhitzen. Die grünen Teile der Frühlingszwiebeln einige Minuten bei mittlerer Temperatur unter häufigem Rühren garen. Die Artischocken hinzufügen. Anschließend die weißen Abschnitte der Frühlingszwiebeln, die Bohnen und die Erbsen dazugeben. Das Gemüse mit Salz und Pfeffer nach Geschmack würzen. Bei niedriger Temperatur zugedeckt etwa 20 Minuten dünsten, dabei die Pfanne gelegentlich rütteln. Bei Bedarf gelegentlich 1 EL Wasser zufügen, damit das Ganze nicht zu trocken wird.

Das Gemüse auf einer vorgewärmten Platte anrichten und servieren.

Asparagi al sesamo

Spargel mit Sesam und Koriandergrün

Erst allmählich werden Sesamsamen auch in Italien bekannt. Inzwischen verwende ich sie in Fisch- und Gemüsegerichten ebenso gern wie beim Brotbacken, da sie einen würzigen und zugleich sehr dezenten Geschmack besitzen.

Für 6 Personen

2 kg Spargel
1 TL Zitronensaft
4 EL natives Olivenöl extra
1 EL fein gehackte Korianderblätter
Abgeriebene Schale von 1 unbehandelten Zitrone
2 EL Sesamsamen
Salz

Die Spargelstangen schälen – grüne, soweit erforderlich, von unten nach oben; weiße großzügig vom Kopf nach unten. Die holzigen Enden abbrechen oder abschneiden.

In einem Topf Wasser zum Kochen bringen. Grünen Spargel etwa 10 Minuten, weißen etwa 20 Minuten köchelnd garen. Dann abgießen und auf einer Servierplatte anrichten.

Den Zitronensaft mit etwas Salz in eine kleine Schüssel geben und rühren, bis sich das Salz aufgelöst hat. Das Öl gründlich einrühren.

Den Spargel mit dem Dressing beträufeln. Mit dem Koriandergrün, der Zitronenschale und den Sesamsamen bestreuen. Nach Belieben warm, lauwarm oder raumtemperiert servieren.

DESSERTS, KUCHEN UND BROT

Ciliegie al Grand Marnier

Kirschen mit Grand Marnier

Kirschen haben nur eine ganz kurze Saison, und so lasse ich mir kaum eine Gelegenheit entgehen, sie roh zu genießen. Vor allem mag ich die dicke, dunkle Sorte namens Vignola, die in der Emilia Romagna wächst. Doch auch gedünstet haben Kirschen durchaus ihren Reiz.

Für 6 Personen

1 kg Kirschen
1 EL Butter
90 g Zucker
125 ml Grand Marnier
Sahne zum Servieren

Die Kirschen entsteinen.

Die Butter in einem Topf zerlassen und die Kirschen bei niedriger Temperatur zugedeckt etwa 3 Minuten dünsten. Den Zucker dazugeben und die Kirschen noch 5 Minuten garen, bis der ausgetretene Kirschsaft zu einem Sirup eingekocht ist – gibt man einen Tropfen davon auf einen kalten Teller, sollte er sofort erstarren.

Den Grand Marnier langsam in den Topf gießen und dabei unbedingt einen Schritt zurücktreten, um keine heißen Spritzer abzubekommen.

Alles ohne Deckel noch 3 Minuten unter ständigem Rühren köcheln lassen. Dann vom Herd nehmen und abkühlen lassen.

Die Kirschen mit dem Sirup in eine Schüssel füllen. Die Sahne schlagen und dazu servieren.

Fragoline di bosco allo zabaione gratinato

Walderdbeeren mit Weinschaum gratiniert

Nach dem klassischen Rezept wird *zabaione* mit Marsala zubereitet. Gerade in Verbindung mit Erdbeeren ziehe ich jedoch den weniger kräftigen Vin Santo oder einen anderen Dessertwein wie Moscato di Pantelleria vor.

Für 6 Personen

600 g Walderdbeeren
4 große Eigelb
90 g Zucker
175 ml Vin Santo oder ein anderer Dessertwein
(kein Marsala)
60 g brauner Zucker

Den Grill auf höchster Stufe vorheizen.

Die Erdbeeren putzen und in eine hitzebeständige Form geben.

Für das Wasserbad einen mittelgroßen Topf etwa 3 cm hoch mit Wasser füllen und das Wasser zum Sieden bringen – es darf keinesfalls sprudeln.

In einer Metallschüssel Eigelb und weißen Zucker einige Minuten mit dem Schneebesen verquirlen. Den Vin Santo hinzugießen und dabei ständig kräftig mit dem Schneebesen rühren. Die Schüssel über das siedende Wasser setzen – ihr Boden soll das Wasser nicht berühren. Weiter mit dem Schneebesen schlagen, bis man einen dicken Schaum erhält.

Den Weinschaum über die Erdbeeren gießen und mit dem braunen Zucker bestreuen.

Das Dessert für einige Minuten unter den Grill schieben, bis es zart gebräunt ist. Sogleich servieren.

Uova alla neve con salsa di fragole

Schnee-Eier auf Erdbeercreme

Schon meine Mutter servierte dieses Dessert gern bei einem eleganten Essen mit Gästen. Es schmeckt herrlich mit einer Himbeercreme, aber ich bereite es häufig mit den ersten Erdbeeren der Saison und im Herbst auch mit Brombeeren zu.

Für 6 Personen

6 große Eier, getrennt
2 EL Mehl
80 g Zucker
1 l Milch
300 g Erdbeeren
120 g Puderzucker

Für das Wasserbad einen mittelgroßen Topf etwa 3 cm hoch mit Wasser füllen und das Wasser zum Sieden bringen – es darf keinesfalls sprudeln.

In einer Metallschüssel das Eigelb mit dem Mehl verquirlen. Den Zucker sowie nach und nach die Hälfte der Milch hinzufügen und nach jeder Zugabe kräftig mit dem Schneebesen rühren. Die Schüssel über das siedende Wasser setzen – ihr Boden soll das Wasser nicht berühren. Die Creme mit dem Schneebesen schlagen, bis sie fast zu kochen beginnt. Vom Wasserbad nehmen und abkühlen lassen.

Einige Erdbeeren zur Dekoration beiseite legen, den Rest im Mixer pürieren. Das Püree unter die Creme mischen. Die Sauce in eine große, flache Servierschüssel gießen und kalt stellen.

Eine Arbeitsfläche mit Wasser benetzen – auf ihr werden später die fertigen Schnee-Eier abgelegt.

Die restliche Milch in einem Topf zum Sieden bringen. Unterdessen das Eiweiß in einer Schüssel zu steifem Schnee schlagen. Nach und nach den Puderzucker hinzufügen und immer weiter mit dem Schneebesen schlagen.

Mit einem Esslöffel ovale Bällchen vom Eischnee abstechen. Portionsweise in die Milch geben und 3 Minuten gar ziehen lassen; dabei einmal behutsam wenden. Mit einem Schaumlöffel auf die feuchte Arbeitsfläche geben und abkühlen lassen. Da man mehr Schnee-Eier erhält, als benötigt werden, kann man die schönsten für das Dessert auswählen.

Die Schnee-Eier auf der Erdbeercreme anrichten. Das Dessert mit den ganzen Erdbeeren dekorieren und bis zum Servieren kalt stellen.

Torta di lamponi

Himbeertorte mit Ricotta-Sahne

Himbeeren sind in unserem Garten trotz der zahlreichen Sträucher Mangelware. Denn sobald einige reif sind, ist eines meiner acht Enkelkinder zur Stelle, und weg sind sie. So bleibt mir nichts anderes übrig, als meinen Bedarf auf dem Markt zu decken.

Für 6 Personen

FÜR DEN TEIG

180 g Mehl, dazu etwas mehr für die Teigbearbeitung
60 g Grieß
150 g Butter, in kleine Stücke geschnitten,
dazu 1 EL für die Form
60 g Zucker
1 großes Ei

FÜR DIE FÜLLUNG

1 großes Ei, dazu 1 Eigelb
200 g Ricotta
60 g Puderzucker
125 ml Sahne
200 g Himbeeren

Den Backofen auf 180 °C vorheizen.

Das Mehl, den Grieß, die Butterstückchen, den Zucker und das Ei in eine Küchenmaschine mit Schlagmesser geben. Die Zutaten mixen, bis man einen glatten Teig erhält, der sich schließlich zu einer Kugel zusammenballt. In Klarsichtfolie wickeln und für 1–2 Stunden kalt stellen.

Eine 24 cm große Obstkuchenform mit herausnehmbarem Boden mit 1 EL Butter ausstreichen. Den Teig auf einer bemehlten Arbeitsfläche ausrollen, die Form damit auskleiden und den Tortenboden mehrmals mit einer Gabel einstechen. Dann etwa 15 Minuten backen, bis er zart gebräunt ist. Falls der Teig Blasen wirft, diese zwischendrin mit der flachen – durch ein sauberes Küchentuch vor der Hitze geschützten – Hand zusammendrücken.

Für die Füllung das Ei, das Eigelb, den Ricotta und den Puderzucker gründlich vermischen, bis die Mischung leicht fest wird. Die Sahne schlagen, bis sie beim Herausziehen der Quirle weiche Spitzen bildet, und unter die Ricotta-Mischung heben.

Die Masse auf den Tortenboden geben. Dann die Himbeeren darauf verteilen und leicht eindrücken. Die Torte für 30 Minuten in den Ofen schieben, bis die Füllung leicht gebräunt ist. Abkühlen lassen und auf eine Platte setzen. Raumtemperiert servieren.

Pane alle noci

Walnussfladen

Nach dem Johannisfest am 24. Juni werden die Walnüsse allmählich hart; richtig reif sind sie erst gegen Ende des Sommers. Ich aber mag sie besonders, wenn sie noch sehr jung sind und die Haut leicht bitter schmeckt.

Ergibt 1 Fladen

30 g frische Hefe
240 ml lauwarmes Wasser
360 g Mehl, dazu etwas mehr für die Teigbearbeitung
3 EL Zucker
300 g frische Walnüsse ohne Schalen,
aber nicht enthäutet, in kleine Stücke gehackt
1 EL natives Olivenöl extra

Die Hefe im lauwarmen Wasser auflösen und etwa 10 Minuten ruhen lassen, bis sich an der Oberfläche Bläschen zeigen.

Das Mehl in eine große Schüssel sieben. Den Zucker dazugeben. In die Mitte eine Mulde drücken. Langsam die Hefe hineingießen und dabei mit einer Gabel in kreisförmigen Bewegungen das umgebende Mehl einrühren, bis ein weicher Teig entsteht. Diesen auf einer leicht bemehlten Arbeitsfläche mit dem Handballen einige Minuten kneten, bis er glatt und elastisch ist. Dabei gleichzeitig die Walnüsse, jedoch möglichst kein weiteres Mehl einarbeiten. Den Teig zu einer Kugel formen und in eine mit etwas Mehl ausgestreute Schüssel geben. Mit Klarsichtfolie abdecken und ruhen lassen, bis sich das Volumen verdoppelt hat – die erforderliche Zeit hängt von der Raumtemperatur ab.

Den Backofen auf 200 °C vorheizen.

Eine Kuchenform von 24 oder 26 cm Durchmesser oder ein Backblech mit dem Öl einfetten. Den Teig auf der Arbeitsfläche zusammenschlagen. Zu einem Fladen von der Größe der Form ausziehen, in die Form oder auf das Blech legen und nochmals etwa 20 Minuten gehen lassen.

Den Fladen etwa 30 Minuten backen, bis er oben schön gebräunt ist. Vor dem Servieren auf einem Drahtgitter abkühlen lassen.

Macedonia di frutti di bosco alla salsa di vino rosso

Gemischte Beeren mit Rotweinsirup

Das leichte und wundervoll fruchtige Dessert lässt schon gegen Frühlingsende, wenn die ersten Beeren reifen, sommerliche Gefühle aufkommen.

Für 6 Personen

250 g Walderdbeeren
250 g Himbeeren
250 g Schwarze Johannisbeeren
250 g Rote Johannisbeeren
1 Flasche Rotwein
300 g Zucker

Die Beeren vorbereiten, in eine große Schüssel geben und bis zum Servieren kalt stellen.

Den Wein in einem Topf zum Kochen bringen und den Zucker hinzufügen. Die Mischung bei niedriger Temperatur etwa 20 Minuten köcheln lassen, bis sie eine sirupartige Konsistenz annimmt – gibt man einen Tropfen davon auf einen kalten Teller, sollte er sofort erstarren. Den Sirup abkühlen lassen.

Die Beeren mit etwa der Hälfte des Sirups übergießen und servieren. Der restliche Sirup lässt sich in einem fest verschlossenen Gefäß an einem kühlen, dunklen Ort aufbewahren und schmeckt beispielsweise köstlich über Eiscreme.

EIN OSTER-FESTMAHL

Insalata di fave e pecorino

*Salat von Dicken Bohnen
mit Pecorino*

Frische Dicke Bohnen sind in Italien zu dieser Jahreszeit reichlich auf dem Markt und werden daher für die verschiedensten Gerichte verwendet. Eine besonders beliebte Kombination sind Dicke Bohnen mit Pecorino, jenem Hartkäse aus Schafmilch, der in Latium, auf Sardinien und in der Toskana produziert wird. Man kann den Pecorino gewürfelt mit den Bohnen servieren. Oder man legt ihn in Scheiben auf getoastetes Weißbrot und gibt darauf ein paar Bohnen, die zuletzt mit Öl beträufelt und mit Pfeffer bestreut werden. Bei nicht mehr ganz jungen Dicken Bohnen muss man die bereits sehr großen Kerne enthäuten. In diesem Fall benötigt man ein weiteres Kilogramm Dicke Bohnen mit Hülsen.

Für 6 Personen

2 kg frische Dicke Bohnen
(mit Hülsen gewogen)
4 EL natives Olivenöl extra
2 EL frisch gehackte glatte Petersilie
3 EL frisch geriebener Pecorino
Salz

Die Bohnen aushülsen, in eine Servierschüssel geben und mit dem Öl beträufeln. Mit der Petersilie und dem Pecorino bestreuen sowie mit Salz nach Geschmack würzen. Den Salat rasch durchmischen und sogleich servieren.

Risotto con asparagi e piselli

*Risotto mit Spargel
und Erbsen*

Ein typisches Rezept für den Frühling, wenn beide Gemüsesorten auf dem Markt sind. Ich versuche ihre kurze Saison zu nutzen und kombiniere sie häufig auch mit Fettuccine.

Für 6 Personen

500 g frische Erbsen (mit Hülsen gewogen)
500 g grüner Spargel
2 l leichte Hühnerbrühe
1 kleine Zwiebel, fein gehackt
60 g Butter
12 Hand voll Arborio-Reis oder Vialone Nano
2 EL fein gehackter frischer Schnittlauch
Salz

Die Erbsen aushülsen. Den Spargel, soweit erforderlich, von unten nach oben schälen und die holzigen Enden abbrechen.

Die Brühe in einem Topf zum Sieden bringen.

In einem großen Topf die Zwiebel in der Hälfte der Butter bei mittlerer Temperatur in etwa 3 Minuten glasig schwitzen. Den Reis zufügen und bei hoher Temperatur etwa 3 Minuten ständig mit einem Holzlöffel rühren, bis er richtig heiß ist.

So viel Brühe hinzugießen, dass der Reis knapp bedeckt ist. Dann in Abständen von jeweils etwa 1 Minute schöpflöffelweise weitere Brühe dazugeben.

Inzwischen die Spargelstangen in Stücke schneiden. Die restliche Butter bei niedriger Temperatur zerlassen. Den Spargel und die Erbsen dazugeben, mit Salz nach Geschmack würzen und ein wenig Wasser hinzufügen. Das Gemüse zugedeckt einige Minuten dünsten.

Etwa 15 Minuten nachdem er zum ersten Mal gekocht hat, den Reis vom Herd nehmen. Die Gemüsemischung unterziehen. Dann den Risotto zugedeckt einige Minuten ruhen lassen – er sollte eine sehr geschmeidige Konsistenz haben. Mit Salz abschmecken und gründlich durchmischen. Den Risotto in eine vorgewärmte Schüssel füllen, mit dem Schnittlauch bestreuen und sogleich servieren.

Gnocchi di patate
in salsa di zucchine

Kartoffel-Gnocchi
in Zucchini-Basilikum-Sauce

Ein Osteressen ohne Gnocchi ist für uns kaum denkbar. Allerdings bereiten wir sie mit Kartoffeln zu, die über den Winter eingelagert wurden, und nicht etwa mit Frühkartoffeln. Diese enthalten noch wenig Stärke, weshalb die Gnocchi im kochenden Wasser zerfallen würden – es sei denn, man würde ihnen besonders viel Mehl beimengen, und dann würden sie hart wie Tennisbälle.

Für 6 Personen

1,5 kg mehlig kochende Kartoffeln, ungeschält
2 große Eigelb
250 g Mehl, dazu etwas mehr für die Teigbearbeitung
300 g Zucchini
125 ml natives Olivenöl extra
1 Hand voll frische Basilikumblätter
Salz und frisch gemahlener Pfeffer

Die Kartoffeln ungeschält in etwa 30 Minuten gar kochen – die exakte Garzeit hängt von ihrer Größe ab. Abgießen, schälen und noch warm durch eine Kartoffelpresse drücken. Das Eigelb, das Mehl und Salz nach Geschmack zu dem Püree geben und alles gründlich vermischen.

Den Teig mit bemehlten Händen in 6 Portionen teilen. Auf einer mit Mehl bestäubten Arbeitsfläche aus jeder Portion eine etwa 3 cm dicke Rolle formen.

Etwa 1,5 cm lange Stücke abschneiden und mit bemehlten Händen zu ovalen Klößchen rollen. Vor ihrer endgültigen Zubereitung können die Gnocchi auf einem bemehlten Tablett bis zu 1 Stunde ruhen.

Die Zucchini in Scheiben schneiden. In einer Pfanne die Hälfte des Öls bei niedriger Temperatur erhitzen und die Zucchini etwa 5 Minuten unter häufigem Rühren garen. Dann mit dem Basilikum in den Mixer geben, pürieren und mit Salz und Pfeffer abschmecken.

In einem großen Topf reichlich Wasser zum Kochen bringen und salzen. Die Gnocchi portionsweise hineingeben. Sobald sie an die Oberfläche steigen, mit einem Schaumlöffel herausnehmen und in eine vorgewärmte Schüssel legen.

Inzwischen die Zucchini-Basilikum-Sauce kurz erhitzen, jedoch nicht aufkochen; dabei das restliche Öl einrühren. Die Sauce über die Gnocchi schöpfen und das Gericht sogleich servieren.

Agnello farcito al prezzemolo

Lammrollbraten
mit Huhn-Petersilien-Füllung

Milchlamm ist in Italien besonders klein und zart. Dies ist ein typisches Osterrezept.

Für 6 Personen

1 Lammkeule (etwa 1,5 kg)
120 g frische glatte Petersilie
300 g Hühnerbrüstchen, grob gewürfelt
2 große Eigelb
60 ml Crème double
2 EL natives Olivenöl extra
2 EL Butter
1/2 Flasche trockener Weißwein
Salz und frisch gemahlener Pfeffer

Die Lammkeule auslösen. (Sie können auch Ihren Fleischer bitten, diese Arbeit für Sie zu erledigen.) Das Fleisch leicht flach klopfen.

Den Backofen auf 180 °C vorheizen.

Die Petersilie in kochendem Wasser 1 Minute blanchieren. Abseihen und mit dem Hühnerfleisch, dem Eigelb sowie etwas Salz und Pfeffer im Mixer fein pürieren. Dann die Crème double unterziehen. Die Mischung in der Mitte der Lammkeule verteilen, diese aufrollen und mit Küchengarn umbinden.

Das Öl mit der Butter in einem Bräter erhitzen. Den Braten hineinlegen und locker mit Alufolie bedecken. Etwa 2 Stunden im Ofen garen; gelegentlich Wein angießen. Die Folie abnehmen und den Braten noch etwa 30 Minuten bräunen. Aus dem Bräter nehmen und ohne das Küchengarn in Scheiben schneiden. Auf einer vorgewärmten Platte warm stellen.

Den Bratensatz mit dem restlichen Wein ablöschen und unter Rühren vom Topfboden lösen. Das Fleisch mit der Sauce übergießen und servieren.

Filetti di sogliola alle erbe e fiori di zucca

Seezungenfilets in Kräuterkruste mit Zucchiniblüten

Wenn ich zwölf oder mehr Gäste einlade, bereite ich meist ein Büfett vor. Da meine Rezepte für sechs Personen berechnet sind, lassen sich die Mengen mühelos verdoppeln oder verdreifachen. Für ein Osteressen in kleinerem Kreis, bei dem sich die Gäste nicht selbst an einem Büfett bedienen, sondern die Speisen aufgetragen werden, plane ich meist eine Vorspeise, ein Zwischengericht, einen Hauptgang und ein Dessert. Diese Seezungenfilets sind eine elegante Alternative für das sonst übliche Osterlamm.

Für 6 Personen

150 g feine getrocknete Semmelbrösel
2 EL fein gehackte frische Kräuter
(Basilikum, Petersilie, Estragon, Schnittlauch)
12 Seezungenfilets
2 EL natives Olivenöl extra
2 EL Butter
300 g Zucchiniblüten
90 g Mehl
180 ml kohlensäurehaltiges Mineralwasser
1 l Öl zum Frittieren
Salz

In einer flachen Schüssel die Semmelbrösel mit den Kräutern und etwas Salz vermischen. Die Seezungenfilets in der Mischung wenden, bis sie gleichmäßig überzogen sind.

Das Olivenöl mit der Butter in einer Pfanne bei mittlerer Temperatur erhitzen. Die Seezungenfilets von beiden Seiten etwa 3 Minuten braten, bis sie zart gebräunt sind. Warm stellen.

Die Zucchiniblüten putzen und dabei die Staubgefäße entfernen.

Das Mehl in eine Rührschüssel geben. Langsam das Mineralwasser hinzugießen und dabei ständig rühren, sodass man schließlich einen glatten Teig ohne Klumpen erhält. Leicht salzen.

Das Öl in einem Frittiertopf auf 180 °C erhitzen. (Die Temperatur ist erreicht, wenn ein Brotwürfel in 1 Minute goldbraun wird.) Die Zucchiniblüten portionsweise durch den Backteig ziehen, dann im heißen Öl goldgelb frittieren. Mit einem Schaumlöffel herausheben und auf Küchenpapier abtropfen lassen.

Die Seezungenfilets auf einer vorgewärmten Platte anrichten. Mit den Zucchiniblüten umlegen und sogleich servieren.

Insalata alla mela

Feldsalat mit Apfel

Die verwendete Apfelsorte sollte etwas säuerlich sein.

Für 6 Personen

300 g Feldsalat oder ein anderer kleinblättriger Salat
1 Apfel (Granny Smith)
1 EL gehackter Schnittlauch
1 EL Rotweinessig
4 EL natives Olivenöl extra
Salz

Den Salat verlesen, waschen und trockenschleudern. Den Apfel schälen und ohne das Kerngehäuse in dünne Scheiben schneiden. Mit dem Salat und dem Schnittlauch in eine Schüssel geben. Das Salz im Essig verrühren. Über den Salat träufeln, das Öl zufügen und den Salat rasch mischen. Sogleich servieren.

Torta di cioccolata e banana

Schokoladenkuchen mit Bananen

Mit einer süßen Versuchung endet das Ostermenü.

Für 6 Personen

100 g Bitterschokolade
60 g Butter, dazu 1 EL für die Form
3 große Eier
100 g Zucker
60 g Mehl, dazu 2 EL für die Form
3 Bananen
80 g brauner Zucker

Den Backofen auf 180 °C vorheizen.

Die Schokolade mit der Butter in einer Metallschüssel über siedendem Wasser schmelzen. Abkühlen lassen. Die Eier mit dem Zucker verquirlen und langsam unter die Schokolade rühren. Portionsweise das Mehl unterziehen. Eine 22 cm große beschichtete Springform buttern und mit Mehl ausstreuen. Die Schokoladenmischung einfüllen und 15 Minuten backen. Den Kuchen einige Minuten ruhen lassen, aus der Form nehmen und auf einem Drahtgitter abkühlen lassen. Den Grill auf höchster Stufe vorheizen.

Die Bananen schälen und in Scheiben schneiden. Den Kuchen damit belegen und mit dem braunen Zucker bestreuen. Für einige Minuten unter den Grill schieben, bis der Zucker geschmolzen ist. Vor dem Servieren abkühlen lassen.

EINFÜHRUNG

Besonders begeistert mich am italienischen Sommer immer die Farbenpracht. Gerade in der Toskana hält sie sich infolge des gemäßigten Klimas bis in den Herbst hinein. Im Juni blühen überall die Rosen – einer der größten Rosengärten Europas befindet sich nicht weit von unserem Haus entfernt. Aus Terrakottatöpfen ergießen Geranien ihre vielfarbigen Blütenkaskaden in gepflasterte Innenhöfe, über verwitterte Mauern und von den Fensterbänken alter Bauernhäuser. Die Hügel sind überzogen vom strahlenden Gelb des Ginsters und im Tal bildet roter Mohn dichte Teppiche. Im Juli stehlen ihm Abertausende Sonnenblumen die Schau; sie werden in dieser Gegend seit einiger Zeit ihrer ölhaltigen Samen wegen angebaut. Hinzu kommen Dutzende von Wildblumenarten, aus denen man im Hochsommer im Nu einen kunterbunten Strauß zusammenstellt. Im August lässt die gleißende Sonne die Weintrauben in dunklem Purpur erglühen. Eine träge Stille legt sich über die Landschaft. Am Abend wird die Luft jedoch angenehm kühl und in der Natur regt sich wieder Leben. Die Nachtigall singt ihr bezauberndes Lied, Fledermäuse sausen pfeilschnell durch die Dämmerung und hier und da glimmt ein Leuchtkäfer auf.

Auch auf den Märkten geht es jetzt bunt zu. Als Erstes fällt der Gemüsepaprika ins Auge. Bei den grünen Schoten – oder vielmehr »Beeren«, wie man botanisch exakt sagen müsste – handelt es sich um unreif geerntete Früchte, die daher noch leicht bitter schmecken. Lässt man sie länger an der Pflanze, nehmen sie ihre unverwechselbare Rot-, Gelb- oder Orangetönung an und entwickeln ein etwas süßliches Aroma.

Eigentlich stammen die der Gattung *Capsicum* angehörenden *peperoni* aus Amerika und wurden von Kolumbus nach Spanien gebracht. Von dort gelangten sie nach Italien, wo sie schon bald dauerhaft Fuß fassten. Die vielleicht einfachste und zweifellos schmackhafteste Zubereitung besteht darin, die Schoten zu enthäuten, zu grillen und mit Olivenöl *extra vergine* zu beträufeln. Für ein sehr populäres süditalienisches Gericht wird das Gemüse mit Tomaten, Zwiebeln und Knoblauch geschmort. Diese *peperonata* schmeckt ausgezeichnet als Beilage zu Fleisch. Ich serviere sie auch als Hauptgang, wobei ich pro Person ein Spiegelei auf dem Gemüse anrichte. Aus den gleichen Zutaten, jedoch ohne die Eier und dafür zusätzlich mit Sardellen und Oliven, bereite ich einen Auflauf, den ich mit Semmelbröseln bestreue und im Ofen backe. Für ein elegantes Sommeressen fülle ich eine Püreesuppe aus gelbem Paprika gleich in einzelne Teller oder Schalen und garniere sie mit einer Kugel Tomatensorbet. Farblich wie geschmacklich ist diese Suppe ein sommerlicher Genuss par excellence.

Mit dem Gemüsepaprika verwandt sind die *peperoncini,* die kleinen, in frischem Zustand feuerroten und später rotbraunen Chilischoten. Manche besitzen eine so höllische Schärfe, dass man sie in Süditalien, wo sie intensiv angebaut und verwendet werden, auch *diavolilli* – »Teufelchen« – nennt. Eine äußerst beliebte Pastasauce heißt *all'arrabbiata.* Hinter diesem Namen, in dem sich unverkennbar das Wort »rabiat« wiederfindet, verbirgt sich eine einfache Tomatensauce, in die so viele *peperoncini* hineingegeben werden, wie man dem Gaumen seiner Gäste zumuten möchte.

Einen weiteren Blickfang im sommerlichen Marktangebot bilden auch die Auberginen mit ihrer glatten, schimmernden Haut und attraktiven Färbung. Es gibt auch eine weiße, rundovale Sorte, die gewissermaßen die Uraubergine darstellt. Mit etwas Fantasie könnte man sie für das Ei eines sehr großen Vogels halten, daher auch der Name »Eierfrucht«. Vermutlich brachten italienische Händler die Aubergine im Mittelalter aus Indien und China nach Europa. Der Naturforscher, Philosoph und Theologe Albertus Magnus, Lehrer von Thomas von Aquin, erwähnte sie bereits im 13. Jahrhundert in einer Abhandlung. Damals bezeichneten die Italiener jede neue exotische Frucht oder Gemüsesorte als *mela,* einen Apfel irgendeiner Art. Auch die ihnen unbekannte Aubergine betrachteten sie mit Skepsis und nannten sie daher »ungesunder Apfel«, also *mela insana* oder vielmehr *melanzana.*

Auf meinen Asienreisen konnte ich Auberginen in vielen Farben, Formen und Größen bestaunen. Da gab es die eiförmigen, weißen Früchte ebenso wie enorme schlangenförmige, hellgrüne Formen oder auch dicke, fast schwarze Exemplare. In Italien sieht man meistens die purpurnen Auberginen. Besonders verbreitet ist die ovale Black Beauty mit dunkelvioletter Schale und kleinem, grünem Blütenkelch. In Florenz findet man die *violetta di Firenze,* eine kugelige Frucht mit heller Purpurtönung und violetter Kappe. Auf den Märkten Neapels schließlich ist die *violetta lunga di Napoli* nicht zu übersehen, über deren phallische Form die Händler immer wieder gerne Witze machen. Die Pflanzen sind ebenso hübsch anzusehen wie ihre Früchte. Sie bilden dichte Büsche mit graugrünen Blättern und winzigen purpurnen Blüten.

Da Auberginen sehr sonnen- und wärmebedürftig sind, werden sie in Italien vornehmlich in südlichen Regionen angebaut. Von dort stammen auch die meisten landestypischen Rezepte für dieses Gemüse. Auberginen kommen in der Stiefelrepublik gebraten, gegrillt, gebacken, gefüllt und im Süden sogar, mit Schokoladensauce in eine Form geschichtet, als Dessert auf den Tisch. Sie harmonieren perfekt mit allen charakteristischen Zutaten der Mittelmeerküche: Knoblauch, Tomaten, Basilikum und Käse. Die für meinen Geschmack köstlichste Zubereitung ist *parmigiana di melanzane*, bestehend aus frittierten Auberginenscheiben, die mit Mozzarella bedeckt, mit Tomatensauce überzogen und zuletzt mit geriebenem Parmesan bestreut werden. Einst als zu armselig angesehen, um überhaupt Aufnahme ins Repertoire von Restaurants zu finden, ist dieser Auflauf inzwischen aufgrund seiner vollendeten Ausgewogenheit der Aromen bei Feinschmeckern überaus geschätzt. Wichtig ist natürlich einmal mehr, dass alle Zutaten von bester Qualität sind.

Frische Auberginen sehen prall aus und sind vergleichsweise leicht. Unter der glänzenden Haut, die keine Runzeln aufweisen sollte, verbirgt sich ihr festes, mild schmeckendes Fruchtfleisch. In diesem Zustand müssen sie nicht, wie in so vielen Kochbüchern behauptet, zunächst eingesalzen werden, um ihnen überschüssiges Wasser und damit auch Bitterstoffe zu entziehen. Ganz gleich jedoch, ob knackig frisch oder schon älter, saugen Auberginen Öl wie ein Schwamm

auf. Bekömmlicher geraten sie, wenn sie in dicke Scheiben geschnitten, gegrillt und erst im Anschluss daran mit Olivenöl *extra vergine* beträufelt werden.

Im Frühsommer wird die grüne Fraktion auf den Märkten durch die *fagiolini* verstärkt. Jetzt sind die grünen Bohnen noch klein und zart und ihre Samen beinahe winzig. Am besten schmecken sie, wenn die Hülsen nicht mehr als zehn Zentimeter lang sind, ein frisches Grün aufweisen und so knackig sind, dass sich die Stielansätze einfach abbrechen lassen.

Mir ist zwar bekannt, dass die grünen Bohnen aus Amerika nach Europa gelangten und in Frankreich beispielsweise als *haricots verts* ebenfalls eine große Rolle spielen. Trotzdem empfinde ich sie als sehr italienisch, denn für mich sind sie ohne Olivenöl nur eine halbe Sache. In dieser Kombination, vielleicht noch abgerundet durch einen Spritzer Zitronensaft, ergeben sie ein wundervolles Gericht. Für ein leichtes Sommeressen serviere ich sie in dieser Form sogar zum Hauptgang, vor dem ich eventuell noch ein Pastagericht auftische. Genauso gut lassen sie sich durch das ebenfalls sehr sommerliche Pesto ergänzen, wobei ich das ligurische Rezept manchmal abwandle und statt Basilikum eine entsprechende Menge Petersilie und Minze verwende.

Als ich mit meinen Kochkursen in der Badia a Coltibuono begann, musste ich die Teilnehmer immer wieder daran erinnern, Gemüse generell nicht zu übergaren. Inzwischen muss ich sie anhalten, vor allem grüne Bohnen nicht zu kurz zu garen. Sie brauchen etwa fünf Minuten in kochendem Salzwasser, um den Grasgeschmack abzulegen und ihr Aroma zu entfalten.

Zucchini gehören zu den weiteren Hauptdarstellern der italienischen Sommerküche. Im Handel erscheinen sie bereits im späten Frühjahr, in meinem Garten aber beginnt die Ernte erst um die Sommermitte. Beim Kauf sollte man kleine, zarte und eigentlich noch etwas unreife Exemplare auswählen, da sich dann die Samen noch nicht entwickelt haben. Sie müssen sich fest anfühlen und eine glänzende, hell- bis dunkelgrüne Schale ohne Flecken aufweisen. Oft bekommt man auf den heimischen Märkten gewissermaßen als Beigabe zu ganz jungen Zucchini die gelben Blüten, die noch an den Früchten sitzen. Ihre Frische ist natürlich der beste Indikator für die der Zucchini selbst. Während sich diese recht großen weiblichen Blüten gut füllen lassen, werden die kleineren männlichen Exemplare bevorzugt frittiert oder gebraten.

Mit ihrem delikaten, lieblichen Aroma lassen sich Zucchini vielseitig mit verschiedenen Gewürzen und anderen Zutaten kombinieren. Am liebsten koche ich Zucchini, die ich eben im eigenen Garten geerntet habe, einige Minuten in Wasser und schneide sie in Scheiben. Olivenöl *extra vergine* und gehackter frischer Estragon genügen in diesem Fall als Würze vollauf. Darüber hinaus kennt die italienische Küche viele Rezepte für gedünstete, gebratene und im Ofen gegarte – manchmal auch gefüllte – Zucchini und natürlich ebenso für ihre überaus dekorativen Blüten.

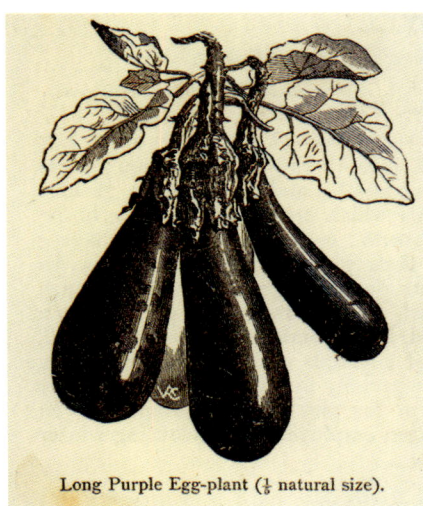

Long Purple Egg-plant (⅕ natural size).

Wenn es auf den Hochsommer zugeht, entsinnen sich alle, die einen Gemüsegarten ihr Eigen nennen, an Nachbarn und Freunde, denen nicht dieses Glück beschieden ist. Denn es erhebt sich die Frage, was man bloß mit all den Tomaten anstellen soll, die jetzt schneller an den Stauden reifen, als man sie essen kann. Einmachen, ob im Ganzen, zerkleinert oder püriert, lautet die Lösung, die natürlich etwas Arbeit bedeutet, aber auch einen vollen Vorratsschrank, über den man sich gerade im Winter besonders freut.

Die Tomate stammt zwar nicht aus Italien – sie ist in Mittel- und Südamerika beheimatet –, doch hier begann ihre »Karriere«. Trotzdem kann man nicht behaupten, dass die italienische Küche ohne Tomaten nicht das wäre, was sie heute ist. Denn nach ihrer Einführung in Spanien und Italien im 16. Jahrhundert dauerte es noch zwei Jahrhunderte, bis sie sich in der Küche richtig etablieren konnte. Zuerst und vor allem geschah dies im Süden des Landes, weshalb die norditalienische Gastronomie ohne sie durchaus denkbar wäre.

Das erste schriftlich überlieferte Rezept mit Tomaten, genauer für eine Sauce aus diesen »Paradiesäpfeln«, Petersilie, Knoblauch und Zwiebeln, findet sich in einem neapolitanischen Kochbuch aus dem 17. Jahrhundert. Die Kultivierung und Konservierung von Tomaten in großem Stil nahm jedoch erst im frühen 19. Jahrhundert in Neapel und der gesamten Region Kampanien ihren Anfang. Bald darauf begann in den USA die industrielle Produktion von Tomatenketchup.

All die Tomatensorten zu nennen, die in Italien angebaut werden, ist kaum möglich. Jedenfalls dürften es Dutzende sein. Als erste kommen die kleinen Kirsch- oder Cocktailtomaten auf den Markt, die in Italien *pomodorini* oder *ciliegini* heißen und oft noch in dichten Trauben an den Stielen sitzen. Mit ihrem ausgeprägt süßen und vollen Aroma schmecken sie, halbiert und mit Olivenöl *extra vergine* sowie etwas frischem Basilikum gemischt, wundervoll in Salaten. Am Ende der Saison ziehen die Gärtner die ganzen Pflanzen aus der Erde und hängen sie an einem kühlen, gut belüfteten Platz auf. Die Tomaten werden zwar leicht runzlig, behalten aber bis gegen Winterende ihre aromatische Frische.

Die beste und beliebteste Kochtomate kommt aus San Marzano. Mit ihrer länglichen Form zählt sie zu den Flaschentomaten. Ihr festes Fruchtfleisch enthält weniger Samen und Saft als das anderer Sorten. Dies und ihr ausgeprägtes Aroma macht sie ideal für Saucen und Suppen. In zahlreichen regionalen Formen ist die Fleischtomate, auf Italienisch *costoluto,* im Handel vertreten. Die großen, mehr oder weniger stark gerippten Früchte schmecken roh am besten, solange sie noch nicht ganz ausgereift sind und eine ins Grünliche spielende Orangetönung zeigen. Besonders kommt ihr Geschmack mit dem ausgewogenen Verhältnis von Süße und Säure zur Geltung, wenn man sie in Scheiben schneidet und mit Olivenöl *extra vergine* und Balsamessig anmacht. Ebenso gut lassen sie sich füllen, etwa mit Reis, Hackfleisch, Fisch und Meeresfrüchten.

Gleichsam ein kulinarisches Traumpaar und Sinnbild des italienischen Sommers sind sonnengereifte Tomaten und *basilico.* Das »königliche« Kraut – so die Bedeutung seines aus dem Griechischen stammmenden Namens – besitzt ein markantes, edles Aroma, das auch dem Pesto seine unverwechselbare Note gibt. Nicht von ungefähr wurde die ursprünglich orientalische Sauce zum festen Bestandteil der ligurischen Küche, wächst doch hier im milden Seeklima angeblich das delikateste Basilikum des ganzen Mittelmeerraums.

Die Herstellung von Pesto ist im Prinzip denkbar einfach und dennoch wird, wie man in Ligurien behauptet, das eigentliche Erfolgsgeheimnis einem Nichteinheimischen ewig verborgen bleiben. Gemeint ist das richtige Verhältnis der Ingredienzen, als da wären: ein Bund Basilikum, eine oder zwei Knoblauchzehen, eine Prise Salz, eine Hand voll Pinienkerne und etwas geriebener Pecorino, manchmal ergänzt durch Parmesan. Nachdem all das zu einer feinen Paste zerrieben wurde, gibt man etwas Olivenöl *extra vergine* dazu, sodass man schließlich eine geschmeidige Sauce von leuchtend grüner Farbe erhält. Puristen verwenden einen Marmormörser mit Holzstößel, doch auch im Mixer erzielt man ein zufrieden stellendes Ergebnis. In meinem Kühlschrank steht in der warmen Jahreszeit fast immer ein Glas hausgemachtes Pesto. Es hält sich mindestens eine Woche und mundet nicht nur wundervoll mit Pasta, sondern auch zu Gnocchi und kaltem Gemüse, beispielsweise grünen Bohnen. Für ein leichtes Mittagessen empfehle ich aufgeschnittene oder gefüllte Tomaten mit etwas Basilikumsauce.

Mit Mozzarella wird aus dem perfekten kulinarischen Doppel ein herrliches Trio. Man denke nur an *caprese,* einen Salat von der Insel Capri, die selbst ein idyllisches Symbol für Sonne, Sommer und Meer darstellt. Obwohl Mozzarella das ganze Jahr über erhältlich ist, besitzt er meiner Meinung nach eine ausgeprägte Affinität zu den Zutaten des Sommers. Zudem liefert er, wenn es zum Kochen zu heiß ist, eine gute Grundlage für einen durchaus sättigenden kalten Imbiss.

Echter Mozzarella besteht aus frischer Büffelmilch. Vor allem in den süditalienischen Provinzen Caserta und Salerno sieht man bis heute in Küstennähe Herden von Wasserbüffeln. In diesen Gegenden gibt es noch viele Betriebe, die den Käse nach überlieferten Methoden produzieren: Der mit heißem Wasser überbrühte Bruch wird von Hand geknetet und zu Strängen ausgezogen, aus denen dann die faustgroßen, unregelmäßigen Kugeln entstehen.

Für jeden Feinschmecker lohnt sich eine Fahrt in den Süden, um Mozzarella einmal wirklich frisch zu kosten. Wie die Einheimischen sagen, sollte er vor zwölf Uhr am Tag seiner Herstellung gegessen werden. Dieser einmalige Genuss bleibt sogar uns vorenthalten, die wir in anderen Gegenden Italiens leben, denn bis der Mozzarella schließlich in die Käsetheken gelangt, ist er ja auch schon einige Tage alt. Gewissermaßen noch »brühwarmer« Mozzarella besticht durch eine beinahe reinweiße Farbe, eine zwar feste, aber sogleich butterweiche Beschaffenheit und ein delikates, liebliches Aroma. Wenn ich einmal keinen wirklich frischen Büffelmozzarella bekomme, weiche ich auf *fior di latte* aus, einen ähnlichen Käsetyp, der zwar auf Kuhmilch basiert, doch auf seine Weise ganz exquisit schmeckt.

Guter Mozzarella entfaltet seine unvergleichlichen Qualitäten am besten in Salaten oder in sommerlichen Gerichten mit Pasta.

Gegen Ende des Sommers kommen jene Bohnen frisch auf den Markt, die wir in getrocknetem Zustand das ganze Jahr über essen: *cannellini, lamon* und *borlotti*. Ich nutze die kurze Gelegenheit und mische die knackigen, delikaten Samen gerne mit Zwiebeln und Tomaten in Salaten.

Ganz gleich, wo man in Italien weilt, ist das Meer nicht weit. Daher gibt es selbst in den großen Städten im Binnenland wie Mailand und Florenz ganzjährig exzellenten frischen Fisch. Entsprechend enthält jedes Kapitel dieses Buches mehrere Rezepte mit den Früchten des Meeres. In den Sommermonaten aber vollzieht sich ein wahrer Massenexodus aus allen Städten und Dörfern in die Badeorte. Unverzichtbarer Bestandteil des Ferienvergnügens sind für die Italiener Schlemmereien mit Fischen und Meeresfrüchten, die auf den Märkten und den Speisekarten der Restaurants in großer Auswahl und unter immer wieder anderen regionalen Bezeichnungen angeboten werden.

Auf dem größten Markt Neapels, der unweit des Hauptbahnhofs abgehalten wird, kann man über die Vielfalt und Menge an Muscheln nur staunen. In Eimern, Becken und Bottichen locken Miesmuscheln (*cozze*), Raue Venusmuscheln (*tartufi di mare*) und Messerscheiden (*cannolicchi*), um nur einige der zahlreichen Arten zu nennen. Ich erinnere mich noch an die Zeiten, als man sie alle roh mit einem Spritzer Zitronensaft genießen konnte – dieses Vergnügen verbietet sich inzwischen aus Gesundheitsgründen. Profiwie auch Hobbyköche halten begierig Ausschau nach fangfrischen *vongole veraci*. Die den Venusmuscheln zugeordnete Kreuzmuster-Teppichmuschel fällt durch die dunklen Linien auf ihren großen, gräulich braunen Schalen auf und ist ihren zahlreichen Verwandten geschmacklich weit überlegen. *Vongole veraci* spielen die Hauptrolle in zwei beliebten Spezialitäten: der auf gerösteten Brotscheiben angerichteten *zuppa di vongole* sowie den *spaghetti alle vongole*. Manchmal werden sie in den Schalen serviert, was hübsch aussieht und auch den Spaßfaktor erhöht: Ein aufmerksamer Kellner bietet seinen Gästen in dem Fall eine besonders große Leinenserviette an, die sie sich zum Schutz ihrer Kleidung umbinden können.

Reichlich im Angebot sind auch Tintenfische und Kalmare. Der kleinste Vertreter ist der Gemeine Tintenfisch oder Sepia. *Seppie* sehen aus wie Säckchen mit einem Kopf und Fangarmen daran. Ihr zartes Fleisch schmeckt gut in Reis- und Pastasaucen und ihre Tinte gibt nicht nur dem berühmten Reisgericht namens *riso nero* sein extravagantes Aussehen, sondern wird neuerdings auch zum Färben und Aromatisieren von Pasta verwendet. Die kleinen *seppie* lassen sich vorzüglich frittieren. Ebenso gern mag ich sie mit Kartoffeln und Zwiebeln gebraten. Überlassen Sie das Säubern am besten dem Fischhändler, denn das Herauslösen des Tintenbeutels und der Kalkschale erfordert einiges Geschick. Zur selben Familie gehören die Gemeinen Kalmare, Freunden der italienischen Küche als *calamari* bekannt. Mit ihrem länglichen Körper sind sie zum Füllen, beispielsweise mit einer Mischung aus Knoblauch, Petersilie, Oliven, Semmelbröseln und zerstoßenen Chilischoten, wie geschaffen. Meist werden sie geschmort oder als Bestandteil eines *fritto misto,* einer Platte mit ausgebackenem Fisch, Fleisch und Gemüse, serviert.

Gebraten, gegrillt und manchmal sogar gefüllt erfreuen sich Garnelen in Italien zweifellos besonderer Beliebtheit. *Gamberi* oder *gamberetti,* wie sie je nach Größe hier heißen, vertragen sich mit Kräutern und Sommergemüsen, vor allem Tomaten, wie unter anderem meine *zuppa di gamberi* beweist. (Garnelen sind auch als Shrimps, Prawns, Crevettes oder Gambas im Handel. Fälschlicherweise werden sie zuweilen als Scampi bezeichnet. Scampi oder Langoustines ist aber nur für die hummerartigen Kaisergranate korrekt.)

Die äußerst artenreichen Fischbestände des Mittelmeeres waren zwar zwischenzeitlich geschrumpft, erholen sich aber glücklicherweise wieder und bieten eine Vielfalt, die ihresgleichen sucht. Doch man sieht immer noch Fische, die – was illegal ist – zu jung als winzige Exemplare gefangen wurden. Dagegen sind Sardellen auch ausgewachsen sehr klein. Sie finden sich als Konserven weltweit in den Regalen und runden manches Gericht geschmacklich ab. Außerhalb des Mittelmeerraumes weniger bekannt sind frische Sardellen, die in Italien als *alici* oder *acciughe* auf den Tisch kommen. Einfach in Zitronensaft und Weißweinessig mariniert und mit Olivenöl *extra vergine* und Petersilie aromatisiert, ergeben sie ein perfektes sommerliches Antipasto, aber auch kurz gebraten sind sie ein köstlicher Auftakt für ein Essen.

Der Sardelle nicht unähnlich, wenngleich einer anderen Familie zugehörig, ist die Sardine *(sardina).* Für *pasta con le sarde,* die Leibspeise der Sizilianer, werden Röhrennudeln mit frischen Sardinen, Rosinen, Pinienkernen, Sardellen und wildem Fenchel kombiniert. Auf dem gelungenen Zusammenspiel von Sardinen, Fenchel und pürierten Tomaten basiert auch ein schlichtes, schmackhaftes Gericht aus dem Backofen.

Von den vielen mittelgroßen Mittelmeerfischen bevorzuge ich den Wolfsbarsch, der in Italien als *branzino* oder *spigola* im Handel ist. Wie so oft gilt auch hier: Je einfacher das Rezept, desto schmackhafter das Resultat. Ich gare den Fisch in einer Pergamenthülle und reiche dazu eine Sauce aus Thunfisch, Sardellen, Kapern, hart gekochtem Ei und Essig. Im Sommer serviere ich ihn in dieser Zubereitung gerne auch kalt. Nicht nur eine Gaumenfreude, sondern mit ihrer auffallenden Farbe eine Augenweide dazu ist die *triglia.* Die Rotbarbe verlangt beim Vorbereiten wie beim Essen höchste Aufmerksamkeit, denn sie besitzt zahlreiche winzige Gräten. Dafür verspricht sie, beispielsweise überbacken mit einem Pesto aus schwarzen Oliven, ein einmaliges Geschmackserlebnis. Der vielleicht vielseitigste Fisch ist die Seezunge *(sogliola).* Zum Beispiel lassen sich die Filets wundervoll in Form kleiner Rouladen zubereiten, die ich mit verschiedenen Mischungen – etwa Fenchel und Orange oder Zucchini mit Estragon – fülle und vor dem Garen mit Zahnstochern fixiere.

Zwei »dicke Brocken« buhlen um die Vorherrschaft in den Gewässern und der Küche Italiens: der Thunfisch *(tonno)* und der Schwertfisch *(pesce spada).* Letzterer wird vor den Küsten Siziliens noch immer mit der Harpune gejagt. Auf den Märkten Palermos stellen die Händler stolz das Schwert neben dem erlegten Tier aus. Gegrillte Schwertfischsteaks mit ein paar Tropfen Olivenöl *extra vergine* und Essig sind ein kaum zu überbietender Genuss. Aus dem fein gehackten Fleisch, Kapern und geriebener Ingwerwurzel lässt sich ein schmackhaftes Tatar herstellen, das an heißen Sommertagen den kleinen Hunger sehr gut stillt. Schon zur Zeit der alten Römer und Griechen fing man im Mittelmeer mit Reusen, die sich nahezu unverändert bis heute erhalten haben, den Großen oder Roten Thunfisch, während er auf dem Weg zu den Laichgründen hier vorbeizog. Das beste Fleischstück heißt *ventresca* und stammt aus der Bauchregion. Nach diesem italienischen Wort sollte man auf der Dose suchen, wenn man Thunfisch in Öl kauft. Das Repertoire italienischer Rezepte mit eingelegtem Thunfisch ist breit gefächert. Zu den ungewöhnlicheren Beispielen gehört die Hühnchen-Thunfisch-Pastete, die im Sommer den Gaumen wundervoll auf weitere Genüsse einstimmt.

Drei Früchte, nämlich Aprikosen, Pfirsiche und Nektarinen, sind für mich der Inbegriff des Sommers. Das liegt nicht nur an ihren warmen, manchmal rötlich

überhauchten Gelb- und Orangetönen, sondern auch an ihrem besonders intensiven Duft und Geschmack. Bei den Persern hießen Aprikosen »Samen der Sonne«, bei den alten Griechen »goldene Eier der Sonne«. Für ein Sommeressen bietet sich beispielsweise eine Aprikosen-Joghurt-Creme als eleganter Abschluss an. Sie lässt sich unkompliziert zubereiten, sieht, mit roten Beeren dekoriert, sehr ansprechend aus, schmeckt köstlich und ist angenehm leicht.

Aus Pfirsichen bereitet man schnell ein exquisites und erfrischendes Dessert, indem man sie in Scheiben schneidet und mit einem Glas Weißwein oder Schaumwein übergießt. Sie harmonieren auch gut mit anderen Früchten und Zutaten, etwa Amaretti, den italienischen Bittermandelmakronen. Mit ihnen stelle ich eine Dessertsauce her, die glasierte warme Pfirsichspalten vorzüglich ergänzt. Die Nektarine gehört zur selben Familie wie der Pfirsich, besitzt aber nicht dessen samtige Haut und wird gerade deshalb als Tafelfrucht von vielen bevorzugt. In Italien heißt sie *pesca noce,* also etwa »walnussartiger Pfirsich«, da sie sich aufgrund ihres glatten Äußeren härter anfühlt. Nektarinen lassen sich genauso verwenden wie Pfirsiche.

Um etwas vom sommerlichen Flair dieser Früchte in die lange Winterzeit hinüberzuretten, bereite ich aus ihnen häufig Konserven und Marmeladen zu. Aprikosen eignen sich auch für ein würziges Chutney.

FESTE IM SOMMER

Das milde, sehr sonnige Klima Italiens bringt es automatisch mit sich, dass wir gern im Freien essen. Wir nutzen das schöne Wetter und die lauen Abende für Picknicks auf dem Rasen, am Strand oder in den Bergen, für Mahlzeiten im Garten oder den Besuch eines Restaurants mit hübscher Terrasse. Die »Freiluftsaison« beginnt meist im Mai, erreicht in den sehr heißen Julitagen ihren Höhepunkt, dauert dann mit beinahe unverminderter Intensität bis Ende August und klingt gegen Ende September, Anfang Oktober mit der Traubenlese aus. Fast die ganze Zeit über finden zudem in Dörfern und Stadtvierteln fröhliche *feste* statt. Wie eine Freundin von mir feststellte, könnte man bei richtiger Planung von Mitte Juni bis Mitte September jeden Abend auf einer anderen Piazza essen – mit geringeren Kosten, als wenn man zu Hause selber kocht.

Die Italiener lieben es nun einmal, sich mit Verwandten, Freunden und Nachbarn zu treffen und gemeinsam zu tafeln. Dafür ist ihnen fast jeder Anlass recht, sei dies zum Beispiel der Festtag des örtlichen Schutzheiligen oder irgendein traditioneller weltlicher Jahrestag. Bei jedem solchen Ereignis gibt es immer besondere Delikatessen. Neben diesen *feste* werden dann noch die *sagre* gefeiert. Ihren Namen, der sich von lateinisch *sacer* – »heilig« – ableitet, führen Kulturanthropologen darauf zurück, dass es sich ursprünglich um Festmähler handelte, die nach einem weihevollen Ereignis abgehalten wurden. Bei einer *sagra* dreht sich immer alles um eine bestimmte kulinarische Spezialität.

Da die Ortsansässigen die Speisen sowohl selbst zubereiten als auch auftragen, darf man sich auf beste, authentische Hausmannskost freuen, die, ebenso wie die leicht verdaulichen Preise, über den vielleicht nicht immer professionellen Service hinwegtröstet. Unlängst bekam ich bei einer *festa* im Chianti ein Menü, das einer Familienfeier würdig gewesen wäre. Als Antipasto gab es *crostini toscani,* kleine knusprige Brotscheiben, bestrichen mit einer Mischung aus Hühnerleber und Kalbsmilz, die man mit Kapern und Knoblauch in Weißwein gegart hatte. Zum ersten Gang folgte mit *pappa al pomodoro,* einer kalten Brotsuppe mit Tomaten, ein toskanischer Klassiker. Das Hauptgericht bestand aus gemischtem gegrilltem und gebratenem Fleisch – Rind, Perlhuhn und Schweinerippchen – mit einer Beilage aus weißen Bohnen. Wassermelone *(cocomero)* bildet den traditionellen Abschluss eines solchen Essens. Danach werden Spiele für die Kinder veranstaltet, während sich die Erwachsenen beim Tanzen die Kalorien wieder abarbeiten.

Die Zahl der *sagre* wächst von Jahr zu Jahr. Mit Plakaten werden sie rechtzeitig flächendeckend angekündigt. In der Gegend der Toskana, in der ich jetzt lebe, grenzen drei geschichtsträchtige Gebiete – das Arnotal, Florenz und Siena – aneinander und ein jedes besitzt ganz eigene kulinarische Traditionen. So verwundert es nicht, dass er hier *sagre* mit allen möglichen Themenschwerpunkten gibt, seien dies die *ribollita* (eine dicke Suppe aus Gemüse und Brot), Esskastanien, Hase, Wildschwein, Spanferkel, Schnecken, Frösche, Steinpilze, Oliven oder Pecorino. Die Liste ließe sich noch beliebig fortsetzen. Eine *sagra* läuft im Grunde genauso ab wie eine andere *festa,* wobei jedoch die jeweils im

Mittelpunkt stehende Spezialität in allen erdenklichen Arten und Weisen angeboten wird. Bei einer *sagra della lepre,* die ich kürzlich besuchte, gab es *pappardelle con la lepre,* breite Bandnudeln mit Hase, der in einer üppigen Rotweinsauce mit Muskat und Rosmarin gegart worden war. Beim Hauptgang hatte man die Wahl zwischen gegrilltem Hasen oder köstlichem *lepre in umido,* einem Gericht, für das der Hase mit Tomaten, Zwiebeln und verschiedenen Gewürzen geschmort wurde.

In anderen Regionen Italiens veranstaltet man *sagre* für Polenta, weißen Spargel, Meeresfrüchte, Melonen, Tomaten, *gnocchi* und *maccheroni.* Es dürfte keine wichtige Zutat der italienischen Küche geben, die nicht irgendwo einen Tag lang zum Hauptdarsteller wird. Inzwischen veranstalten viele Städte auch als zusätzliche Touristenattraktionen *sagre* für Antipasti, Fleisch vom Grill, Süßspeisen, Eiscreme und dergleichen mehr. Sie entsprechen zwar nicht ganz dem wahren Geist, was den Gaumenfreuden und der gastfreundlichen, fröhlichen Atmosphäre jedoch keinen Abbruch tut.

Jedes Jahr veranstalte ich am Abend vor dem 15. August, der den Höhepunkt der Sommerferien markiert und ein Nationalfeiertag ist, im Renaissance-Garten unseres Familiengutes Badia a Coltibuono ein Essen bei Fackelbeleuchtung. Es gibt ein Konzert im Innenhof, wobei vor kurzem sogar ein Kammerensemble der Berliner Philharmonie gastierte. Da mehrere Hundert Besucher kommen, bereite ich ein kaltes Büfett vor. Neben verschiedenen herzhaften Fladen umfasst es einfache Gerichte wie *panzanella,* einen Salat aus Brot, vollreifen Tomaten, milden roten Zwiebeln und Basilikum, der mit Olivenöl *extra vergine* von unserem Gut und mit Rotweinessig angemacht wird. Hervorragend schmeckt auch ein Salat aus frischen weißen Bohnen, Zwiebeln und Tomaten. Eine weitere typisch toskanische Zubereitung, die sich für größere Personenzahlen gut eignet, ist *tonno e fagioli,* eine Mischung aus Thunfisch, weißen Bohnen und Zwiebeln. Als Nachspeise serviere ich die ersten süßen Trauben der Saison und Walnussfladen. Dazu schenke ich natürlich Weiß- und Rotweine aus dem Coltibuono-Sortiment aus. Nach dem Essen kehren die Gäste in den inzwischen zu einer Freiluft-Disco umfunktionierten Hof zurück, wo bis Mitternacht getanzt wird.

Die meisten Essen im Freien, die ich organisiere, sind allerdings Picknicks am Swimmingpool im Kreis der Familie. Da der Pool ein ganzes Stück vom Haus entfernt liegt, handelt es sich fast schon um kleine Ausflüge, für die wir richtige Körbe packen müssen. Zu einem solchen Sommer-Picknick gehört unbedingt frisch gebackenes Brot. In meiner Familie besonders beliebt ist ein Brot aus Weizenvollkornmehl, das ich mit ganzen Dinkel- und Gerstenkörnern, Sonnenblumenkernen und Sesamsamen anreichere. Es ist nicht leicht, den individuellen Vorlieben von acht Enkeln verschiedener Altersstufen gerecht zu werden. Am besten gelingt das, wie ich festgestellt habe, mit einer Auswahl kalter Speisen. Die *parmigiana di melanzane* etwa ist perfekt für ein Picknick, denn sie lässt sich gut im Voraus zubereiten und schmeckt kalt ganz köstlich.

Ein Auflauf, der unter einer Kruste aus Semmelbröseln rote und gelbe Paprikaschoten, Sardellenfilets, Tomaten sowie schwarze Oliven enthält und raumtemperiert serviert wird, steht bei den Meinen ebenfalls hoch im Kurs, genauso wie Zucchiniröhren, die ich mit Hühnerfleisch fülle und mit Majoran würze. Dazu serviere ich einige Salate, etwa einen Wildreissalat mit Pesto und einen Pastasalat mit Pecorino, Tomaten und Basilikum. Ein Dessert, das bei Jung und Alt gleichermaßen ankommt, ist *panna cotta,* eine italienische Süßspeise aus gekochter Sahne, die ich mit frischen Beeren und Kirschen vermische. Das Ganze muss mehrere Stunden im Kühlschrank fest werden, wird aber raumtemperiert gegessen.

DIE VORRATSKAMMER

Marmellata di pesche gialle

Marmelade von gelben Pfirsichen

Bereiten Sie diese Marmelade zur Abwechslung einmal mit Aprikosen, Nektarinen oder Pflaumen zu. Die Apfelschalen enthalten das zum Gelieren erforderliche Pektin.

Ergibt etwa 1 kg

2 kg gelbe Pfirsiche
600 g Zucker
Schale von 2 Äpfeln

Die Pfirsiche halbieren, enthäuten und entsteinen. Das Fruchtfleisch würfeln und in einem Topf zugedeckt bei niedriger Temperatur etwa 10 Minuten dünsten, bis es zu einem Püree zerfällt. In einem Sieb abtropfen lassen und den Saft auffangen. Anschließend das Püree durchpassieren.

Den Saft mit dem Zucker und den Apfelschalen in einen Topf füllen und 30 Minuten köcheln lassen, bis er sirupartig eindickt – gibt man einen Tropfen davon auf einen kalten Teller, sollte er sofort erstarren. Die Apfelschalen entfernen und den Sirup gründlich unter das Pfirsichpüree mischen. Die Marmelade einmal kurz aufkochen lassen, dann sofort in frisch sterilisierte Gläser füllen. Unverzüglich verschließen und an einen kühlen, dunklen Platz stellen. Nach dem Öffnen muss man die Marmelade im Kühlschrank aufbewahren, da sie wenig Zucker enthält und somit schnell verdirbt.

Chutney di albicocche

Aprikosen-Chutney

Ich stelle Chutneys aus allen möglichen Früchten her, unter anderem auch aus Pfirsichen, Nektarinen, Feigen oder sogar grünen, also unreifen Tomaten.

Ergibt etwa 2,5 kg

2 kg Aprikosen
2 l Rotweinessig
1 kg Zucker
2 EL Senfsamen
1 TL fein gehackte rote Chilischote
300 g Ingwer, geschält und in feine Scheiben geschnitten
300 g Rosinen
1 Knoblauchzehe

Die Aprikosen halbieren und entsteinen. Mit der Hälfte des Essigs in einen Edelstahltopf geben, zum Kochen bringen und 15 Minuten köcheln lassen. Abseihen und den Essig weggießen.

Den Zucker mit dem restlichen Essig, den Senfsamen, der gehackten Chilischote, dem Ingwer, den Rosinen und dem Knoblauch in einen sauberen Edelstahltopf geben. Alles ungefähr 1 Stunde köcheln lassen, bis die Flüssigkeit sirupartig eindickt – gibt man einen Tropfen davon auf einen kalten Teller, sollte er sofort erstarren.

Die Aprikosen hinzufügen und alles zusammen noch 5 Minuten köcheln lassen. In frisch sterilisierte Gläser füllen, diese fest verschließen und an einen kühlen, dunklen Platz stellen.

Conservazione di basilico e prezzemolo

Einfrieren von Basilikum und Petersilie

Basilikum und Petersilie lassen sich für etwa 3 Monate durch Einfrieren konservieren. Die Blätter werden einfach fein gehackt und in einen Eiswürfelbehälter gepresst. Man bedeckt sie mit nativem Olivenöl extra und gibt sie in die Tiefkühltruhe oder ins Gefrierfach des Kühlschranks. Bei Bedarf die erforderliche Menge entnehmen und noch etwas frisches Olivenöl hinzufügen. Während Petersilie diese Behandlung ohne Farbeinbußen übersteht, läuft Basilikum beim Kontakt mit warmen Speisen dunkel an, behält aber weitgehend seinen Geschmack.

Pomodori pelati

Eingemachte Tomaten

Frische Tomaten für 30 Sekunden in kochendes Wasser geben, dann abgießen und enthäuten. Dicht an dicht mit einigen Basilikumblättern in saubere hitzebeständige Gläser schichten. Die Gläser verschließen, in einen großen Topf stellen und mit Wasser bedecken. Das Wasser erhitzen, bis es sprudelt, und 20 Minuten kochen lassen. Die Gläser im Wasser abkühlen lassen. Auf diese Weise eingemachte Tomaten halten sich an einem kühlen, dunklen Platz bis zu 1 Jahr. Frisch zubereitete Tomatensauce lässt sich genauso konservieren.

Nocino

Walnusslikör

Kurz vor Ende Juni ist die optimale Zeit, um diesen köstlichen Likör herzustellen. Die Walnüsse sind noch etwas grün und noch weich genug, um sie zu zerteilen. (Hochprozentigen Weingeist bekommen Sie in der Apotheke.)

Ergibt etwa 2,75 l

30 frische, noch grüne Walnüsse
10 Gewürznelken
1,5 l Weingeist (90 Volumenprozent)
750 g Zucker
1 l destilliertes Wasser
Abgeriebene Schale von 1 unbehandelten Zitrone

Die Walnüsse vierteln. Mit den Gewürznelken, dem Weingeist, dem Zucker, dem destillierten Wasser und der Zitronenschale auf saubere Flaschen verteilen.

Die Flaschen fest verschließen und einige Monate an einen kühlen, dunklen Platz stellen, dabei alle 2–3 Tage einmal schütteln.

Den Walnusslikör durch einen Papierfilter in saubere Flaschen abgießen und diese wieder fest verschließen. Kühl und dunkel gelagert hält sich der *nocino* jahrelang.

ANTIPASTI, PASTA UND SUPPEN

Acciughe sott'olio

Sardellen in Öl

In beinahe jedem italienischen Delikatessengeschäft gibt es diese Sardellen zu kaufen. Doch kann man sie leicht selbst zubereiten, wobei sie sich im Kühlschrank etwa 1 Woche halten. Statt Petersilie eignen sich ebenso Basilikum oder getrockneter Oregano.

Für 6 Personen

600 g frische Sardellen
3 unbehandelte Zitronen, davon 1 abgerieben
und alle ausgepresst
6 EL Weißweinessig
4 EL natives Olivenöl extra
1 EL fein gehackte glatte Petersilie
Salz und frisch gemahlener Pfeffer

Die Sardellen säubern, dabei von Kopf und Gräten befreien. In einer tiefen Schüssel mit dem Saft von 2 Zitronen und dem Essig übergießen, mit etwas Salz und Pfeffer bestreuen. Für mindestens 2, höchstens aber 12 Stunden in den Kühlschrank stellen und zwischendrin einmal durchmischen. Die Marinade abgießen und die Sardellen auf einer Platte anrichten. Unmittelbar vor dem Servieren mit dem Saft von 1 Zitrone und dem Olivenöl beträufeln. Mit der Zitronenschale und der Petersilie bestreuen und mit Salz und Pfeffer nach Geschmack würzen.

Sformatini di pomodoro

Tomatenpuddinge auf Rucola

Eine Einladung ist eine viel entspanntere Angelegenheit, wenn man Gerichte wählt, die sich rechtzeitig vorbereiten lassen. Ausgesprochen sommerlich wirkt und schmecken diese Tomatenpuddinge. Manchmal umlege ich sie noch mit gewürfeltem grünem Gelee, das ich mit viel gehacktem Basilikum oder Petersilie angereichert habe.

Für 6 Personen

1 kg Tomaten
6 EL trockener Weißwein
15 g Blattgelatine
3 EL gehackte frische Basilikumblätter
200 g Rucola, grob gehackt
3 EL natives Olivenöl extra
Salz und frisch gemahlener Pfeffer

In einem Topf Wasser zum Kochen bringen und die Tomaten hineingeben. Nach 30 Sekunden abgießen, enthäuten, halbieren und die Kerne mit einem Löffel entfernen. Das Fruchtfleisch im Mixer pürieren.

Den Wein in einem Topf erhitzen und auf die Hälfte einkochen lassen. Inzwischen die Gelatineblätter etwa 5 Minuten in kaltem Wasser quellen lassen, danach abgießen.

Den Topf mit dem Wein vom Herd nehmen. Die Gelatine hineingeben und rühren, bis sie sich auflöst. Das Tomatenpüree unterziehen und das Basilikum einrühren. Das Ganze in 6 Timbal- oder Auflaufförmchen füllen und für mindestens 3 Stunden in den Kühlschrank stellen.

Vor dem Servieren die Rucola mit dem Öl sowie Salz und Pfeffer nach Geschmack anmachen und auf einer Servierplatte verteilen. Die Tomatenpuddinge aus der Form stürzen und auf der Rucola anrichten.

Crema di peperoni gialli con sorbetto di pomodoro

Gelbe Paprikasuppe mit Tomatensorbet

Das Tomatensorbet wird in einer Eismaschine hergestellt. Falls Sie keine besitzen, dünsten Sie Würfelchen von enthäuteten und entkernten Tomaten einige Sekunden mit gehacktem Basilikum in Olivenöl und geben sie stattdessen zuletzt auf die Suppe.

Für 6 Personen

6 gelbe Paprikaschoten, halbiert,
die Samen und Scheidewände entfernt
3 EL natives Olivenöl extra
2 große, mehlig kochende Kartoffeln,
geschält und gewürfelt
1 Zwiebel, in dünne Scheiben geschnitten
2 l Gemüsebrühe
1 kg vollreife Tomaten
1 Hand voll frische Basilikumblätter
Salz und frisch gemahlener Pfeffer

Den Backofen auf 180 °C vorheizen.

Die Paprikahälften auf ein Backblech legen und etwa 40 Minuten im Ofen garen. In eine Papiertüte geben und diese verschließen. Die Paprikaschoten ungefähr 10 Minuten schwitzen lassen und dann sogleich enthäuten.

Das Öl in einem Topf erhitzen. Die Kartoffeln und die Zwiebel zugedeckt etwa 10 Minuten bei niedriger Temperatur garen. Die Paprikaschoten und die Brühe hinzufügen. Alles bei niedriger Temperatur 30 Minuten köcheln lassen, dann den Topfinhalt im Mixer pürieren. Die Paprikasuppe mit Salz und Pfeffer abschmecken und beiseite stellen.

In einem Topf Wasser zum Kochen bringen und die Tomaten hineingeben. Nach 30 Sekunden abgießen, enthäuten, halbieren und die Kerne mit einem Löffel entfernen. Das Fruchtfleisch mit dem Basilikum und Salz nach Geschmack im Mixer pürieren. In die Eismaschine füllen und nach Anweisung des Herstellers das Sorbet zubereiten.

Vor dem Servieren die Suppe in einem Topf wieder erhitzen. Auf 6 Suppenteller verteilen und auf jede Portion 1 große oder 3 kleine Kugeln Tomatensorbet geben. Sogleich servieren.

Petto d'anitra al rafano su un letto d'insalata

Entenbrust mit Meerrettich auf einem Salatbett

Meerrettich wächst in meinem Garten wie Unkraut. Im Winter bereite ich häufig Sahnemeerrettich zu. Er rundet manches Fleisch- oder Geflügelgericht pikant ab und lässt sich bis zu 1 Monat aufbewahren. Zwar schmecken die Wurzeln im Sommer etwas weniger intensiv, trotzdem ist das Aroma immer noch unverkennbar. Sie können dieses Rezept auch mit anderen Salatsorten oder nur mit Chicorée zubereiten.

Für 6 Personen

1 Entenbrust
2 EL grobes Salz
1 EL Zucker
150 g besonders kleine Chicorée-Stauden
150 g Rucola
1 EL Weißweinessig
4 EL natives Olivenöl extra
1 EL frisch geriebener Meerrettich
Salz und frisch gemahlener Pfeffer

Die Entenbrust sehr fein aufschneiden und auf einen Teller geben. Mit dem groben Salz und dem Zucker bestreuen und zugedeckt ungefähr 2 Stunden im Kühlschrank ruhen lassen. Danach den ausgetretenen Saft abgießen und das Fleisch mit Küchenpapier sorgfältig trockentupfen.

Kleine Chicorée-Blätter ganz lassen, größere in Streifen schneiden. Mit der Rucola auf einer Servierplatte verteilen. Den Essig und 2 EL Öl darüber träufeln, dann mit Salz und Pfeffer nach Geschmack würzen. Die aufgeschnittene Entenbrust auf dem Salatbett anrichten. Mit dem Meerrettich bestreuen und mit dem restlichen Öl beträufeln. Raumtemperiert servieren.

Spaghettini ai fiori di zucca

Spaghettini mit Zucchiniblüten

Während sich die größeren weiblichen Zucchiniblüten ideal zum Füllen eignen, werden die männlichen Exemplare meist ausgebacken oder gebraten. Die weiblichen Blüten erkennt man außer an ihrer Größe an der kleinen angesetzten Frucht. Bei den männlichen Blüten werden die Staubgefäße und bei den weiblichen die Stempel entfernt. Für dieses Rezept verwendet man männliche Blüten.

Für 6 Personen

300 g Zucchiniblüten
1 kleine Zwiebel, in sehr dünne Scheiben geschnitten
6 EL natives Olivenöl extra
600 g Spaghettini
1 TL gemahlener Safran oder 1 Prise Safranfäden
Salz und frisch gemahlener Pfeffer

Die Zucchiniblüten putzen, dabei die Stiele und Staubgefäße entfernen. Die Zwiebel in einer Pfanne in der Hälfte des Öls bei niedriger Temperatur in etwa 3 Minuten glasig schwitzen. Die Zucchiniblüten hinzufügen und etwa 1 Minute unter häufigem Rühren braten. Die Pfanne vom Herd nehmen und die Zucchiniblüten auf Küchenpapier abtropfen lassen.

In einem Topf reichlich Wasser zum Kochen bringen und salzen. Die Pasta eben *al dente* garen – ziehen Sie von der Packungsangabe zur Garzeit 2 Minuten ab. Den Safran in einer kleinen Schale mit einem Schöpflöffel des Pastawassers verrühren.

Die Spaghettini abseihen. Zusammen mit den Zucchiniblüten, dem Safranwasser und dem restlichen Öl zurück in den Topf geben. Alles bei niedriger Temperatur einige Minuten unter gelegentlichem Rühren vermischen.

Das Gericht mit Pfeffer abschmecken. Auf einer vorgewärmten Platte anrichten und sofort servieren.

Spaghettini aglio, olio e pangrattato

Spaghettini mit Öl, Knoblauch und Semmelbröseln

Eine interessante Variante der *spaghetti all'aglio e olio*. In einem fest verschlossenen Glas halten sich die in der Pfanne gebräunten Semmelbrösel an einem kühlen, dunklen Platz mindestens 1 Monat.

Für 6 Personen

120 g feine getrocknete Semmelbrösel
6 EL natives Olivenöl extra
3 Knoblauchzehen, fein gehackt
1 Sardellenfilet in Öl, abgetropft
1 EL getrockneter Oregano
1 rote Chilischote
600 g Spaghettini
Salz

Die Semmelbrösel mit der Hälfte des Öls, dem Knoblauch, dem Sardellenfilet, dem Oregano und der Chilischote in eine beschichtete Pfanne geben. Bei mittlerer Temperatur ständig mit einem Holzlöffel rühren, bis die Semmelbrösel zart gebräunt sind. Sie dürfen nicht zu dunkel werden, da sie dann einen bitteren Geschmack entwickeln. Die Chilischote entfernen.

In einem Topf reichlich Wasser zum Kochen bringen und salzen. Die Spaghettini *al dente* garen. Abseihen und in einer Schüssel mit dem restlichen Öl beträufeln. Den Pfanneninhalt hinzufügen und alles gründlich, aber zügig vermischen.

Die Spaghettini sogleich servieren, solange die Semmelbrösel noch schön knusprig sind.

Riso alle erbe

Kräuterreis

In Ermangelung eines Gartens oder Balkons lassen sich Kräuter auch gut auf der Fensterbank ziehen.

Für 6 Personen

600 g Basmati- oder Patna-Reis
125 ml natives Olivenöl extra
2 Knoblauchzehen, fein gehackt
1 EL fein gehackter frischer Rosmarin
1 EL fein gehackter frischer Salbei
1 EL frische Thymianblättchen
1 EL fein gehackter frischer Oregano
1 EL fein gehackter frischer Majoran
Salz und frisch gemahlener Pfeffer

In einem Topf Wasser zum Kochen bringen und salzen. Den Reis hineingeben und köchelnd garen, bis er nach etwa 10 Minuten weich ist.

Inzwischen das Öl in einer Pfanne erhitzen. Den Knoblauch mit den Kräutern bei mittlerer Temperatur unter Rühren etwa 3 Minuten anschwitzen.

Den Reis abseihen. Mit dem Öl und den Kräutern in eine vorgewärmte Schüssel geben. Mit Salz und Pfeffer nach Geschmack würzen, durchmischen und warm oder raumtemperiert servieren.

Risotto al melone

Melonen-Risotto

Seit einigen Jahren gewinnen Risottos mit Früchten zunehmend an Beliebtheit. Mit Erdbeeren, Blaubeeren, grünen Äpfeln, manchmal auch Birnen entstehen Variationen von ungeahntem Reiz.

Für 6 Personen

2 l Gemüsebrühe
60 g Butter
1 Zwiebel, in sehr dünne Scheiben geschnitten
120 g Parmaschinken, in feine Streifen geschnitten
12 Hand voll Arborio-Reis oder Vialone Nano
125 ml trockener Weißwein
1 kg Melone
1 Hand voll frische Minzeblätter
Salz und frisch gemahlener Pfeffer

Die Brühe in einen Topf geben, zum Kochen bringen und köcheln lassen.

Die Hälfte der Butter in einem großen Topf bei niedriger Temperatur zerlassen. Die Zwiebel mit dem Schinken zufügen und rühren, bis die Zwiebel glasig und der Schinken leicht ausgebraten ist. Dann den Reis dazugeben und bei hoher Temperatur ungefähr 3 Minuten ständig mit einem Holzlöffel rühren, bis er richtig heiß ist.

Mit einem Schöpflöffel so viel Brühe hinzugießen, dass der Reis knapp bedeckt ist. In Abständen von jeweils etwa 1 Minute schöpflöffelweise weitere Brühe beziehungsweise zwischendrin einen Schuss Wein dazugeben. Den Reis niemals zu trocken werden lassen; gelegentlich umrühren. Während der Reis gart, die Melone schälen, die Samen entfernen und das Fruchtfleisch würfeln. Etwa 10 Minuten nachdem der Reis das erste Mal gekocht hat, die Melonenwürfel darunter mischen und 5 Minuten mitgaren.

Den Topf vom Herd nehmen. Die restliche Butter unter den Risotto ziehen und diesen mit Salz und Pfeffer abschmecken. Zugedeckt noch 2 Minuten ruhen lassen – ein gelungener Risotto hat eine sehr geschmeidige, fast cremige Konsistenz. In eine vorgewärmte Schüssel füllen, mit der Minze bestreuen und sogleich servieren.

Zuppa di gamberi

Garnelensuppe

Für die Fischbrühe kochen Sie einige Fischköpfe und -schwänze aus. Natürlich können Sie, wenn Sie ungeschälte Garnelen gekauft haben, auch deren Köpfe und Schalen mitverwenden.

Für 6 Personen

1 kg rohe Garnelen, geschält und der Darm entfernt
4 EL natives Olivenöl extra
1 kleine Zwiebel, in dünne Scheiben geschnitten
2 Knoblauchzehen
1 rote Chilischote
125 ml trockener Weißwein
1,5 l Fischbrühe
1 Hand voll frischer Thymian
6 Scheiben grobes italienisches Weißbrot
6 Scheiben von reifen Tomaten
1 Hand voll frische Basilikumblätter
Salz

Die Garnelen waschen, trockentupfen und einige als Garnierung beiseite legen.

In einem Topf 3 EL Öl erhitzen. Die Zwiebel mit 1 Knoblauchzehe bei niedriger Temperatur in etwa 3 Minuten glasig schwitzen. Die Garnelen hinzufügen und bei hoher Temperatur 3 Minuten sautieren. Die Chilischote, den Wein und die Brühe dazugeben. Alles einmal aufkochen lassen. Den Thymian hinzufügen und die Suppe bei niedriger Temperatur etwa 20 Minuten köcheln lassen.

Inzwischen den Grill einschalten. Die Brotscheiben von beiden Seiten rösten und mit der zweiten Knoblauchzehe einreiben. Mit den Tomatenscheiben belegen und mit dem restlichen Öl beträufeln.

Die Suppe im Mixer pürieren. In einem sauberen Topf nochmals erhitzen und zuletzt mit Salz abschmecken. Auf 6 vorgewärmte Suppenteller verteilen und jede Portion mit 1 Scheibe Tomatentoast sowie einigen der beiseite gelegten Garnelen garnieren. Die Teller einige Minuten unter den heißen Grill stellen; die Garnelen sollen nicht mehr durchsichtig sein. Dann die Suppe mit den Basilikumblättern bestreuen und sogleich servieren.

Zuppa d'orzo

Herzhafte Gerstensuppe mit Rucola

Diese Suppe wird raumtemperiert serviert. Gerste bekommen Sie in Bioläden und Reformhäusern, aber auch in gut sortierten Supermärkten.

Für 6 Personen

300 g Gerste
2 l Gemüsebrühe
6 Radieschen
1 kleine Salatgurke
3 reife Tomaten
3 EL natives Olivenöl extra
1 Hand voll Rucola
Salz und frisch gemahlener Pfeffer

Die Gerste gründlich waschen und mit der Brühe in einen Topf geben. Zum Kochen bringen und ungefähr 1 Stunde bei niedriger Temperatur köchelnd garen. Vom Herd nehmen, mit Salz und Pfeffer abschmecken und auf Raumtemperatur abkühlen lassen.

Die Radieschen säubern, dabei Stiel- und Wurzelansatz entfernen. Die Gurke schälen, längs halbieren und die Samen mit einem Löffel entfernen.

In einem Topf Wasser zum Kochen bringen und die Tomaten hineingeben. Nach 30 Sekunden abgießen, enthäuten, halbieren und die Kerne mit einem Löffel entfernen. Das Fruchtfleisch würfeln.

Die Radieschen mit der Gurke im Mixer pürieren. Das Öl in das Püree einrühren und die Rucola untermischen. Das Ganze zur Gerste geben. Die raumtemperierte Suppe nochmals gründlich umrühren und in eine Terrine oder einzelne Schalen füllen. Mit den Tomatenwürfeln garnieren und servieren.

Minestra di farro alla lattuga

Emmersuppe mit Salat

Ich ziehe in meinem Garten keinen Salat, da ich ihn jung und zart am liebsten mag. Schon für ein paar Lire bekommt man in Italien kleine Salatsetzlinge, die man natürlich auch gleich verwenden kann.

Für 6 Personen

3 reife Tomaten
6 EL natives Olivenöl extra
2 Zwiebeln, in sehr dünne Scheiben geschnitten
1 zarter Kopfsalat, quer in feine Streifen geschnitten
2 l Gemüsebrühe
250 g Emmer, ersatzweise Dinkel
Salz und frisch gemahlener Pfeffer

In einem Topf Wasser zum Kochen bringen und die Tomaten hineingeben. Nach 30 Sekunden abgießen, enthäuten, halbieren und die Kerne mit einem Löffel entfernen. Das Fruchtfleisch pürieren.

Die Hälfte des Öls in einem großen Topf bei mittlerer Temperatur erhitzen. Die Zwiebeln und den Salat etwa 3 Minuten garen.

Das Tomatenpüree, die Brühe und den Emmer dazugeben. Die Suppe bei niedriger Temperatur etwa 1 Stunde köcheln lassen, bis die Getreidekörner weich sind. Mit Salz und Pfeffer würzen. In eine vorgewärmte Terrine füllen, mit dem restlichen Öl beträufeln und servieren.

Fusilli freddi con verdure crude

*Raumtemperiert servierte Fusilli
mit rohem Gemüse*

Diese Zubereitungsmethode für Pasta ist zeitsparend, schmackhaft und darüber hinaus sehr gesund. Dickmacher sind nämlich nicht die Nudeln, sondern das, womit man sie ergänzt. Vermeiden Sie also Sahne, Butter, Wurst und Käse und verwenden Sie stattdessen reichlich Gemüse, das Sie roh mit der Pasta mischen oder zusammen mit ihr kochen. Olivenöl rundet die Kombination ab.

Für 6 Personen

3 vollreife Tomaten
600 g Fusilli
1 Hand voll frische Basilikumblätter
2 Knoblauchzehen, fein gehackt
1 gelbe Paprikaschote, gewürfelt
Einige Schnittlauchstengel, fein gehackt
6 EL natives Olivenöl extra
Salz und frisch gemahlener Pfeffer

In einem Topf Wasser zum Kochen bringen und die Tomaten hineingeben. Nach 30 Sekunden mit einem Schaumlöffel aus dem Topf nehmen und enthäuten. Das Wasser, in dem die Tomaten gebrüht wurden, salzen und die Fusilli darin *al dente* garen.

Inzwischen die Tomaten würfeln, dabei die Kerne entfernen. Das Basilikum etwas zerpflücken. Dann die Tomaten, den Knoblauch, die Paprikawürfel, den Schnittlauch und das Basilikum in eine Schüssel geben. Alles mit dem Öl sowie Salz und Pfeffer nach Geschmack vermischen.

Die Fusilli abseihen und sogleich zum Gemüse geben. Gründlich durchmischen und vor dem Servieren auf Raumtemperatur abkühlen lassen.

Penne con le melanzane

*Penne mit Auberginen
und schwarzen Oliven*

Ich ziehe die langen und schlanken Auberginen der rundlichen Sorte vor, die mehr Kerne und weniger Geschmack besitzt. Frische, festfleischige Früchte muss man nicht salzen und entbittern. Sie werden dadurch sogar eher matschig und büßen zudem an Aroma ein.

Für 6 Personen

1 kleine Zwiebel,
in sehr dünne Scheiben geschnitten
3 Auberginen, gewürfelt
6 EL natives Olivenöl extra
100 g schwarze Oliven
(möglichst aus Gaeta oder Kalamata), entsteint
2 EL Kapern in Essig, abgetropft
2 EL Pinienkerne
600 g Penne
2 EL frische glatte Petersilie
Salz und frisch gemahlener Pfeffer

Die Zwiebel und die Auberginen im Öl bei mittlerer Temperatur etwa 10 Minuten garen, dabei die Pfanne häufig rütteln – die Auberginen dürfen nicht bräunen, da sie dann bitter werden. Die Oliven, die Kapern, die Pinienkerne sowie Salz und Pfeffer nach Geschmack dazugeben. Das Ganze gründlich durchmischen und warm stellen.

In einem Topf reichlich Wasser zum Kochen bringen und salzen. Die Penne eben *al dente* garen – ziehen Sie von der Packungsangabe zur Garzeit etwa 2 Minuten ab. Abseihen und mit etwas Pasta-Kochwasser zu den Auberginen geben.

Alles noch einige Minuten bei mittlerer Temperatur durchmischen. Dann in eine vorgewärmte Servierschüssel geben, mit der Petersilie bestreuen und sogleich servieren.

Penne fredde alla mozzarella

*Raumtemperiert servierte
Penne mit Mozzarella*

Manchmal ersetze ich bei dieser Zubereitung das Tomaten- durch Zucchinipüree. Dafür verwende ich nach Möglichkeit nur Zucchinischalen, die ich, genau wie im nachfolgenden Rezept, mit Olivenöl und Basilikum püriere.

Für 6 Personen

600 g Penne
3 reife Tomaten
6 EL natives Olivenöl extra
1 Hand voll frische Basilikumblätter
300 g Büffelmozzarella, gewürfelt
Salz und frisch gemahlener Pfeffer

In einem Topf reichlich Wasser zum Kochen bringen und salzen. Die Penne hineingeben und *al dente* garen.

Inzwischen in einem zweiten Topf Wasser zum Kochen bringen. Die Tomaten hineingeben, nach 30 Sekunden abgießen, enthäuten, halbieren und die Kerne mit einem Löffel entfernen. Dann das Fruchtfleisch im Mixer mit 3 EL Olivenöl und dem Basilikum pürieren.

Die fertig gegarten Penne abseihen. Mit dem restlichen Olivenöl in einer Schüssel vermischen und auf Raumtemperatur abkühlen lassen. Das Tomaten-Basilikum-Püree und den Mozzarella unter die Penne mischen. Mit Salz und Pfeffer abschmecken, nochmals durchmischen und servieren.

Fettuccine al pecorino

Fettuccine mit Pecorino

Das Gericht können Sie warm oder raumtemperiert servieren. Ich empfehle jüngeren Pecorino, der nicht so pikant schmeckt. Auch Ziegenkäse ist geeignet.

Für 6 Personen

1 große Aubergine, möglichst eiförmig
6 EL natives Olivenöl extra
1 EL getrockneter Oregano
1 Knoblauchzehe
1 Hand voll Rucola
450 g Fettuccine
200 g Pecorino
Salz und frisch gemahlener Pfeffer

Den Backofen auf 180 °C vorheizen.

Die Aubergine unzerteilt etwa 50 Minuten im Ofen backen, bis sie ganz weich ist. Etwas abkühlen lassen und enthäuten. Danach das Fruchtfleisch mit dem Öl, dem Oregano, dem Knoblauch und der Rucola im Mixer pürieren.

In einem Topf reichlich Wasser zum Kochen bringen und salzen. Die Fettuccine hineingeben und *al dente* garen.

Inzwischen das Auberginenpüree in einer Servierschüssel mit 125 ml des Pasta-Kochwassers verrühren. Die Fettuccine abseihen und gründlich mit dem Püree vermischen.

Den Käse sehr fein hobeln und über das Gericht streuen. Warm oder raumtemperiert servieren.

FLEISCH, GEFLÜGEL UND FISCH

Agnello ripieno al prosciutto

Lammkeulen mit Schinkenfüllung

Das Auslösen einer Lammkeule ist im Grunde nicht schwierig, nachdem man es ein paarmal geübt hat. Man setzt einen langen, senkrechten Schnitt bis auf den Knochen und schneidet beziehungsweise schabt dann das Fleisch, am dünnen Ende beginnend, ab, bis der Knochen völlig frei liegt.

Für 6 Personen

2 Lammkeulen (je etwa 1 kg)
4 Scheiben Parmaschinken
2 frische Rosmarinstengel, fein gehackt
1 Hand voll frische Salbeiblätter, fein gehackt
3 Knoblauchzehen, fein gehackt
2 EL natives Olivenöl extra
1 EL Butter
Etwa ½ Flasche trockener Weißwein
Salz und frisch gemahlener Pfeffer

Den Backofen auf 180 °C vorheizen.

Die Lammkeulen auslösen. (Sie können auch Ihren Fleischer bitten, diese Arbeit für Sie zu erledigen.) Beide Fleischstücke mit je 2 Schinkenscheiben belegen. Den Rosmarin, den Salbei und den Knoblauch darüber streuen. Das Ganze mit Salz und Pfeffer nach Geschmack würzen und so zusammenrollen, dass der Schinken völlig umschlossen ist. Mit Küchengarn umbinden.

Das Öl mit der Butter in einem Bräter erhitzen. Die Lammkeulen in den Bräter legen und mit Alufolie bedecken. Etwa 2 Stunden im Ofen garen, dabei die Braten etwa viermal wenden und nach 1 Stunde gelegentlich etwas Wein hinzugießen, damit das Fleisch nicht austrocknet.

Die Folie abnehmen und das Fleisch noch etwa 30 Minuten braten, bis es kräftig gebräunt ist. Aufschneiden und auf einer vorgewärmten Platte warm stellen. Das Fett aus dem Bräter abgießen. Dann den Bratensatz mit etwas Wein ablöschen und unter Rühren vom Topfboden lösen.

Das Lammfleisch mit der Sauce übergießen und sogleich servieren.

Straccetti di pollo

Kurz gebratenes Huhn

Der vergleichsweise geringe Markterfolg von Fertiggerichten in Italien liegt sicherlich daran, dass wir in kürzester Zeit ein Essen zaubern können, weil unsere Speisen in der Regel leicht und einfach sind. Das hier vorgestellte Gericht etwa ergibt, ergänzt durch einen Salat sowie frische Früchte zum Dessert, eine perfekte Mahlzeit.

Für 6 Personen

3 EL natives Olivenöl extra
1 EL Butter
3 Knoblauchzehen, in feine Scheiben geschnitten
1 Hand voll frische Salbeiblätter
3 ganze Hühnerbrüstchen (6 Hälften),
in dünne Scheiben geschnitten
Saft von 1 Zitrone
Salz und frisch gemahlener Pfeffer

Das Öl mit der Butter in einer Pfanne erhitzen. Den Knoblauch und den Salbei dazugeben und bei hoher Temperatur etwa 2 Minuten sautieren. Das Hühnerfleisch hinzufügen und bei mittlerer Temperatur etwa 3 Minuten unter ständigem Rühren braten.

Mit dem Zitronensaft beträufeln, etwa 1 Minute weiterbraten und zuletzt mit Salz und Pfeffer nach Geschmack würzen.

Auf einer vorgewärmten Platte anrichten und sogleich servieren.

Pâté di pollo e tonno

Hühnchen-Thunfisch-Pastete

Auf Toast angerichtet, ergibt diese Pastete auch ein vorzügliches Antipasto. Fest in Klarsichtfolie eingewickelt und im Kühlschrank aufbewahrt, hält sie sich mehrere Tage.

Für 6 Personen

500 g Hühnerbrüstchen
300 g Thunfisch in Öl, abgetropft
250 g Mayonnaise
3 Sardellenfilets in Öl, abgetropft
1 EL Kapern in Essig, abgetropft

In einem Topf Wasser zum Kochen bringen. Das Hühnerfleisch hineingeben und bei niedriger Temperatur in etwa 20 Minuten garziehen lassen. Abgießen, abkühlen lassen und in Stücke schneiden. Danach das Hühnerfleisch mit dem Thunfisch, der Mayonnaise, den Sardellen und den Kapern in den Mixer geben. Alles pürieren, bis man eine gleichmäßige Mischung erhält.

Aus der Masse mit den Händen eine Rolle von etwa 6 cm Durchmesser formen. In ein sauberes, feuchtes Küchentuch einschlagen und für mindestens 3 Stunden in den Kühlschrank legen.

Die Pastete aus dem Tuch wickeln, in Scheiben schneiden und auf einer Servierplatte anrichten.

Tartara di pesce spada

Schwertfischtatar

Bei bestimmten Fischarten kommt, wenn sie ganz frisch sind, der Geschmack im Rohzustand besonders gut zur Entfaltung, wie in diesem Tatar. Anstatt mit Schwertfisch lässt sich das Rezept auch mit Thunfisch oder Zackenbarsch zubereiten.

Für 6 Personen

1,5 kg Schwertfischsteaks
Saft von 1 Zitrone
1 EL Kapern in Essig, abgetropft
1 EL frisch geriebene Ingwerwurzel
3 EL natives Olivenöl extra
6 große Salatblätter
300 g Kirschtomaten
Salz und frisch gemahlener Pfeffer

Den Fisch enthäuten, entgräten und mit einem Kochmesser fein hacken.

In einer Schüssel mit dem Zitronensaft, den Kapern, dem Ingwer und dem Olivenöl vermischen. Mit Salz und Pfeffer nach Geschmack würzen und etwa 20 Minuten im Kühlschrank ruhen lassen.

Eine Servierplatte mit den Salatblättern auslegen. Aus dem Fischtatar 6 Frikadellen formen, diese auf dem Salatbett arrangieren und mit den Tomaten umlegen. Raumtemperiert servieren.

Triglie al pesto di olive

Rotbarben mit Tomaten und Oliven-Pesto

In Cecina gibt es ein Restaurant, das Scacciapensieri, auf Deutsch »Zerstreuung«, heißt. Dort bekam ich einmal exquisite Rotbarben mit Pasta. Nicht nur deshalb ist der toskanische Badeort südlich von Livorno einen Besuch wert, sondern auch wegen seiner Strände, die noch nicht so überlaufen sind.

Für 6 Personen

12 Rotbarben (je etwa 200 g)
200 g schwarze Oliven
(möglichst aus Gaeta oder Kalamata), entsteint
6 EL natives Olivenöl extra
Abgeriebene Schale von 1 unbehandelten Zitrone
2 Knoblauchzehen
3 reife Eiertomaten
6 große Kartoffeln, geschält
und in feine Scheiben geschnitten
Salz und frisch gemahlener Pfeffer

Den Backofen auf 180 °C vorheizen.

Die Fische säubern, aber nicht zerteilen.

Die Oliven im Mixer mit 5 EL Öl, der Zitronenschale und dem Knoblauch pürieren.

In einem Topf Wasser zum Kochen bringen und die Tomaten hineingeben. Nach 30 Sekunden abgießen, enthäuten und in feine Scheiben schneiden.

Eine große ofenfeste Form mit dem restlichen Öl ausstreichen. Die Kartoffelscheiben dachziegelartig hineinlegen. Die Fische darauf geben, mit den Tomatenscheiben bedecken und mit Salz und Pfeffer nach Geschmack würzen. Das Oliven-Pesto darüber verteilen. Die Form mit Alufolie abdecken und für etwa 10 Minuten in den Ofen schieben. Danach die Folie abnehmen und die Fische noch 10 Minuten garen.

Auf einer vorgewärmten Platte anrichten und sogleich servieren.

Gamberi e melanzane saltate

Garnelen-Auberginen-Pfanne

Gewöhnlich kaufe ich ganze ungeschälte Garnelen, denn sie lassen sich mühelos auslösen und die Köpfe und Schalen ergeben, sofern sie nicht für das Rezept benötigt werden, noch eine schmackhafte Fischbrühe. Wenn ich die Köpfe und Schalen nicht gleich verwerte, friere ich sie manchmal sogar ein. Falls auch Sie ganze ungeschälte Garnelen anstelle der ungeschälten Garnelenschwänze verwenden, sollten Sie die unten angegebene Menge verdoppeln.

Für 6 Personen

6 EL natives Olivenöl extra
2 Knoblauchzehen
6 kleine, rundliche Auberginen,
geschält und gewürfelt
1 kg rohe Garnelenschwänze, ungeschält
4 EL trockener Weißwein
1 EL fein gehackte glatte Petersilie
Salz und frisch gemahlener Pfeffer

Die Hälfte des Öls in einem Topf erhitzen und 1 Knoblauchzehe bei mittlerer Hitze unter ständigem Rühren etwa 2 Minuten anschwitzen. Die Auberginen hinzufügen und etwa 5 Minuten braten, bis sie zart gebräunt sind, dabei häufig rühren. Den Topf vom Herd nehmen.

Die Garnelenschwänze auf der Oberseite längs einschneiden, aber nicht schälen. In einer Pfanne die zweite Knoblauchzehe im restlichen Öl etwa 2 Minuten anschwitzen. Die Garnelen hinzufügen und etwa 3 Minuten bei hoher Temperatur sautieren, dabei ständig rühren. Die Auberginen dazugeben, alles mit Salz und Pfeffer nach Geschmack würzen und vermischen. Den Wein angießen und verkochen lassen. Dann die Knoblauchzehen entfernen.

Das Gericht auf einer vorgewärmten Platte anrichten, mit der Petersilie bestreuen und sofort servieren.

Uova con peperonata

Spiegeleier auf Tomaten-Paprika-Gemüse

Während Eier beim Frühstück in Italien absolut keine Rolle spielen, sind sie zum Mittag- oder Abendessen durchaus geschätzt.

Für 6 Personen

3 EL natives Olivenöl extra
2 Zwiebeln, in Scheiben geschnitten
3 Knoblauchzehen
300 g Eiertomaten
3 rote Paprikaschoten, die Samen und
Scheidewände entfernt, in Streifen geschnitten
3 gelbe Paprikaschoten, die Samen und
Scheidewände entfernt, in Streifen geschnitten
6 große Eier
Salz und frisch gemahlener Pfeffer

In einem Topf 2 EL Öl erhitzen. Die Zwiebeln mit dem Knoblauch bei mittlerer Temperatur in etwa 3 Minuten unter häufigem Rühren glasig schwitzen.

In einem zweiten Topf Wasser zum Kochen bringen und die Tomaten hineingeben. Nach 30 Sekunden abgießen, enthäuten und in Scheiben schneiden. Die Paprikaschoten und Tomaten zu den Zwiebeln geben. Mit Salz und Pfeffer nach Geschmack würzen und zugedeckt bei niedriger Temperatur ungefähr 30 Minuten schmoren. Falls erforderlich, zuletzt die Flüssigkeit im offenen Topf einkochen lassen.

Das restliche Öl in einer großen beschichteten Pfanne erhitzen. Die Eier hineinschlagen und etwa 3 Minuten braten, bis das Eiweiß fest ist.

Das Gemüse auf eine vorgewärmte Platte geben. Die Spiegeleier darauf anrichten und servieren.

Sarde al finocchietto selvatico

Gebackene Sardinen mit wildem Fenchel

In Mittel- und Süditalien wächst überall wilder Fenchel. Nach dem Pflücken bleibt er einige Tage frisch. Bevor der Herbst Einzug hält, sammle ich die Blüten und trockne sie, um die Samen für den Winter zu gewinnen. Ofenkartoffeln mit Fenchelsamen beispielsweise sind ein besonderer Genuss.

Für 6 Personen

1,8 kg Sardinen
300 g vollreife Eiertomaten
3 Knoblauchzehen
120 g feine getrocknete Semmelbrösel
1 Hand voll frischer wilder Fenchel
(etwa 3 Blüten mit Samen oder nur das fedrige Grün),
fein gehackt
3 EL natives Olivenöl extra
Salz und frisch gemahlener Pfeffer

Den Backofen auf 200 °C vorheizen.

Die Sardinen am Bauch aufschneiden, ausnehmen, die Gräten lösen und die Rückengräte entfernen. Kopf, Rücken- und Seitenflossen abschneiden (den Schwanz lassen) und die Fische unter fließendem Wasser waschen.

In einem Topf Wasser zum Kochen bringen und die Tomaten hineingeben. Nach 30 Sekunden abgießen, enthäuten und zusammen mit dem Knoblauch im Mixer pürieren.

Das Tomatenpüree in eine runde ofenfeste Form gießen. Die Sardinen kreisförmig und leicht überlappend in die Form legen. Mit den Semmelbröseln und den Fenchelblüten beziehungsweise dem Fenchelgrün bestreuen, dann mit dem Öl beträufeln. Das Gericht mit Salz und Pfeffer nach Geschmack würzen und etwa 15 Minuten im Ofen garen.

Sogleich direkt aus der Form servieren. Oder die Sardinen auf einer vorgewärmten Platte anrichten und mit der Tomatensauce umgießen.

Insalata di manzo

Rindfleischsalat

Dieser Salat schmeckt nicht nur ausgezeichnet, sondern das Fleisch liefert außerdem eine gute Brühe, die sich anderweitig verwenden lässt. Im Kühlschrank sollte sie nur einige Stunden aufbewahrt werden. Will man sie zu einem späteren Zeitpunkt verwenden, friert man sie besser ein.

Für 6 Personen

1,2 kg mageres Rindfleisch zum Kochen
(zum Beispiel Brustkern ohne Knochen)
1 Möhre
1 weiße Zwiebel
1 Stange Bleichsellerie
1 Hand voll frische glatte Petersilienblätter,
dazu 3 EL fein gehackte Petersilie
1 Sardellenfilet in Öl, abgetropft
1 EL Kapern in Essig, abgetropft
1 Hand voll grob zerpflückte Weißbrotkrume
3 EL Rotweinessig
1 großes Ei, hart gekocht und fein gehackt
6 EL natives Olivenöl extra
Salz und frisch gemahlener Pfeffer

In einem großen Topf Wasser zum Kochen bringen. Das Fleisch mit der Möhre, der Zwiebel, der Selleriestange und den ganzen Petersilienblättern hineingeben. Zugedeckt bei niedriger Temperatur etwa 3 Stunden garen. Das Fleisch in der Brühe völlig erkalten lassen, anschließend das Gemüse herausnehmen und wegwerfen.

Die gehackte Petersilie in eine große Schüssel geben. Das Sardellenfilet und die Kapern mit einer Gabel zerdrücken. Die Brotkrume im Essig einweichen und anschließend kräftig ausdrücken. Das Brot, die Sardellen-Kapern-Mischung, das gehackte Ei, das Öl sowie Salz und Pfeffer nach Geschmack zur Petersilie geben. Alles im Mixer gründlich vermischen.

Das Fleisch aus der Brühe nehmen, in Würfel schneiden und in eine Schüssel geben. Mit der Petersiliensauce übergießen, gründlich durchmischen und raumtemperiert servieren.

Involtini di rosbif e peperoni

Roastbeef-Rouladen mit Paprikafüllung

Besonders kleine Rouladen eignen sich ideal für Picknicks und Partys, da man sie gut ohne Messer und Gabel essen kann.

Für 6 Personen

1 kg Roastbeef
2 EL natives Olivenöl extra
1 EL Butter
3 Paprikaschoten (2 rote und 1 gelbe oder umgekehrt),
halbiert, die Samen und Scheidewände entfernt
3 EL Balsamessig
Salz und frisch gemahlener Pfeffer

Den Backofen auf 200 °C vorheizen. Das Roastbeef sorgfältig mit Küchengarn umbinden.

Das Öl mit der Butter in einem Bräter erhitzen. Das Fleisch in den Bräter legen und im Ofen ungefähr 40 Minuten garen, dabei einmal wenden. Auf ein Drahtgitter geben und abkühlen lassen.

Inzwischen die halbierten Paprikaschoten auf einem Backblech etwa 30 Minuten im Ofen garen. In eine Papiertüte geben und diese verschließen. Die Paprikahälften etwa 10 Minuten schwitzen lassen, danach sogleich enthäuten. In Streifen schneiden, in einer tiefen Schüssel mit dem Balsamessig beträufeln und mit Salz und Pfeffer nach Geschmack würzen.

Das völlig abgekühlte Roastbeef fein aufschneiden. Die Scheiben jeweils mit einem Paprikastreifen belegen, aufrollen und mit einem Zahnstocher fixieren.

Die Rouladen auf einer Platte anrichten und raumtemperiert servieren.

GEMÜSE UND SALATE

Melanzane ripiene

Gefüllte Auberginen

Auberginen, Mozzarella und sonnengereifte Tomaten bilden ein perfektes Trio. Das nachfolgende Rezept stammt von der Schwester des Skippers, der für unser altes Boot verantwortlich war. Sie bereitete es jedes Mal zu, wenn wir auf dem Weg nach Capri in Ischia anlegten.

Für 6 Personen

6 Auberginen
300 g Eiertomaten
300 g Büffelmozzarella, gewürfelt
3 EL natives Olivenöl extra
1 Hand voll frische Basilikumblätter
Salz und frisch gemahlener Pfeffer

Den Backofen auf 180 °C vorheizen.

Die Auberginen der Länge nach halbieren. Aus jedem Stück die Hälfte des Fruchtfleischs herauslösen und grob zerkleinern.

In einem Topf reichlich Wasser zum Kochen bringen und die Tomaten hineingeben. Nach 30 Sekunden abgießen, enthäuten, halbieren und die Kerne mit einem Löffel entfernen. Das Fruchtfleisch würfeln und in einer Schüssel mit den Auberginen- und Mozzarella-Würfeln, dem Öl sowie Salz und Pfeffer nach Geschmack vermischen.

Die Mischung in die Auberginenhälften häufen.

Die Auberginen in eine ofenfeste Form setzen und mit Pergament- oder Backpapier abdecken. Etwa 40 Minuten im Ofen garen.

Das Basilikum zerpflücken. Die Auberginen auf einer vorgewärmten Platte anrichten, mit dem Basilikum bestreuen und servieren.

Frittura di fiori e zucchine

Ausgebackene Zucchiniblüten und -streifen

Frittiertes Gemüse in knuspriger Teighülle ist ein Klassiker der italienischen Sommerküche. Aber auch anderswo schätzt man diese Zubereitungsart. Bei einem Aufenthalt auf der griechischen Insel Spetses lernte ich eine sehr delikate Variante kennen: Der Teig enthielt keine Eier und war durch die Zugabe von Backpulver besonders luftig und knusprig. Es werden männliche Zucchiniblüten verwendet.

Für 6 Personen

500 g kleine Zucchini
200 g Zucchiniblüten
150 g Mehl
1 TL Backpulver
250 ml Wasser
1 l Öl zum Frittieren
Salz

Die Zucchini längs in etwa ½ cm dicke Scheiben schneiden und mit Küchenpapier trockentupfen. Die Zucchiniblüten putzen, dabei die Stiele und Staubgefäße entfernen.

Das Mehl mit dem Backpulver in eine Rührschüssel sieben. Langsam das Wasser hinzugießen; dabei ständig mit einem Schneebesen rühren, sodass man schließlich einen glatten, leicht dickflüssigen Teig ohne Klumpen erhält.

Das Öl in einem Frittiertopf auf 180 °C erhitzen. (Die Temperatur ist erreicht, wenn ein Brotwürfel in 1 Minute goldbraun wird.) Zunächst die Zucchinistreifen und -blüten portionsweise durch den Backteig ziehen, dann sogleich ins heiße Öl geben und goldgelb frittieren. Mit einem Schaumlöffel herausheben und auf Küchenpapier abtropfen lassen. Mit Salz bestreuen und rasch servieren, solange sie heiß und knusprig sind.

Pasticcio di verdure alla pancetta

Gemüse-Auflauf mit Pancetta und Fontina

Als unsere Kinder noch klein waren, mieteten wir einmal ein einfaches Ferienhaus auf Kreta. Ich bereitete diesen Auflauf vor – natürlich mit Feta anstelle von Fontina – und gab ihn bei einem Bäcker ab, der ihn in seinem Ofen mitbacken sollte. Als wir nach einem langen Badetag müde und hungrig nach Hause kamen, konnten wir uns gleich zum Essen hinsetzen.

Für 6 Personen

150 g Pancetta (luftgetrockneter Bauchspeck), in sehr feine Scheiben geschnitten
300 g Eiertomaten
6 EL natives Olivenöl extra
2 Zucchini, längs in Scheiben geschnitten
2 Auberginen, längs in Scheiben geschnitten
1 rote Paprikaschote, die Samen und Scheidewände entfernt, in Streifen geschnitten
1 gelbe Paprikaschote, die Samen und Scheidewände entfernt, in Streifen geschnitten
200 g Fontina, in sehr dünne Scheiben geschnitten
1 gehäufter EL getrockneter Oregano
Salz und frisch gemahlener Pfeffer

Den Backofen auf 180 °C vorheizen.

Den Speck in einer beschichteten Pfanne ausbraten, bis er zart gebräunt und knusprig ist. Das Fett abgießen und die Pfanne beiseite stellen.

In einem Topf Wasser zum Kochen bringen und die Tomaten hineingeben. Nach 30 Sekunden abgießen, enthäuten und quer in Scheiben schneiden.

Eine ofenfeste Form mit etwas Öl ausstreichen. Die verschiedenen Gemüsesorten einschichten, dabei jede Lage mit etwas Speck und Käse bedecken, mit Öl beträufeln und mit Oregano sowie Salz und Pfeffer nach Geschmack würzen. Den Abschluss bildet eine Lage Tomaten.

Die Form mit Alufolie verschließen und den Auflauf etwa 1 Stunde im Ofen garen. Heiß oder raumtemperiert servieren.

Insalata di pecorino e crostoni di pane

Salat von Zucchini, Kresse und Rucola mit Pecorino und Croûtons

Roh schmecken Zucchini sehr fein, doch müssen die Früchte in dem Fall besonders frisch und klein sein, da sie sonst etwas bitter sind. Sie sollen sich, genauso wie die Auberginen, fest anfühlen.

Für 6 Personen

125 ml Öl zum Braten
6 Scheiben grobes italienisches Weißbrot, entrindet und gewürfelt
200 g Brunnenkresse
120 g Rucola
3 kleine Zucchini, in Stifte oder feine Scheiben geschnitten
4 EL natives Olivenöl extra
200 g Pecorino, gewürfelt
Salz und frisch gemahlener Pfeffer

Das Öl zum Braten in einer Pfanne erhitzen. Die Brotwürfel hineingeben und bei mittlerer Temperatur unter ständigem Rühren leicht anbräunen. Auf Küchenpapier abtropfen lassen.

Die Brunnenkresse und die Rucola verlesen, waschen und trockenschleudern. Mit den Zucchini in eine Salatschüssel geben. Das Ganze mit Salz und Pfeffer nach Geschmack würzen und mit dem Olivenöl anmachen.

Den Salat mit dem Käse und den Croûtons bestreuen und sogleich servieren.

Insalata mista con scamorza

Warmer gemischter Salat mit Scamorza

Damit das Gemüse nicht bitter schmeckt, darf es nicht zu heiß werden. Es sollte nach Möglichkeit auf dem Herd in einer Grillpfanne zubereitet werden. Scamorza, ein Käse aus Süditalien, ist in vielen italienischen Feinkostgeschäften erhältlich.

Für 6 Personen

4 EL natives Olivenöl extra
1 rote Paprikaschote, halbiert,
die Samen und Scheidewände entfernt
1 gelbe Paprikaschote, halbiert,
die Samen und Scheidewände entfernt
2 kleine Auberginen, längs in Scheiben geschnitten
2 kleine Zucchini, längs in Scheiben geschnitten
200 g geräucherter Scamorza,
in Scheiben geschnitten
200 g zarte grüne Salatblätter
Salz und frisch gemahlener Pfeffer

Eine Grillpfanne mit geriffeltem Boden dünn mit Öl ausstreichen. Das Gemüse bei mittlerer Temperatur darin garen, bis es eben weich ist, dann aus der Pfanne nehmen. Die Paprikaschoten in eine Papiertüte geben und diese verschließen; das andere Gemüse warm stellen. Nach etwa 10 Minuten die Paprikaschoten aus der Tüte nehmen, sogleich enthäuten und längs in Streifen schneiden.

Den Scamorza in der Pfanne einige Minuten von beiden Seiten grillen; nicht zu weich werden lassen.

Die Salatblätter auf einer Platte verteilen. Das Gemüse und den Scamorza darauf anrichten. Den Salat mit Salz und Pfeffer nach Geschmack würzen und mit dem restlichen Öl beträufeln. Servieren, solange der Käse noch warm ist.

Insalata di fagioli e cipolle

Bohnensalat mit Zwiebel und Tomaten

Nach dem Konzert, das wir seit mehr als 20 Jahren jeden August im Hof unseres Weinguts veranstalten, findet dieser typische toskanische Salat stets einen derart großen Zuspruch wie kaum ein anderes Gericht unseres Sommerbüfetts. Verglichen mit getrockneten Bohnenkernen, sind die frischen ungleich zarter und schmackhafter.

Für 6 Personen

1 kg frische Cannellini (mit Hülsen gewogen)
2 Lorbeerblätter
3 reife Tomaten
1 Zwiebel, in feine Scheiben geschnitten
6 EL natives Olivenöl extra
Salz und frisch gemahlener Pfeffer

Die Bohnen aushülsen und mit den Lorbeerblättern in einen Topf geben. Mit Wasser bedecken, zum Kochen bringen und die Bohnen ungefähr 1 Stunde köcheln lassen, bis sie weich sind. Abseihen und die Lorbeerblätter entfernen.

In einem Topf Wasser zum Kochen bringen und die Tomaten hineingeben. Nach 30 Sekunden abgießen, enthäuten, halbieren und die Kerne mit einem Löffel entfernen. Das Fruchtfleisch würfeln. Mit den Bohnen und der Zwiebel in einer Schüssel behutsam vermischen. Den Salat mit dem Olivenöl sowie Salz und Pfeffer nach Geschmack anmachen und raumtemperiert servieren.

Insalata di indivia riccia e rapanelli

Salat von krauser Endivie und Radieschen mit Eiern

Ich liebe krause Endivie wegen ihres leicht bitteren Geschmacks und mische sie oft mit in Scheiben geschnittenen Tomaten. Gehaltvoller und sehr aromatisch ist der folgende Salat. Man kann auch ein paar Radieschen zum Dekorieren verwenden.

Für 6 Personen

300 g krause Endivie (Frisée)
1 großes Bund Radieschen
6 große Eier
1 EL Rotweinessig
4 EL natives Olivenöl extra
Salz

Die Endivie waschen und auf Küchenpapier abtropfen lassen. Mit einer Küchenschere in kleine Stücke oder mit einem Messer in schmale Streifen schneiden. In eine Schüssel geben. Die Radieschen in sehr feine Scheiben schneiden und über die Endivie streuen.

Die Eier hart kochen, abschrecken und schälen. Vierteln und auf dem Salat anrichten. In einer kleinen Schüssel etwas Salz im Essig verrühren. Das Öl mit einem Schneebesen gründlich darunter mischen. Den Salat mit dem Dressing beträufeln und servieren.

DESSERTS, KUCHEN UND BROT

Pesche caramellate con salsa d'amaretti

Glasierte Pfirsiche mit Amaretti-Sauce

Amaretti sind italienische Bittermandelmakronen. Nehmen Sie keine x-beliebigen, denn manche sind extrem süß, andere wiederum schmecken etwas künstlich. Die besten stammen aus Saronno nördlich von Mailand, wobei die von Lazzaroni hergestellten einen besonders guten Ruf genießen.

Für 6 Personen

7 Pfirsiche
3 EL Zucker
2 EL Butter
120 g Amaretti
125 ml Dessertwein

Die Pfirsiche enthäuten und entsteinen. Zwei Hälften beiseite legen, die übrigen in Spalten schneiden.

In einem Topf den Zucker mit der Butter bei niedriger Temperatur erhitzen und dabei rühren, bis sich der Zucker auflöst. Die Pfirsichspalten dazugeben und etwa 10 Minuten im offenen Topf dünsten. Damit die Stücke nicht beschädigt werden, den Topf nur vorsichtig rütteln.

Die Pfirsichspalten dachziegelartig auf einer vorgewärmten Platte arrangieren.

Für die Sauce die Amaretti, die beiden reservierten Pfirsichhälften und den Wein im Mixer pürieren. Die Pfirsiche mit der Sauce umgießen und raumtemperiert servieren.

Dolce di fichi

Feigendessert

Der Feigenbaum gedeiht im Mittelmeerraum bestens. Wenn im Sommer einheimische Feigen für kurze Zeit auf dem Markt sind, kann ich auch in unserem Garten größere Mengen ernten. Da sie fast alle gleichzeitig reifen, verarbeite ich einen Teil davon zu einer Marmelade, der ich auch ganze Zitronenscheiben beigebe – eine interessante Kombination.

Für 6 Personen

600 g Feigen
450 g Ricotta
4 große Eier
250 g Zucker

Den Backofen auf 180 °C vorheizen.

Die Feigen enthäuten und im Mixer pürieren. Den Ricotta, die Eier und 50 g Zucker hinzufügen. Mixen, bis die Zutaten gründlich vermischt sind.

Den restlichen Zucker mit 2 EL Wasser in einem schweren Topf erhitzen, bis man einen Sirup erhält – er darf nicht so dunkel werden, dass er bitter schmeckt. Den Karamell in eine vorgewärmte Ringform von 1 l Inhalt gießen und mit einem Backpinsel am Boden und Rand der Form gleichmäßig verteilen. Völlig abkühlen lassen.

Die Feigencreme in die Form füllen. Auf ein Backblech stellen und etwa 1 Stunde im Ofen garen. Zwischendrin den Bräunungsgrad prüfen; falls die Creme zu stark bräunt, die Form mit Alufolie abdecken.

Das Dessert aus dem Ofen nehmen und abkühlen lassen. Auf eine Platte stürzen und vorsichtig die Form abnehmen. Raumtemperiert servieren.

Gelato di pesche noci

Nektarineneis

Wirklich aromatische, saftige Pfirsiche sind nicht immer leicht zu finden. Daher weichen die Verbraucher inzwischen häufig auf Nektarinen aus. Aber natürlich gelingt dieses Eis auch vorzüglich mit Pfirsichen, wobei die weißfleischigen Exemplare besonders gut schmecken.

Für 6 Personen

200 ml Wasser
350 g Zucker
1 kg Nektarinen
Saft von 1 Zitrone

Das Wasser mit dem Zucker in einen schweren Topf geben. Zum Kochen bringen und etwa 20 Minuten köcheln lassen, bis man einen Sirup erhält – gibt man einen Tropfen davon auf einen kalten Teller, sollte er sofort erstarren. Den Sirup vom Herd nehmen und abkühlen lassen.

Die Nektarinen enthäuten, entsteinen und im Mixer pürieren. Den Zitronensaft und den Sirup hinzufügen und die Zutaten kurz mixen.

Die Mischung in eine Eismaschine füllen und nach Anweisung des Herstellers das Eis bereiten. Alternativ die Mischung in ein geeignetes Gefäß füllen und für etwa 4 Stunden ins Gefrierfach geben, dabei insgesamt etwa dreimal in regelmäßigen Abständen mit einem Schneebesen durchrühren.

Meringa di frutta

Baiser mit frischen Früchten

Baiser lässt sich auf verschiedene Arten herstellen. So kann man die Masse auch etwa 2 Stunden bei nur etwa 130 °C backen oder vielmehr trocknen. Servieren Sie das Baiser zum Dessert oder als Kuchen.

Für 6 Personen

4 große Eiweiß
240 g Zucker
2 Pfirsiche
3 Aprikosen
3 Feigen
250 ml Sahne
1 Prise Salz

Den Backofen auf 180 °C vorheizen.

Das Eiweiß mit dem Salz in einer Schüssel zu steifem Schnee schlagen. In kleinen Mengen den Zucker hinzufügen und jede Zugabe gründlich mit dem Schneebesen einarbeiten.

Eine Springform von 28 oder 30 cm Durchmesser mit Pergamentpapier auslegen. Die Baisermasse einfüllen und mit einem Spatel glatt streichen. Oder die Masse als entsprechend großen Kreis auf ein mit Pergamentpapier ausgelegtes Backblech geben. In den heißen Backofen schieben und diesen sogleich abschalten. Das Baiser so lange im Ofen lassen, bis es fest geworden und ausgekühlt ist (etwa 6 Stunden).

Das Baiser auf eine Platte geben. Die Pfirsiche und Aprikosen in Scheiben schneiden, die Feigen enthäuten und vierteln. Die Sahne steif schlagen und das Baiser überziehen – dafür einen Spritzbeutel oder Spatel verwenden. Die Früchte darauf anrichten.

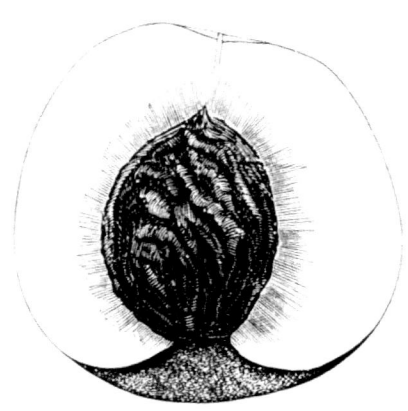

Spuma di albicocche e yoghurt

Aprikosen-Joghurt-Creme

Durch den Joghurt erhält die Creme eine angenehm frische, säuerliche Note. Manchmal reiche ich dazu eine Sauce aus pürierten Aprikosen und etwas Vin Santo, dem aus rosinierten Trauben gekelterten Dessertwein aus der Toskana.

Für 6 Personen

15 g Blattgelatine
600 g reife Aprikosen
250 ml Sahne
100 g Puderzucker
250 ml Joghurt
Etwas Mandelöl
Rote Johannisbeeren zum Dekorieren

Die Gelatineblätter etwa 10 Minuten in kaltem Wasser quellen lassen. Die Aprikosen enthäuten, entsteinen und im Mixer pürieren.

Die Hälfte der Sahne steif schlagen und den Puderzucker unterziehen. Die Schlagsahne kalt stellen.

Die restliche Sahne in einem Topf erhitzen, aber nicht aufkochen lassen. Vom Herd nehmen. Die Gelatineblätter abgießen, ausdrücken und in die warme Sahne geben. Rühren, bis sie sich aufgelöst haben, und die Mischung abkühlen lassen.

Das Aprikosenpüree und den Joghurt mit der Sahne-Gelatine-Mischung gründlich verrühren. Die steif geschlagene Sahne unterziehen.

Eine Schüssel von 1 l Inhalt mit dem Mandelöl ausstreichen. Danach die Aprikosen-Joghurt-Creme einfüllen und für mindestens 4 Stunden in den Kühlschrank stellen.

Einen großen Topf oder eine große Schüssel mit warmem Wasser bereitstellen. Die Schüssel mit der Creme einige Sekunden hineinhalten, dann das Dessert auf eine Platte stürzen.

Mit den entstielten Roten Johannisbeeren dekorieren und servieren.

Focaccia alle erbe

Kräuter-Focaccia

Eine Focaccia oder *schiacciata*, wie wir in der Toskana sagen, ist ein Fladen, der pikant oder süß mit allem Möglichen angereichert sein kann – nur nicht mit Tomaten, denn dann wäre er eine Pizza. Tatsächlich heißt die Focaccia in Neapel *pizza bianca*, also »weiße Pizza«.

Für 1 Fladen

30 g frische Hefe
240 ml lauwarmes Wasser
360 g Mehl,
dazu etwas mehr für die Teigbearbeitung
3 EL fein gehackte gemischte frische Kräuter
wie Rosmarin, Salbei, Minze und Thymian
3 EL natives Olivenöl extra
Salz

Den Backofen auf 200 °C vorheizen.

Die Hefe in einer kleinen Schüssel im lauwarmen Wasser auflösen und etwa 10 Minuten ruhen lassen, bis sich an der Oberfläche Bläschen zeigen.

Das Mehl in eine Schüssel sieben und in die Mitte eine Mulde drücken. Langsam die aufgelöste Hefe hineingießen und dabei mit einer Gabel in kreisförmigen Bewegungen das umgebende Mehl einrühren, bis ein zusammenhängender Teig entsteht. Die Kräuter in den Teig einarbeiten.

Den Teig auf einer leicht bemehlten Arbeitsfläche mit den Handballen etwa 3 Minuten kneten, bis er glatt und elastisch ist. Zu einer Kugel formen und in eine mit etwas Mehl ausgestreute Schüssel geben. Fest mit Klarsichtfolie abdecken und mindestens 1 Stunde ruhen lassen, bis sich das Volumen verdoppelt hat – die erforderliche Zeit hängt von der Raumtemperatur ab.

Eine Kuchenform von 26 oder 28 cm Durchmesser oder ein Backblech mit etwas Öl einfetten. Den Teig zu einem entsprechend großen Fladen ausrollen und in die Form beziehungsweise auf das Blech legen. Mit Salz nach Geschmack bestreuen und mit dem restlichen Öl beträufeln. Noch 20 Minuten gehen lassen.

Die Focaccia etwa 30 Minuten backen, bis sie appetitlich gebräunt ist. Vor dem Servieren auf einem Drahtgitter abkühlen lassen.

EIN SOMMER-PICKNICK

Zucchine ripiene

Gefüllte Zucchini

Auf unserer großen Terrasse in Mailand ließ ich überall an den Wänden Zucchinipflanzen emporwachsen, denn sie sind nicht nur sehr ertragreich, sondern auch äußerst dekorativ.

Für 6 Personen

12 mittelgroße Zucchini
300 g Hühnerbrüstchen
1 kleine Möhre, grob zerkleinert
1 kleine Zwiebel, grob zerkleinert
1 Hand voll frische Majoranblättchen
2 EL natives Olivenöl extra
1 großes Ei
3 EL frisch geriebener Parmesan
Salz und frisch gemahlener Pfeffer

Den Backofen auf 180 °C vorheizen.

Von den Zucchini die Enden abschneiden. Das Fruchtfleisch mit einem geeigneten Werkzeug (etwa einem Grapefruit-Löffel oder einem schmalen, scharfen Messer) herauslösen, sodass man dünnwandige Röhren erhält. Das Fruchtfleisch grob hacken.

Das Hühnerfleisch im Mixer fein zerkleinern und in einer Schüssel beiseite stellen. Das Fruchtfleisch der Zucchini mit der Möhre, der Zwiebel und dem Majoran in den Mixer geben. Mixen, bis alles fein zerkleinert und gründlich vermischt ist. Die Mischung mit 1 EL Öl in eine Pfanne geben, mit Salz und Pfeffer nach Geschmack würzen und bei niedriger Temperatur etwa 10 Minuten braten, bis das Gemüse gar ist. Vom Herd nehmen. Das Hühnerfleisch, das Ei und den Parmesan unter das Gemüse mischen.

Die Masse in die ausgehöhlten Zucchini füllen. Ein Backblech mit dem restlichen Öl bestreichen, mit 2 EL Wasser besprengen und die Zucchini darauf legen. Etwa 40 Minuten im Ofen garen. Auf Raumtemperatur abkühlen lassen und servieren.

Teglia di peperoni alle acciughe

Paprika-Auflauf mit Sardellen

Dicke Paprikaschoten in leuchtendem Gelb und Rot türmen sich in dieser Jahreszeit vor den Gemüseläden und auf den Märkten. Sie schmecken in Suppen und Pastagerichten, als Beilage zu Fleisch und Fisch, warm und kalt gleichermaßen.

Für 6 Personen

6 Eiertomaten
3 rote Paprikaschoten
3 gelbe Paprikaschoten
12 Sardellenfilets in Öl, abgetropft
6 Knoblauchzehen, in dünne Scheiben geschnitten
150 g schwarze Oliven
(möglichst aus Gaeta oder Kalamata), entsteint
4 EL Semmelbrösel
3 EL natives Olivenöl extra
2 EL Pinienkerne
1 Hand voll frische Basilikumblätter
Salz

Den Backofen auf 180 °C vorheizen.

In einem Topf Wasser zum Kochen bringen und die Tomaten hineingeben. Nach 30 Sekunden abziehen, enthäuten und halbieren.

Die Paprikaschoten halbieren, von den Samen und Scheidewänden befreien und der Länge nach in Streifen schneiden. In eine ofenfeste Form geben. Die Sardellenfilets, den Knoblauch, die Tomatenhälften und die Oliven darauf verteilen. Das Ganze mit den Semmelbröseln bestreuen und mit dem Öl beträufeln. Dann die Pinienkerne und etwas Salz darüber streuen. Etwa 40 Minuten im Ofen garen.

Das Gericht auf Raumtemperatur abkühlen lassen, mit dem Basilikum bestreuen und servieren.

Parmigiana di melanzane

Auberginen-Auflauf mit Mozzarella

Leichter, aber nicht ganz so schmackhaft gerät dieser neapolitanische Auflauf mit gegrillten Auberginen.

Für 6 Personen

6 kleine, möglichst leicht rundliche Auberginen
1 l Öl zum Frittieren
1 kg Eiertomaten
2 EL natives Olivenöl extra
3 Knoblauchzehen, gehackt
2 EL getrockneter Oregano
450 g frischer Mozzarella, in Scheiben geschnitten
Salz

FÜR DIE BÉCHAMELSAUCE

1 EL Butter
2 EL Mehl
250 ml warme Milch

Von den Auberginen die Enden entfernen und die Früchte längs in Scheiben schneiden.

In einem Frittiertopf 1 l Öl auf 180 °C erhitzen. (Die Temperatur ist erreicht, wenn ein Brotwürfel in 1 Minute goldbraun wird.) Die Auberginen in Portionen goldgelb frittieren; nicht stark bräunen, sonst werden sie bitter. Auf Küchenpapier abtropfen lassen.

In einem Topf Wasser zum Kochen bringen und die Tomaten hineingeben. Nach 30 Sekunden abgießen, enthäuten und hacken.

Das Olivenöl in einem Topf erhitzen. Den Knoblauch darin bei mittlerer Temperatur etwa 3 Minuten anschwitzen. Die Tomaten mit dem Oregano und Salz nach Geschmack hinzufügen und bei mittlerer Temperatur in etwa 1 Stunde zu einer dicken Sauce einkochen lassen.

Für die Béchamelsauce die Butter in einem Topf bei niedriger Temperatur zerlassen. Langsam das Mehl einstreuen und einige Minuten gründlich einrühren. Nach und nach die Milch hinzugießen; dabei ständig rühren, bis man eine glatte Sauce erhält.

Den Backofen auf 180 °C vorheizen. Die Hälfte der Auberginen in eine ofenfeste Form schichten. Darauf die Hälfte der Mozzarella-Scheiben, einige Löffel Béchamelsauce und schließlich die Hälfte der Tomatensauce geben. Die restlichen Zutaten in gleicher Reihenfolge einfüllen. Den Auflauf etwa 40 Minuten im Ofen backen, bis er appetitlich überbräunt ist und die Sauce Blasen zeigt. Vor dem Servieren auf Raumtemperatur abkühlen lassen.

Pane ai cereali

Vollkornbrot

Ich bin oft zu Besuch in Österreich und Deutschland, wo man nicht nur die besten klassischen Konzerte hören kann, sondern wo ich mir auch das exzellente, vielfach dunkle und nahrhafte Brot schmecken lasse.

Ergibt 1 Laib

30 g frische Hefe
240 ml lauwarmes Wasser
360 g Weizenvollkornmehl,
dazu etwas mehr für die Teigbearbeitung
1 Hand voll Dinkelkörner
1 Hand voll Gerstenkörner
1 Hand voll Sonnenblumenkerne
1 Hand voll Sesamsamen
1 EL natives Olivenöl extra
Salz

Die Hefe in einer kleinen Schüssel im lauwarmen Wasser auflösen und etwa 10 Minuten ruhen lassen, bis sich an der Oberfläche Bläschen zeigen.

Das Mehl in eine Schüssel sieben und in die Mitte eine Mulde drücken. Langsam die aufgelöste Hefe hineingießen und dabei mit einer Gabel in kreisförmigen Bewegungen das umgebende Mehl einrühren, bis ein zusammenhängender Teig entsteht.

Den Teig auf einer leicht bemehlten Arbeitsfläche mit den Handballen einige Minuten kneten, bis er glatt und elastisch ist. Zu einer Kugel formen und in eine mit etwas Mehl ausgestreute Schüssel geben. Mit Klarsichtfolie abdecken und ruhen lassen, bis sich das Volumen verdoppelt hat – die erforderliche Zeit hängt von der Raumtemperatur ab.

Inzwischen den Dinkel und die Gerste in einen Topf geben und mit Wasser bedecken. Einmal aufkochen und dann etwa 1 Stunde köcheln lassen. Danach abseihen.

Den Teig auf einer leicht bemehlten Arbeitsfläche zusammenschlagen. Nach und nach die Getreidekörner, Sonnenblumenkerne und Sesamsamen gleichmäßig einarbeiten. Den Teig zu einem Laib formen und mit Salz bestreuen.

Ein Backblech mit dem Öl bestreichen. Den Brotlaib darauf legen und 20 Minuten gehen lassen. Inzwischen den Backofen auf 200 °C vorheizen.

Das Brot etwa 40 Minuten backen. Vor dem Aufschneiden auf einem Drahtgitter auf Raumtemperatur abkühlen lassen.

Insalata di riso nero al pesto

Wildreissalat mit Pesto

Pesto, die ligurische Basilikumsauce, passt nicht nur zu Pasta, sondern zum Beispiel auch zu Wildreis, der zunehmend in Italien angebaut wird.

Für 6 Personen

500 g Wildreis
500 g grüne Bohnen
100 g frische Basilikumblätter
3 EL frisch geriebener Parmesan
2 EL frisch geriebener Pecorino
3 EL Pinienkerne
2 Knoblauchzehen
125 ml natives Olivenöl extra
Salz und frisch gemahlener Pfeffer

In einem Topf Wasser zum Kochen bringen und salzen. Den Reis zugedeckt bei niedriger Temperatur 50 Minuten garen. Die Bohnen putzen, zum Reis geben und noch 10 Minuten mitgaren.

Inzwischen das Basilikum, den Parmesan, den Pecorino, die Pinienkerne, den Knoblauch und das Öl mit etwas Salz und Pfeffer in den Mixer geben. Alles zu einer cremigen Sauce verarbeiten. 1 Schöpflöffel des Reis-Kochwassers hinzufügen und die Sauce noch einige Sekunden mixen.

Den Reis und die Bohnen abseihen und mit dem Pesto vermischen. Raumtemperiert servieren.

Insalata di pasta e pecorino

Pastasalat mit Pecorino und Tomaten

Ein Pastasalat sollte aus nur wenigen Zutaten zusammengestellt und nicht gekühlt, sondern raumtemperiert serviert werden. Gelegentlich ersetze ich den Pecorino bei diesem Rezept durch Fontina.

Für 6 Personen

300 g kurze Pasta wie Penne, Rigatoni oder Fusilli
125 ml natives Olivenöl extra
300 g Kirschtomaten
1 Hand voll frische Basilikumblätter
300 g junger Pecorino, gewürfelt
Salz und frisch gemahlener Pfeffer

In einem Topf reichlich Wasser zum Kochen bringen und salzen. Die Pasta *al dente* garen. Abseihen, gut abtropfen lassen und in einer Salatschüssel gründlich mit dem Öl vermischen.

Die ganzen Tomaten (größere Exemplare nach Belieben halbieren) hinzufügen. Dann den Pastasalat auf Raumtemperatur abkühlen lassen.

Das Basilikum zerpflücken und mit dem Pecorino sowie Salz und Pfeffer nach Geschmack dazugeben. Den Pastasalat kurz durchmischen und servieren.

Panna cotta alla frutta

Sahnecreme mit Früchten

Überraschen Sie Ihre Familie oder Freunde zum Abschluss eines Picknicks oder Sommeressens mit diesem cremig-fruchtigen Genuss.

Für 6 Personen

15 g Blattgelatine
500 ml Sahne
100 g Zucker
12 Erdbeeren, längs geviertelt
12 Himbeeren
150 g Blaubeeren
12 Kirschen, entsteint und halbiert

Die Gelatineblätter etwa 5 Minuten in kaltem Wasser quellen lassen, bis sie weich sind. Die Hälfte der Sahne mit dem Zucker bis zum Siedepunkt erhitzen und vom Herd nehmen. Die Gelatine abgießen, ausdrücken, in die heiße Sahne geben und rühren, bis sie sich aufgelöst hat. Dann den Topfinhalt völlig abkühlen lassen.

Die restliche Sahne schlagen, bis sie beim Herausziehen der Quirle weiche Spitzen bildet, und unter die Sahne-Gelatine-Mischung ziehen.

Alle Beeren und die Kirschen behutsam unter die Sahnecreme mischen.

Eine Schüssel von 1 l Inhalt mit Wasser ausspülen und die Sahnecreme mit Früchten einfüllen. Für etwa 4 Stunden in den Kühlschrank stellen, bis sie fest geworden ist.

Die *panna cotta* auf eine Platte stürzen und raumtemperiert servieren.

EINFÜHRUNG

Der Herbst meldet sich spät im Chianti, das, wie schon gesagt, inzwischen meine Heimat ist. Im September besitzt die Sonne noch eine ganz beachtliche Kraft und mit etwas Glück bleibt es warm und trocken bis zur Traubenlese im Oktober. Wir haben weiterhin Spaß an unseren Picknicks, und alle, insbesondere die Besucher aus nördlicheren Breiten, verweilen nach einem Essen im Garten oder auf der Terrasse eines Restaurants länger als sonst am Tisch, um die letzten Sonnenstrahlen zu genießen. Im November aber kühlt die Luft merklich ab und es wird höchste Zeit, vor dem ersten Frost die Oliven zu ernten. Die Weinreben, aber auch die Kastanien und Eichen in den Wäldern legen ihr Herbstkleid an. Die Tage sind jetzt spürbar kürzer und abends werden die ersten Kaminfeuer entfacht.

Während für die Ernte in den Olivenhainen und Weinbergen Heerscharen von Helfern angeheuert werden, machen gleichzeitig zahllose Sammler und Jäger mobil, um Pilze, Kastanien, Feigen, Beeren, aber auch Schnecken, Wildschweine und Federwild aufzustöbern. Die Saison für Wildpilze beginnt mit den ersten herbstlichen Regenfällen. Dann kommt es zu jener Kombination von Wärme und Feuchtigkeit, die ein von den Einheimischen als *fa ribollire la terra* bezeichnetes Phänomen hervorbringt: Die Erde kocht quasi. Dadurch schießen die Pilze geradezu aus dem Boden. *Funghi,* wie sie auf Italienisch heißen, findet man bei entsprechender Witterung gelegentlich auch im späten Frühjahr. Wahres Sammlerglück aber erlebt man nur im Herbst, sofern es natürlich ausreichend regnet und nicht friert. Ist der Herbst hingegen trocken und mild, begünstigt dies die Reifung der Trauben, und während sich nun die Winzer die Hände reiben, gestaltet sich die Ausbeute der Pilzliebhaber eher spärlich.

Dennoch machen sich, wenn die Zeit reif ist, buchstäblich Tausende hoffnungsvoller Italiener auf in die Wälder. Sie sind ausgerüstet mit festem Schuhwerk und einem kräftigen Stock, der in unwegsamem Gelände gelegentlich etwas Halt gibt und auch dazu dient, Gestrüpp, unter dem sich Pilze verbergen könnten, beiseite zu schieben. Zur weiteren Ausstattung gehören ein kleines Messer zum Abschneiden und sofortigen groben Säubern der Funde sowie ein Korb. In ihm überstehen die empfindlichen Fruchtkörper den Transport, ohne zerdrückt zu werden. Außerdem sorgt das Geflecht dafür, dass sie nicht zu schwitzen beginnen, und zudem können Pilzsporen herausrieseln, was den Beständen zugute kommt. Die Städter aber, die sonntags mit Plastiktüten in die Natur ausschwärmen, erregen das Missfallen der Einheimischen oder ernten gar Spott.

Die echten Profis unter den Pilzsammlern haben ihre geheimen Plätze, die ihnen häufig ergiebige Ernten bescheren. Manchen wird auch eine Art sechster Sinn beim Aufspüren der Beute nachgesagt. Tatsächlich braucht man schon einen besonderen Blick, um die vergleichsweise kleinen Köstlichkeiten inmitten von Bäumen, Gestrüpp und abgefallenem Laub auszumachen. In meiner Ecke der Toskana lenken die Sammler ihr Augenmerk vor allem auf die Steinpilze *(Boletus edulis).* Dass sie in Italien *porcini,* also »kleine Schweinchen«, heißen, liegt vielleicht am prallen Aussehen der rötlich braunen, flach gewölbten Hüte, die einen Durchmesser von 15 Zentimetern und mehr erreichen können. Hervorragend schmecken besonders die großen Exemplare, wenn sie wie Steaks gegrillt oder mit einigen Tropfen Olivenöl *extra vergine* beträufelt und dann in Alufolie gebacken werden. Die italienische Küche kennt zahlreiche Rezepte für Suppen, Salate, Pastagerichte oder Risottos mit frischen Steinpilzen. Diese lassen sich braten oder dünsten, wobei ich fast immer einen Zweig Bergminze oder eine Hand voll Minzeblätter hinzufüge, deren Aroma vorzüglich mit dem der *porcini* harmoniert. Auch lassen sich Steinpilze gut in Öl einlegen, gewürzt vielleicht mit einem Lorbeerblatt, einer Chilischote und einer Knoblauchzehe. Getrocknete *porcini* besitzen einen noch intensiveren Geschmack als die frischen Pilze und bereichern viele italienische Saucen. Einige meiner Nachbarn frieren Steinpilze, wenn die Ernte sehr reich ausfällt, sogar ein. Dafür reiben sie sie mit einem feuchten Tuch ab und packen sie dann unzerteilt oder in Scheiben geschnitten in Plastiktüten. Vor der Verwendung müssen tiefgefrorene Steinpilze unter fließendem Wasser etwas aufgetaut werden. Dabei nehmen sie zwar eine weichere Konsistenz an, doch bleiben Aroma und Geschmack erhalten.

Von den Dutzenden essbarer Pilze, die in Italien wachsen, mag ich den seltenen Kaiserling *(Amanita*

Bolet comestible. *Com.*
Boletus edulis. Bull.

Außer den Pilzsammlern, die meist mit einem gewissen Ernst und Ehrgeiz bei der Sache sind, begegnet man in den Wäldern ganzen Familien, die die kühlen, aber schönen Tage für einen gemächlichen Spaziergang nutzen. Wenn dabei noch eine Tüte Esskastanien zusammenkommt, umso besser. Zu den typischen herbstlichen Waldgeräuschen gehört das der reifen Kastanien, die auf dem Laubboden aufschlagen. Wenn man sich still verhält, hört man vielleicht auch irgendwo in der Ferne Wildschweine, die um Kastanien, ihre absolute Lieblingsspeise, rangeln. Zu Gesicht bekommt man die Tiere jedoch nicht, denn sie sind äußerst scheu und verschwinden, sobald sie Menschen in ihrer Nähe auch nur wittern.

Edel- oder Esskastanien wachsen in gebirgigen Gegenden mit gemäßigtem Klima. In Italien kommen sie vor allem in Piemont und in der Toskana vor. Sie liefern nicht nur ein sehr hartes, witterungsbeständiges Holz, sondern dienten in früheren Jahrhunderten und sogar noch während des letzten Krieges der Landbevölkerung als wichtige Nahrungsquelle. Da Kastanien weniger Öl und mehr Stärke als Nüsse enthalten, lassen sie sich zu einem feinen Mehl vermahlen, aus dem man Brot backen und Polenta zubereiten kann.

Angebaute Esskastanien werden inzwischen als nicht eben preiswerte Delikatesse gehandelt. Es gibt verschiedene Arten. Die besonders großen und schmackhaften *marroni* enthalten in der Fruchthülle jeweils eine dicke statt mehrerer kleiner Nüsse. Deren glänzende braune Außenschale ist, ebenso wie die darunter befindliche wollige Samenschale, dünner als bei den wild wachsenden *castagne.* Das erleichtert auch die Vorbereitung.

Geröstet erfreuen sich Esskastanien allgemeiner Beliebtheit. Als »heiße Maronen« kann man sie in vielen Städten an Straßenständen frisch zubereitet in spitzen Papiertüten kaufen. Ihr Duft verbreitet eine heimelige Atmosphäre und auf einer anstrengenden Besorgungstour füllen sie den Energievorrat rasch wieder auf. Zu Hause bereiten wir Kastanien gern über dem offenen Feuer in einer runden Eisenpfanne mit langem Stiel und durchlöchertem Boden zu. Damit sie dabei nicht explodieren, muss man die

caesarea) ganz besonders. Sein italienischer Name *ovolo,* also »kleines Ei«, spielt darauf an, dass der Pilz zunächst von einer eierschalenförmigen und -farbigen Hülle umgeben ist. Der später hervorbrechende Hut ist orangegelb. Gewöhnlich werden Kaiserlinge roh gegessen. Exquisit schmecken sie in Scheiben geschnitten, mit frisch gehobeltem Parmesan gemischt sowie mit Olivenöl *extra vergine* und etwas Zitronensaft angemacht.

Einige wenige erlesene Restaurants servieren gelegentlich einen geradezu himmlischen Salat aus *ovoli* und weißen Trüffeln. Allerdings sind die beiden Zutaten nur kurze Zeit gleichzeitig auf dem Markt. Eine Delikatesse erster Güte ist auch dünn aufgeschnittenes rohes Rinderfilet, das mit Zitronensaft und bestem Olivenöl beträufelt und dann nicht zu sparsam mit feinen Spänen von Parmesan, *ovoli* und Trüffeln bestreut wird.

äußere und innere Schale zuvor mit einem scharfen Messer einritzen. Sie werden so lange geröstet, bis sie außen leicht verkohlt sind und aufreißen. Man kann Kastanien auch in Wasser garen, sofern sie schon eine kleine Weile gelagert wurden. Eine Prise Fenchelsamen gibt dabei ein gutes Aroma.

Mit ihrem besonderen Geschmack eignen sich Esskastanien für herzhafte und süße Zubereitungen gleichermaßen. In einem Risotto schmecken sie ebenso wie als Füllung für Wild. Eine typisch toskanische Spezialität ist der *castagnaccio*. Dafür bereitet man einen Teig aus frischem Kastanienmehl, Wasser und Olivenöl *extra vergine,* der mit Rosinen, Pinienkernen, Fenchelsamen und Rosmarin angereichert und in einer runden, flachen Form gebacken wird. Der fertige Kuchen ist knusprig gebräunt und innen schön saftig. Üblicherweise kauft man ihn stückweise beim Bäcker und genießt ihn mit einem Glas süßem Vin Santo. Allerdings ist der *castagnaccio* nicht jedermanns Sache, auch meine nicht. Bei einem meiner Kochseminare habe ich sogar eine Variante mit etwas zusätzlicher Schokolade kreiert, doch vermochte das Resultat weder mich noch die Kursteilnehmer zu bekehren.

Necci hingegen, eine Art Crêpes aus Kastanienmehl, mag ich ausgesprochen gern. In der Gegend von Lucca werden sie bei Herbstfesten bis heute mit einem traditionellen Gerät namens *testi* gebacken. Es besteht aus zwei Eisenplatten, die am einen Ende miteinander verbunden sind und zwei Griffe haben. Der Teig wird auf der einen Platte verteilt, dann wird das Eisen geschlossen und auf heiße Glut gelegt. Wenn die Crêpe fertig ist, füllt man sie mit Schafmilch-Ricotta oder gehobeltem Pecorino.

Montebianco heißt die nach meinem Geschmack köstlichste Süßspeise aus Esskastanien, eine Spezialität des Piemont. In dieser Region wachsen nicht nur viele Kastanien, sondern von hier ist es auch nicht weit bis zu den Alpen. Wahrscheinlich lieferte der schneebedeckte Gipfel des Montblanc die Inspiration zu dem herrlichen Dessert. Frische Kastanien werden dafür gekocht, dann geschält, in Milch gegart, gesüßt und danach über einer Servierplatte durch ein Passiergerät mit grob gelochtem Einsatz gedrückt. Dabei sollte möglichst ein Hügel entstehen, der zuletzt mit Sahne

überzogen und mit ein wenig Kakaopulver bestäubt wird. Wenn ich als Kind meine Vettern und Cousinen in ihrem Landhaus in Piemont besuchte, stellte meine Tante für uns immer eine zusätzliche Schüssel Sahne auf den Tisch, mit der wir Leckermäuler die »Schneedecke« auf unseren Portionen noch dicker machen konnten.

Die vielleicht skurrilste Fraktion unter den herbstlichen Sammlern und Jägern bildet die der Schneckenliebhaber. Wie ihre kleinen Opfer sind sie nachts aktiv, nachdem es geregnet hat. Sobald die Schnecken aus ihren Mauerritzen hervorkriechen, um sich am frischen, feuchten Gras der Feldraine und Straßenränder zu laben, werden sie im Lichtkegel der Taschenlampen aufgespürt und in Plastiktüten eingesackt. *Lumache* heißen in Italien die kleinen Landschnecken mit bräunlichem, spiralig

Pl.297. *Châtaignier vulgaire.* Castanea vulgaris.Lamk.

gedrehtem Gehäuse. Die gezüchtete Form ist größer und ähnelt den burgundischen *escargots*. Beide galten schon bei den alten Römern als Delikatesse. Diese legten sogar spezielle Gärten an, in denen sie die kleinen, zarten Leckerbissen in verschiedenen Größen und Farbtönen züchteten und mit besonderem Futter mästeten. Eine neuerliche kulinarische Aufwertung erfuhren die Schnecken dann im Mittelalter durch die katholische Kirche, die ihren Verzehr, da sie nicht dem Fleisch zuzurechnen seien, in der Fastenzeit erlaubte. In der Renaissance wurden Schnecken als Nahrungsmittel nicht etwa in Frankreich, wie man vielleicht annehmen würde, sondern in der Lombardei erstmals erwähnt.

Während die toskanischen Feinschmecker von heute vor allem Wildschnecken schätzen, favorisieren die Norditaliener Schnecken aus Zuchtbetrieben. Eine aufwendige Vorbereitung ist in jedem Fall unerlässlich: Die Schnecken müssen zunächst ein paar Tage in Wasser gereinigt werden, das mit Salz, Essig und etwas Kleie angereichert und mehrfach erneuert wird. Anschließend werden sie im Norden des Landes vorzugsweise in einer Sauce aus Olivenöl *extra vergine*, Knoblauch und Petersilie zubereitet,

in Mittel- und Süditalien gibt man gern Tomaten hinzu, während ich sie oft in Rotwein schmore.

Im Frühherbst wird es für viele italienische Jäger richtig ernst. Mitte September, wenn die Jagdsaison beginnt, kommt zunächst das Kleinwild – Wachteln, Fasane, Rebhühner und Hasen – an die Reihe. Für die Zubereitung gibt es eine Vielzahl von Variationen. Federwild kombiniere ich häufig mit frischen Steinpilzen, ebenfalls eine herbstliche Delikatesse. Die Bezeichnung *in salmì* steht für ein Wildragout, das man in Wein mit Kräutern mariniert und dann sehr langsam schmort. Auf diese Weise zubereiteter Hase – *lepre in salmì* – ist ein Klassiker der norditalienischen Küche, der traditionsgemäß mit Polenta serviert wird. Ich serviere Hase mit einer Sauce, die ich mit eingelegten Kirschen süße, und in Süditalien stehen *pappardelle con la lepre* hoch im Kurs, breite Bandnudeln mit Hasenstücken, die in einer üppigen Sauce gegart werden.

Ab dem 1. November sind in der Toskana die Wildschweine zum Abschuss freigegeben. Wie ihre domestizierten Verwandten haben sie eine große Nachkommenschaft und einen noch größeren Appetit, vor allem auf reife Trauben, die sie dank ihrer hohen Intelligenz leicht zu finden wissen. Ein durchschnittlicher Keiler wiegt ungefähr 55 Kilogramm und vermag entsprechende Mengen zu vertilgen. Zum Glück stehen jedoch, verglichen mit anderen Regionen, den unverhältnismäßig zahlreichen Wildschweinen, die in der Toskana ihr Unwesen treiben, gleichzeitig überproportional viele Jäger gegenüber. Sie springen für die Bauern in die Bresche und belohnen sich zugleich selbst mit köstlichen Braten.

Die Jagd beginnt kurz nach Tagesanbruch in bester italienischer Tradition mit einer *merenda,* einem herzhaften Imbiss aus Brot, Salami, gegrillten Würsten und Rotwein, der natürlich die Sinne nicht benebeln, sondern vielmehr beleben soll. Nach dieser Stärkung riegeln etwa 30 Männer und 15 Hunde das Tal ab. Ein anderer, ebenfalls durch Hunde verstärkter Trupp scheucht weiter unterhalb durch laute Rufe und Gebell die Wildschweine aus ihrem Versteck im Dickicht auf. Bei erfolgreichem Abschluss des Unternehmens erhält derjenige, der das Tier letztlich zur Strecke gebracht hat, den Kopf als Trophäe. Das Fleisch wird unter allen verteilt. Zu Hause wird es häufig *alla cacciatora* zubereitet, auf Jägerart geschmort mit Zwiebeln, Bleichsellerie, Möhren, Tomaten und Kräutern. Das berühmteste Rezept für Wildschwein heißt *cinghiale in dolceforte* und datiert aus der Renaissance. Das Fleisch wird mit Gemüse, Wacholderbeeren und Lorbeer in Rotwein ausgiebig mariniert und anschließend langsam geschmort; die süßsaure Sauce enthält unter anderem Zucker, Knoblauch, Rotweinessig, Bitterschokolade, Rosinen und Pinienkerne. Nach meinem Lieblingsrezept mariniere ich das Fleisch zwei Tage mit Kräutern und Gewürzen in Rotwein; an die Sauce gebe ich ein paar Rote Johannisbeeren oder aber, falls diese nicht mehr erhältlich sind, Preiselbeeren.

Das Marktangebot ist jetzt kaum weniger vielfältig als in der warmen Jahreszeit und wird sogar noch durch einige herbstliche Gemüse bereichert.

Nach einer sommerlichen Pause gibt es nun wieder Spinat. Während ich im Frühjahr die zarten, frischen grünen Blätter roh oder nur kurz gedämpft als Salatzutat schätze, verwende ich den kräftigeren Herbstspinat für Füllungen oder, mit Knoblauch in etwas Olivenöl gedünstet, als Beilage zu verschiedenen Gerichten. Mangold, Lauch sowie einige Kohlarten, die das ganze Jahr über am Markt sind, schmecken in der Regel noch besser, wenn die Temperaturen sinken.

Am meisten freue ich mich auf den Fenchel aus Freilandkultur, den man ab Herbst und bis zum Frühling bekommt. Dass er fast so typisch für die italienische Küche ist wie die Tomate, legt auch sein französischer Name *fenouil de Florence* nahe. Wahrscheinlich bekam er ihn, weil Caterina de' Medici ihn neben vielen anderen Annehmlichkeiten, auf die sie nach ihrer Heirat mit dem zukünftigen König Heinrich II. nicht verzichten wollte, in ihrer neuen Heimat einführte.

Die italienische Bezeichnung *finocchio* bedeutet »feines Auge« und bezieht sich einer medizinischen Abhandlung aus der Renaissance zufolge darauf, dass der Verzehr dieses Gemüses das Sehvermögen steigern soll. »Er wärmt einen kalten Magen, vertreibt Winde, ist der Verdauung förderlich und mildert einen üblen Atem«, schrieb der Venezianer Giacomo Castelvetro im 17. Jahrhundert und erwähnte noch die weitere, fragwürdige Wirkung, dass Fenchel den Geschmack schlechten Weins verbessere. »Niederträchtige venezianische Händler«, so berichtete er, »bieten den arglosen oder einfältigen Kunden dreist ein Stückchen Fenchel an ... und reden ihnen beharrlich ein, der Wein würde ihnen sonst auf leeren Magen schlecht bekommen.« Diese »trügerische« Eigenschaft des *finocchio* könnte zur Entstehung des Verbs *infinocchiare* beigetragen haben, das »übers Ohr hauen« bedeutet.

Den Weintrick habe ich niemals selbst probiert, aber ich weiß, dass Fenchel hervorragend den Geschmack anderer Zutaten

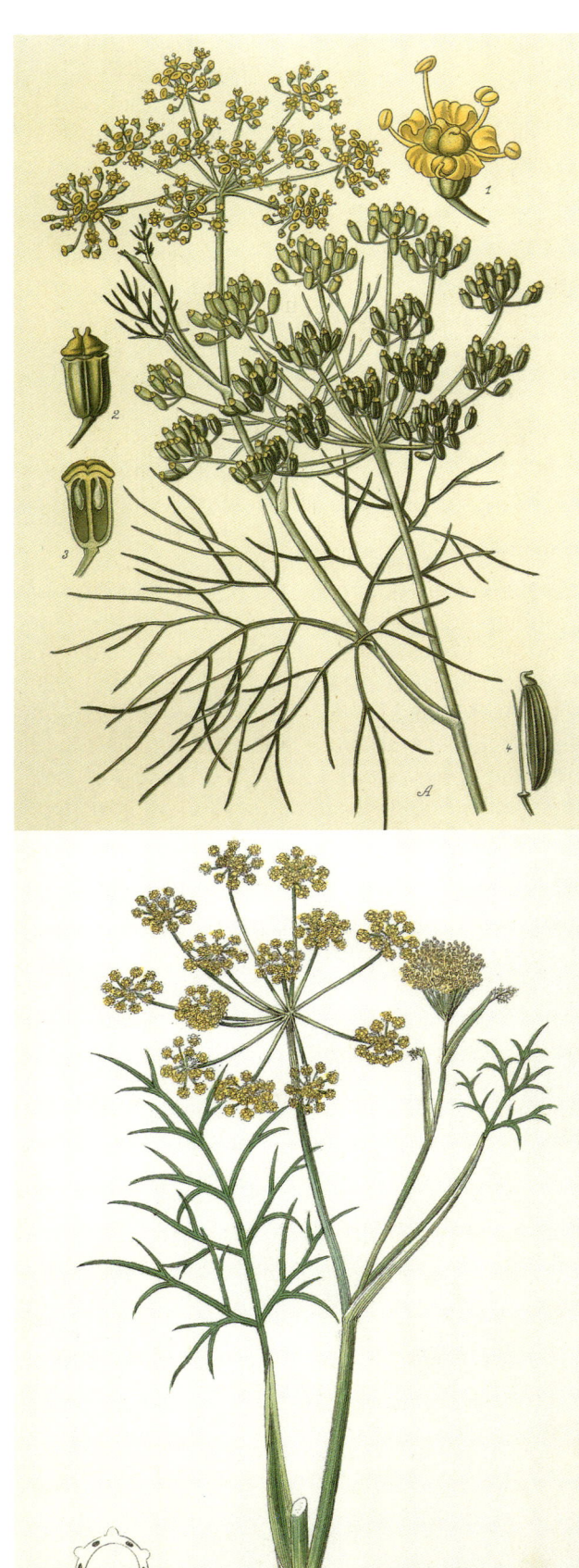

abrundet. Nicht von ungefähr ist er an so vielen Antipasti, Zwischen- und Hauptgerichten der italienischen Küche beteiligt. Gekocht, gedünstet, geschmort oder gebacken lässt er sich vielseitig einsetzen. Die Sizilianer kombinieren ihn für ihr wohl berühmtestes Nudelgericht – *pasta con le sarde* – mit Sardinen. Auch zu *arista alla fiorentina,* dem klassischen toskanischen Schweinebraten, schmeckt kaum etwas besser als dieses Gemüse. Besonders gut harmoniert Fenchel mit Parmesan, ob gekocht und anschließend mit dem geriebenen Käse bestreut oder knusprig überbacken. Auch roh mundet er vorzüglich: einfach in dünne Scheiben geschnitten und mit kalt gepresstem Olivenöl *extra vergine* sowie einem Spritzer Zitronensaft angemacht oder noch feiner aufgeschnitten über Carpaccio gestreut.

Neben dem hinlänglich bekannten kultivierten Knollen- oder Gemüsefenchel spielt in Italien wilder Fenchel, *finocchiella* oder *finocchietto* genannt, eine wichtige kulinarische Rolle. Auf der gesamten Halbinsel kann man bei Streifzügen durch die Natur die sellerieähnlichen, mehr als einen Meter hohen Stengel mit den winzigen gelben Blüten entdecken. Toskanische Frauen pflücken sie, um sie, zu Sträußen gebündelt, in der Küche aufzuhängen und zu trocknen. Vor allem Gerichte mit Schweinefleisch oder Fisch werden mit den zerriebenen Blüten gewürzt. Die Samen, die sich später aus den Blüten entwickeln, dienen ebenfalls als Gewürz. Übrigens lässt sich auch das fedrige Grün des Knollenfenchels mit verwenden. Zuletzt über die Speisen gestreut, gibt es zusätzlichen Geschmack und sieht darüber hinaus hübsch aus. Natürlich muss es ganz frisch sein, genau wie die Knollen selbst, die sich fest und prall anfühlen und keine Beschädigungen oder braunen Stellen aufweisen sollten.

Drei mediterrane Früchte par excellence – Trauben, Oliven und Feigen – reifen im Herbst. Der vermutlich aus Kleinasien stammende Feigenbaum trägt zweimal im Jahr Früchte. Im Juni entwickeln sich aus den im Vorjahr angelegten Knospen dicke, saftige Früchte, die jedoch kaum Geschmack besitzen. Die echten Feigen, die an den neuen Trieben wachsen, sind zwischen Ende August und Oktober so weit. Sie fallen zwar kleiner aus, entfalten dafür aber ein intensives Aroma, das an Honig und Beerenmarmelade erinnert.

Grundsätzlich werden die Hunderte von Varietäten des Feigenbaums, die Botaniker in Italien ausmachen konnten, je nach der Farbe der Haut ihrer Früchte in zwei Gruppen unterschieden. Bei hellen Feigen reicht das Spektrum von blassem Grün bis zu tiefem Goldgelb, bei den dunklen hingegen von Rotbraun bis zu fast schwarzem Violett. Genau genommen handelt es sich bei den Feigen um Fruchtverbände, denn die in ihnen enthaltenen zahlreichen Körnchen sind die eigentlichen Früchte. Ein klassisches italienisches Antipasto verbindet die Süße vollreifer Feigen mit dem herzhaften Geschmack von Prosciutto. Nicht minder köstlich ist die Kombination aus Feigen und Ricotta zum Abschluss eines Essens. Für ein elegantes Dessert püriert man die Früchte und vermischt sie mit Ricotta und Eiern. Anschließend wird die Creme in einer mit Karamell ausgestrichenen Form im Backofen gegart.

Ab dem Spätsommer, vor allem aber im Frühherbst sind die Wälder in meiner Gegend der Toskana ein Eldorado für die Beerensammler. Saftige Schlehen – bei den Einheimischen heißen sie *susine di macchia,* also etwa Buschpflaumen –, Wacholderbeeren, die Früchte des Weißdorns und vor allem Brombeeren warten nur darauf, gepflückt zu werden. *Andar per more,* »in die Brombeeren gehen«, ist im September und Oktober in Italien eine beliebte Freizeitbeschäftigung.

Die rötlich schwarz glänzenden wilden Brombeeren wachsen an dornigen Trieben, weshalb man ohne einige Kratzer meist nicht davonkommt. Ihr Geschmack aber, der den der dickeren, saftigeren Beeren von gezüchteten, unbestachelten Sträuchern an Intensität weit übertrifft, macht die Blessuren schnell vergessen. Brombeeren sind aus zahlreichen einzelnen Steinfrüchtchen zusammengesetzte Sammelfrüchte. Zwar sind die Samen bei den Wildfrüchten härter, dafür entwickeln diese aber infolge der langen Besonnung eine besondere Süße. Im Spätsommer und Frühherbst werden auf Märkten und in vielen Restaurants Kästchen mit einer Mischung aus

wilden Brombeeren, Erdbeeren, Blaubeeren und Roten Johannisbeeren angeboten, meist unter der Bezeichnung *sottobosco* – Wildbeeren aus dem »Unterholz«. Man genießt sie pur oder aber gezuckert und mit etwas Zitronensaft beträufelt zum Dessert.

Die Kaki beschließt in Italien den langen Reigen einheimischer Früchte. Mit ihrer kräftig orangegelben Farbe und dem vollen, an Birnen und Aprikosen erinnernden Aroma beschwört sie, während der Winter spürbar naht, noch einmal sommerliche Gefühle herauf. In Mittel- und Norditalien entwickeln sich Kakis so zögerlich, dass sie ihre volle Reife nicht mehr am Baum, sondern nur noch durch weitere Lagerung erreichen. Eine perfekte Kaki erkennt man an der fast glasig schimmernden Haut und einer so weichen Konsistenz, dass die Frucht nicht selten auf dem Nachhauseweg aufplatzt. Das ist jedoch kein großes Unglück, denn einfach so aus der Schale gelöffelt schmeckt das geleeartige, süße und mild fruchtige Fleisch ohnehin fast am besten. Schneiden Sie einfach einen Deckel ab und geben Sie, wenn Sie mögen, noch etwas Zitronensaft auf die Frucht.

FESTE IM HERBST

Seit Jahrzehnten nimmt Italien unter den Wein-
erzeugern Europas Platz eins und beim Verbrauch
die zweite Stelle ein (mit den Franzosen verhält es
sich, soviel ich weiß, genau umgekehrt). Kein Wun-
der also, dass die Traubenlese vom äußersten Süden
bis hinauf in den Norden Italiens zum Anlass genommen wird für lokale Feste, Messen, Verkostungen,
Seminare und Tagungen, auch mit internationaler
Beteiligung. Einst ein traditionelles Handwerk, das
sich hauptsächlich auf Erfahrung und Fingerspitzen-
gefühl stützte, ist die Weinherstellung inzwischen
aber zu einem kommerziellen Erwerbszweig avan-
ciert, der sich auch wissenschaftlicher Methoden
und technischer Mittel bedient. Nicht zuletzt steht
zudem finanziell viel auf dem Spiel, und so ist für
Ablenkungen kein Raum. Daher finden die Festivi-
täten im September statt, während man im Oktober
tüchtig zupackt und ansonsten höchstens noch für
gutes Wetter betet.

Von Mailand aus, wo ich meine Kindheit verbrachte, fuhr ich am Wochenende oft in einen
kleinen Ort in Piemont, um meine Vettern und
Cousinen zu besuchen. Die Region im Nordwesten
Italiens ist international renommiert für ihre edlen
Rotweine wie Barolo, Barbera und Barbaresco. Seinerzeit veranstaltete besagte Ortschaft während der
Traubenlese eine *sagra dell'uva*. Anlässlich dieses
Weinfestes wurden die Eingangstüren und Terrassen
der Häuser mit Weintrauben geschmückt und überall entlang den Straßen Fässer aufgereiht. Es gab
sogar einen kleinen Umzug, für den Festwagen mit
Bacchus-Figuren und anderen malerischen Symbo-
len der Weinlese gebaut worden waren. Ein Teil der
Bevölkerung hatte die alten Trachten aus dem
Schrank geholt, und die lokale Musikkapelle be-
gleitete das Ganze mit fröhlicher Festmusik. Man
konnte den neuen Wein kosten, der auf den Straßen
und auch im Keller meines Onkels direkt aus den
Fässern kredenzt wurde.

Heute sind derlei Weinfeste nicht mehr so volks-
tümlich, sondern deutlich kommerzieller ausgerich-
tet. In der Toskana, genauer im Chianti, wo ja das
Weingut unserer Familie liegt, organisiert jede
Gemeinde ihre *festa dell'uva*. Die ortsansässigen Erzeuger stellen Stände auf und bieten Kostproben ihrer verschiedenen Etiketten und Jahrgänge an.
Sie sind am Urteil des Publikums durchaus interes-
siert, aber mehr noch am Verkauf ihrer Produkte.
Seminare klären beispielsweise darüber auf, wie
man Wein richtig genießt oder welcher Tropfen zu
welchem Essen passt. Neben der grauen Theorie
erwarten die Teilnehmer allerdings auch die lokalen

Spezialitäten, die im Freien aufgetischt werden, sowie ein abendliches Tanzvergnügen.

Überall in der Toskana stellen die Bäcker zur Zeit
der Weinlese einen süßen Fladen her, der in der
Zubereitung immer wieder etwas variiert, stets aber
Weintrauben enthält. In unserem Städtchen wird er
unter der Bezeichnung *panello con l'uva* nach Gewicht verkauft. Trauben, Walnüsse, eine Mischung
gemahlener Gewürze, Anissamen und Rosmarin
sind unter den Teig gemengt, und vor dem Backen
wird der Fladen mit weiteren Trauben und Walnüssen bestreut. In Florenz hingegen geben manche
Bäcker die Trauben zwischen zwei Teiglagen, sodass
man später auf ganze, noch schön saftige Früchte
beißt. Bei meiner *schiacciata con l'uva* wiederum
gebe ich blaue Trauben nur obendrauf und bestreue
das Ganze vor dem Backen noch mit Zucker. Der
Fladen schmeckt ebenso köstlich zum Frühstück
wie mit einem Glas Vin Santo, dem berühmten toskanischen Dessertwein, als kleiner nachmittäglicher
Imbiss. Gegen Ende der Weinlese laden wir alle, die
mitgearbeitet haben, auf unserem Gut mittags zu
einem großen Essen ein. Als stilvollen Abschluss
serviere ich dabei meist ein Dessert aus enthäuteten und gezuckerten weißen und blauen Trauben,
die zuletzt mit Schaumwein, oder vielmehr italieni-
schem Spumante, übergossen werden.

Wenn alle Trauben gepflückt sind und der Wein in
den Fässern gärt, ist es in der Toskana wie in vielen
Regionen Italiens an der Zeit, sich um die Oliven zu
kümmern, die hier eine fast ebenso wichtige Er-
tragsquelle darstellen. Allerdings werden sie nicht
eingelegt, denn zum Essen wären sie tatsächlich zu
schade, sondern zu dem begehrten toskanischen
Olivenöl verarbeitet.

Unsere eigenen Ölbäume wachsen in den Hügeln
des oberen Chianti in bis zu 450 Meter Höhe. Die
Olivenart, die in einer solchen, für eine mediterrane
Frucht ungewöhnlich hohen Lage gedeiht, bringt
Früchte hervor, die niemals voll ausreifen. Sie
behalten eine rötliche Färbung und erreichen nicht
den maximalen Ölgehalt von etwa 50 Prozent, was
den eher fruchtigen als fettigen Charakter des gepressten Öls erklärt. In wärmeren Klimabereichen
entwickeln sich dagegen glänzend schwarze Früchte,
aus denen der Saft schon tropft, wenn sie noch am
Baum hängen. In diesem Fall können sie nicht abge-
schüttelt, sondern müssen von Hand gepflückt werden. Für jeden Olivenbauern stellt sich im Herbst
immer wieder die bange Frage: Kann ich noch ein
paar Tage warten, um die Früchte weiter ausreifen
zu lassen, oder kommt mir der Frost dann zuvor?

Nach der Ernte werden die Oliven zum *frantoio*,
der nächstgelegenen Ölmühle, gebracht. Da frisch

gepflückte und aufgehäufte Oliven nach nur wenigen Tagen in Gärung übergehen, müssen sie schnellstmöglich verarbeitet werden. Folglich herrscht während der mehrwöchigen Erntezeit beim *frantoio* beinahe rund um die Uhr hektische Betriebsamkeit. Die einen Bauern liefern ihre Oliven in großen Säcken an, andere fahren mit Edelstahlbehältern, in denen sich ihr neues Öl befindet, bereits wieder ab. Ein jeder lässt seine Früchte, während sie gewogen, unter riesigen Granitsteinen zerquetscht und schließlich ausgepresst werden, nicht aus den Augen, und dann, endlich, kann er feststellen, ob der kostbare grüngelbe Nektar wieder so gut schmeckt wie beim vorigen Mal oder vielleicht sogar noch besser.

Just dieser Moment macht den Olivenanbau meiner Meinung nach zu einer so befriedigenden Angelegenheit. Als Winzer muss man mindestens ein Jahr warten, bis man weiß, was bei der letzten Lese tatsächlich herausgekommen ist. Olivenöl dagegen schmeckt von Anfang an gut. Es besitzt gleich nach der Pressung ein geradezu einzigartiges, fruchtiges Aroma mit einer leicht pfeffrigen, aber angenehmen Note, die sich mit der Zeit abschwächt. All dies ist charakteristisch für ein Öl, das aus nicht ganz reifen Oliven ohne Einwirkung von Wärme oder Chemikalien gewonnen wurde, und ein Indikator für einen Säuregehalt von unter einem Prozent, der für Olivenöl *extra vergine* vorgeschrieben ist.

Traditionsgemäß wird das neue Öl mit einer *sagra della bruschetta* gefeiert. Eine *bruschetta* oder, wie man in der Toskana häufig sagt, *fettunta* (von *fetta* »Scheibe« und *unto* »eingefettet«) ist nichts anderes als eine dicke Scheibe italienisches Landbrot, die im besten Fall über dem Feuer und notfalls auch im Backofen geröstet, anschließend mit einer Knoblauchzehe eingerieben und schließlich großzügig mit neuem Olivenöl *extra vergine* getränkt wurde.

Bei Festen anlässlich der Olivenernte wird diese Grundform der *bruschetta* oft mit weiteren Zutaten belegt. Zu den gängigsten Kombinationen gehören gehackte Tomaten mit frischem Basilikum oder getrocknetem Oregano, gekochte und in Scheiben geschnittene Blumenkohlröschen, angemacht mit Salz, Pfeffer und etwas Rotweinessig, oder getrocknete weiße Bohnen, die mit einigen frischen Salbeiblättern gekocht wurden. Auch die in diesem Kapitel vorgestellte Version mit Steinpilzen und Schinken ist keineswegs zu verachten. Die *bruschetta* ist also zu jeder Jahreszeit mit immer wieder anderem Belag ein herrlicher Genuss, sofern bei ihrer Zubereitung natürlich ein kaltgepresstes Olivenöl bester Qualität verwendet wurde.

Während gerade die ersten Oliven geerntet werden, begeht man in Italien den letzten kirchlichen und zugleich auch gesetzlichen Feiertag im Herbst: *La Festa di Tutti i Santi*. Erst Jahrhunderte nachdem die katholische Kirche am 1. November Allerheiligen eingeführt hatte, wurde am 2. November Allerseelen – auf Italienisch *I Morti* – angefügt, um aller verstorbenen Gläubigen zu gedenken.

Überall in Italien, ob in kleinen Dörfern oder in großen Städten, sind die Friedhöfe jetzt voller Blumen, die die oft von weit her angereisten Hinterbliebenen auf ihre Familiengräber gestellt haben. In Rom, Neapel und Palermo besuchen viele Menschen allein deshalb die riesigen »Totenstädte«, um die Blütenpracht – zumeist Chrysanthemen, die italienischen Totenblumen – zu bewundern.

Schon einige Zeit vor Allerheiligen und Allerseelen verkaufen die toskanischen Bäckereien ein spezielles süßes Brot aus Weizenvollkornmehl, Walnüssen und Rosinen. Sein seltsamer Name *pan coi santi* – wörtlich »Brot mit den Heiligen« – gab Anlass zu verschiedenen Interpretationen. So könnten einer der Deutungen nach die zahlreichen Rosinen in dem Brot für die *santi* stehen, die Verstorbenen also, die sich hoffentlich himmlischen Friedens erfreuen. Plausibler erscheint wohl die Erklärung, der Name nehme auf die vorchristliche Tradition Bezug, mit den Verstorbenen Zwiesprache zu halten, indem man in einer rituellen Handlung, oft auf dem Grab selbst, mit ihnen das Brot teilt – ein schöner und sicherlich Trost spendender Brauch.

DIE VORRATSKAMMER

Funghi secchi

Getrocknete Pilze

Wenn ich im Herbst in Coltibuono bin, gehe ich oft mit meinen Enkeln in den Wäldern auf Pilzsuche. Emanuele, der Sohn meiner Tochter, übertrifft uns alle um Längen und erspäht Steinpilze schon aus großer Entfernung. Manchmal ist unsere Ausbeute so groß, dass wir einen Teil für den Winter trocknen.

Ergibt etwa 100 g getrocknete Pilze

1 kg frische Steinpilze oder andere Wildpilze

Ein paar Tabletts bereitstellen und mit Pergamentpapier auslegen.

Die Pilze mit einem Tuch abreiben, aber keinesfalls waschen. Längs in etwa $\frac{1}{2}$ cm dicke Scheiben schneiden und nebeneinander, aber nicht überlappend auf die Tabletts legen.

In einen gut belüfteten Raum, jedoch nicht in die Sonne stellen und zum Schutz gegen Staub mit einem Mulltuch abdecken. Völlig trocknen lassen, dabei die Scheiben gelegentlich wenden. Die exakte Trockenzeit hängt von der Luftfeuchtigkeit im Raum ab, sollte aber 10 Tage nicht überschreiten, da die Pilze sonst zu schimmeln beginnen.

In einem fest verschlossenen Glas halten sich vollständig getrocknete Pilze bis zu 1 Jahr.

Tartufi sotto vino

Weiße Trüffeln in Wein

Ich esse für mein Leben gern weiße Trüffeln. In dem Mailänder Restaurant Paper Moon werden sie über Polenta und Spiegeleier gehobelt, was meiner Meinung nach noch weit köstlicher schmeckt als Trüffeln in Kombination mit Pasta.

Die weißen Trüffeln möglichst nur mit einer Bürste säubern. Ein sauberes Einmachglas bereitstellen.

So viel Weißwein, wie benötigt wird, um die Trüffeln in dem Glas zu bedecken, und noch etwas mehr Wein, der während des Kochens verdampfen wird, in einen Topf gießen. Den Wein erhitzen und einige Minuten kochen lassen.

Die Trüffeln in das Glas geben und mit dem heißen Wein übergießen. Das Glas fest verschließen, in einen großen Topf stellen und mit Wasser eben bedecken. Dann das Wasser zum Kochen bringen und 30 Minuten köcheln lassen. Den Topf vom Herd nehmen und das Glas im Wasser völlig abkühlen lassen.

An einem kühlen, dunklen Platz halten sich die Trüffeln bis zu 3 Monate.

Foglie di vite sotto sale

In Salz konservierte Weinblätter

Bevor die Weinstöcke ihre intensive Herbstfärbung annehmen, pflücke ich einen Teil der Blätter, um sie zu konservieren. Im Winter fülle ich sie mit Reis und Rosinen, Hackfleisch oder verschiedenen anderen Zutaten, wie ich es in Griechenland gelernt habe, wo wir oft die Sommerferien verbringen.

60 Weinblätter aus biologischem Anbau
Salz

Die Weinblätter gründlich waschen. Ein sauberes Einmachglas bereitstellen.

In einem großen Topf reichlich Wasser zum Kochen bringen und 2 Hand voll Salz hineingeben. Die Weinblätter portionsweise für einige Sekunden ins kochende Wasser tauchen und zum Abtropfen auf sauberen Küchentüchern ausbreiten.

Die Blätter in das Glas füllen und leicht zusammendrücken. Das Glas fest verschließen, in einen großen Topf stellen und mit Wasser eben bedecken. Dann das Wasser zum Kochen bringen und 20 Minuten köcheln lassen. Den Topf vom Herd nehmen und das Glas im Wasser völlig abkühlen lassen.

So konserviert, können die Weinblätter an einem kühlen, dunklen Platz bis zu 2 Monate aufbewahrt werden.

Burro al limone

Zitronenbutter

Nach dieser Anleitung lässt sich beispielsweise auch Rosmarin-, Knoblauch-, Thymian- oder Salbeibutter herstellen. Aromatisierte Butter schmeckt nicht nur gut auf geröstetem Brot oder auf Toast, sondern ist auch sehr praktisch zum Würzen verschiedener Pasta-, Gemüse- oder Fleischgerichte.

2 unbehandelte Zitronen
250 g Butter

Die Zitronen sorgfältig waschen und mit einem Tuch gründlich abtrocknen. Die Schale fein abreiben und mit der Butter vermischen.

In einem fest verschlossenen Behälter hält sich die Zitronenbutter im Kühlschrank bis zu 1 Monat.

Pomodori verdi in conserva

Eingelegte grüne Tomaten

Lina, die meiner Tochter jahrelang bei der Betreuung der Kinder half, verriet mir dieses Rezept aus Süditalien. Mit ihm lassen sich all die Tomaten verwerten, die im Herbst noch an den Pflanzen hängen, jedoch, weil die Sonne nicht mehr die entsprechende Kraft hat, keine richtige Farbe bekommen.

Ergibt etwa 600 g

1 kg grüne Tomaten
300 ml Weißweinessig
6 EL Wasser
6 Knoblauchzehen, in dünne Scheiben geschnitten
2 Hand voll frische Basilikumblätter
250 ml natives Olivenöl extra
Salz

Die Tomaten gründlich waschen und mit einem Tuch abtrocknen.

Die Früchte halbieren, nebeneinander auf ein Brett legen und großzügig mit Salz bestreuen. Mit einem oder mehreren Tellern abdecken, mit geeigneten Gegenständen beschweren und 12 Stunden ruhen lassen.

Die Tomaten abtropfen lassen. In einer Schüssel mit dem Essig und dem Wasser übergießen und gründlich durchmischen – sie sollten völlig von Flüssigkeit bedeckt sein. Etwa 4 Stunden ruhen lassen.

Ein frisch sterilisiertes großes Glas mit Schraubdeckel bereitstellen. Die Tomaten wieder abtropfen lassen und sorgfältig mit einem Tuch oder Küchenpapier abtrocknen. Dann dicht an dicht und leicht gepresst in das Glas füllen, dazwischen den Knoblauch und das Basilikum verteilen. Alles mit dem Öl bedecken und das Glas fest verschließen.

An einem kühlen, dunklen Platz halten sich die eingelegten Tomaten bis zu 3 Monate.

ANTIPASTI, PASTA UND SUPPEN

Bruschetta di prosciutto e funghi

Bruschetta mit Steinpilzen und Schinken

Wenn ich zu faul bin, selbst auf Pilzsuche zu gehen, bestelle ich mir diese typische Herbstdelikatesse in meinem Lieblingsrestaurant unweit der Badia a Coltibuono. Dort verwendet man einen besonders schmackhaften Schinken, der im Chianti aus den Keulen einer bestimmten Schweinerasse hergestellt wird. Parmaschinken ist ein akzeptabler Ersatz dafür. (Die Brotscheiben werden traditionell über Holzkohle geröstet; man kann aber auch den Backofen oder Grill verwenden. Der Toaster ist weniger geeignet, weil das Brot nicht knusprig genug wird.)

Für 6 Personen

300 g Steinpilze
4 EL natives Olivenöl extra
3 Knoblauchzehen
1 EL frisch gehackte glatte Petersilie
6 große Scheiben italienisches Weißbrot
6 sehr dünne Scheiben Parmaschinken
Salz und frisch gemahlener Pfeffer

Die Pilze mit einem Tuch abreiben und längs in Scheiben schneiden. In einer Pfanne 3 EL Öl erhitzen. Die Pilze mit dem Knoblauch bei mittlerer Temperatur unter häufigem Rühren ungefähr 5 Minuten sautieren. Den Knoblauch entfernen. Die Pilze mit Salz und Pfeffer nach Geschmack würzen, mit der Petersilie bestreuen und warm stellen.

Die Brotscheiben im Backofen oder unter dem Grill goldbraun rösten. Mit dem restlichen Öl bestreichen und mit dem Schinken belegen – große Scheiben leicht gewellt anordnen, damit die Ränder nicht überstehen. Die Pilze auf die *bruschette* verteilen und sogleich servieren.

Coppette di pasta ai funghi e granturco

Pastabecher mit Steinpilzen und Mais

Wenn Ihnen die Herstellung der Pastabecher zu aufwendig erscheint, verwenden Sie die Füllung als Sauce zu Spaghetti oder Penne.

Für 6 Personen

FÜR DEN PASTATEIG
300 g Mehl, dazu etwas mehr für die Teigbearbeitung
3 große Eier

FÜR DIE FÜLLUNG
300 g Steinpilze
3 EL natives Olivenöl extra
6 EL Sahne
300 g Mais aus der Dose
Salz und frisch gemahlener Pfeffer

Den Backofen auf 200 °C vorheizen.

Das Mehl in eine Schüssel sieben, die Eier dazugeben und mit einer Gabel verquirlen. Nach und nach das Mehl mit kreisförmigen Bewegungen unter die Eier rühren, bis beide Zutaten gründlich vermischt sind. Den Teig auf einer bemehlten Arbeitsfläche mit den Händen bearbeiten, bis er glatt und geschmeidig ist. Dann mit der Nudelmaschine zu dünnen, etwa 8 cm breiten Streifen ausrollen und diese in 18 Quadrate schneiden. 18 Auflaufförmchen – oder so viele, wie Sie besitzen – außen einmehlen. Die Pastastücke um die Formen legen und andrücken. Die Förmchen in den Ofen geben, bis die Teighüllen nach etwa 5 Minuten zart gebräunt sind. (Diese Schritte wiederholen, bis 18 Pastabecher fertig sind.) Die Teighüllen vorsichtig von den Förmchen streifen, mit der Öffnung nach unten auf eine vorgewärmte Platte legen und warm stellen.

Die Pilze mit einem Tuch abreiben. Das Öl in einer Pfanne erhitzen und die Pilze bei mittlerer Temperatur etwa 5 Minuten unter ständigem Rühren braten. Die Sahne, Salz und Pfeffer nach Geschmack sowie den Mais hinzufügen. Die Mischung einige Minuten köcheln lassen, bis die Sahne etwas eingedickt ist. Die Pastabecher damit füllen und sogleich servieren.

Spiedini di cipolline e uva

Spießchen mit Trauben und Perlzwiebeln

Für die Kelter bestimmte Trauben, die zur Zeit der Lese auf einem Weingut natürlich reichlich anfallen, haben im Vergleich zu Tafeltrauben kleinere Beeren, die zudem leicht bittere Kerne enthalten. Dafür besitzen sie ein intensives, sehr ansprechendes Aroma. Ich kombiniere sie gern mit einer Art Perlzwiebeln, die in meinem Garten wächst.

Für 6 Personen

18 Perlzwiebeln
2 EL Zucker
2 EL Balsamessig
2 EL natives Olivenöl extra
18 große Beeren einer blauen Tafeltraube
Salz

Die Zwiebeln schälen. Den Zucker mit dem Essig in einem Topf bei niedriger Temperatur erhitzen, bis er karamellisiert – er darf jedoch nicht zu stark bräunen, denn dann wird er bitter. Das Öl dazugeben und, sobald es heiß ist, die Zwiebeln hinzufügen. Bei mittlerer Temperatur einige Minuten garen, dabei gelegentlich etwas Wasser hinzufügen, damit sie nicht anbrennen. Nicht rühren, sondern den Topf nur häufiger rütteln. Die Zwiebeln nach Geschmack salzen und etwa 10 Minuten weitergaren, bis sie weich sind.

Die Trauben dazugeben und einige Minuten miterhitzen. Die Zwiebeln und Beeren aus dem Topf nehmen, abtropfen lassen und dann abwechselnd auf 6 kleine Spieße ziehen. Noch warm servieren.

Risotto alle castagne

Kastanien-Risotto

Unsere Wälder bescheren uns eine reiche Esskastanienernte. Um allerdings unseren Teil davon abzubekommen, müssen wir uns sonntags früh auf die Socken machen. Sonst schnappen uns die Städter aus der Umgebung das meiste weg. Diesen Risotto bekam ich oft als Kind, wenn ich meine Großmutter auf ihrem *castello* in Piemont besuchte.

Für 6 Personen

300 g Esskastanien
1,5 l Gemüsebrühe
1 kleine Zwiebel, gehackt
60 g Butter
450 g Arborio-Reis oder Vialone Nano
1/2 Flasche trockener Weißwein
Salz und frisch gemahlener Pfeffer

Die Kastanien in einem Topf mit Wasser bedecken. Einmal aufkochen und etwa 20 Minuten köcheln lassen, bis sie weich sind. Abgießen, etwas abkühlen lassen und schälen.

Die Brühe in einen Topf geben und zum Kochen bringen, dann köcheln lassen.

In einem großen Topf die Zwiebel in der Hälfte der Butter bei niedriger Temperatur in etwa 3 Minuten glasig schwitzen. Den Reis hinzufügen und bei hoher Temperatur einige Minuten ständig mit einem Holzlöffel rühren, bis er richtig heiß ist. Die Hälfte des Weins hinzugießen und fast vollständig verkochen lassen. Dann mit einem Schöpflöffel so viel Brühe hinzugießen, dass der Reis knapp bedeckt ist. In Abständen von jeweils etwa 1 Minute schöpflöffelweise weitere Brühe beziehungsweise zwischendrin einen Schuss Wein dazugeben. Den Reis nicht zu trocken werden lassen und zwischendurch immer wieder umrühren. Etwa 10 Minuten nachdem der Reis das erste Mal gekocht hat, die Kastanien untermischen. Den Risotto nach weiteren 5 Minuten vom Herd nehmen.

Die restliche Butter unterziehen und den Risotto mit Salz und Pfeffer nach Geschmack würzen. Zugedeckt noch einige Minuten ruhen lassen – ein gelungener Risotto hat eine sehr geschmeidige, fast cremige Konsistenz. In eine vorgewärmte Schüssel füllen und sogleich servieren.

Gnocchi di patate e barbabietola

Kartoffel-Gnocchi mit Roter Bete

In italienischen Gemüseläden und Supermärkten bekommt man neben frischen Roten Beten auch solche, die bereits vorgekocht sind. Diese besitzen noch ihren charakteristischen, leicht süßen Geschmack, was man von den üblichen Glas- und Dosenkonserven nicht behaupten kann.

Für 6 Personen

1 kg mehlig kochende Kartoffeln
500 g Rote Beten
200 g Mehl, dazu etwas mehr für die Teigbearbeitung
1 großes Ei
60 g Butter
60 g frisch geriebener Parmesan
Salz und frisch gemahlener Pfeffer

Die Kartoffeln und Roten Beten ungeschält separat in zwei Töpfen gar kochen. Abgießen und schälen. Dann die noch warmen Kartoffeln und anschließend die Roten Beten durch eine Kartoffelpresse drücken. Die beiden Pürees in einer Schüssel vermengen. Das Mehl und das Ei untermischen. Den Teig mit Salz und Pfeffer abschmecken.

Mit bemehlten Händen auf einer leicht mit Mehl bestäubten Arbeitsfläche etwa 3 cm dicke Rollen formen. Walnussgroße Stücke abschneiden und zu ovalen Klößchen rollen. Vor ihrer endgültigen Zubereitung können die Gnocchi auf einem bemehlten Tablett bis zu 1 Stunde ruhen.

In einem großen Topf reichlich Wasser zum Kochen bringen und salzen. Die Gnocchi portionsweise hineingeben – sie sind gar, sobald sie an die Oberfläche steigen. Unterdessen die Butter in einem kleinen Topf zerlassen. Die jeweils fertigen Gnocchi mit einem Schaumlöffel aus dem Wasser heben und in eine vorgewärmte Schüssel geben.

Die Kartoffel-Gnocchi zum Schluss mit der flüssigen Butter beträufeln, mit dem Parmesan bestreuen und nach Geschmack mit Salz und Pfeffer würzen. Sogleich servieren.

Penne alla salsiccia

Penne mit Schweinswurst

Salsicce sind ein typisches Essen dieser Saison, denn früher schlachtete man während der Erntezeit oft ein Schwein, um die vielen Arbeiter zu verköstigen. Ein wenig Essig bildet einen bekömmlichen Ausgleich zu dem vergleichsweise hohen Fettgehalt der Würste.

Für 6 Personen

3 EL natives Olivenöl extra
120 g feine getrocknete Semmelbrösel
3 Knoblauchzehen, mit einer Gabel zerdrückt
1 rote Chilischote
450 g Salsicce (italienische Schweinswürste)
1 EL Rotweinessig
600 g Penne
Salz

Das Öl in einer Pfanne bei mittlerer Temperatur erhitzen. Die Semmelbrösel mit dem Knoblauch und der Chilischote hinzufügen und in etwa 3 Minuten unter ständigem Rühren zart bräunen. Die Pfanne vom Herd nehmen und beiseite stellen.

Die Würste enthäuten und in einer Pfanne zerkrümeln. Bei mittlerer Temperatur unter ständigem Rühren etwa 5 Minuten braten. Den Essig dazugeben und verdampfen lassen.

Inzwischen in einem Topf reichlich Wasser zum Kochen bringen und salzen. Die Penne al dente garen und abseihen.

In einer vorgewärmten Schüssel mit der Bratwurst vermischen, mit den gebräunten Semmelbröseln bestreuen und sogleich servieren.

Polenta con crema di sedano

Polenta mit Selleriecreme

Im Herbst, wenn der Mais gerade frisch gemahlen wurde, schmeckt Polenta besonders gut. Eigentlich bevorzuge ich den gröberen, gelben Maisgrieß, gelegentlich verwende ich aber auch die feinere, gelbe oder fast weiße Qualität aus Venetien. Die Trüffel ist zwar ein kleiner Luxus, aber zur Verfeinerung dieses Gerichtes fast unerlässlich.

Für 6 Personen

600 g Bleichsellerie
120 ml Crème double
300 g gelbe Polenta (grobe Körnung)
Weiße Trüffel (nach Belieben)
Salz und frisch gemahlener Pfeffer

Die Selleriestangen mit einem Gemüseschäler oder scharfen Küchenmesser entfasern.

In einem Topf etwas Wasser zum Kochen bringen und den Sellerie etwa 10 Minuten köcheln lassen, bis er gar ist. Abgießen und im Mixer pürieren. Das Püree mit der Crème double vermischen, mit Salz und Pfeffer abschmecken und beiseite stellen.

In einem schweren Topf 1,5 l Wasser zum Kochen bringen und salzen. Die Polenta einrieseln lassen und dabei ständig mit einem Schneebesen rühren. Dann zugedeckt bei niedriger Temperatur etwa 30 Minuten garen.

Inzwischen die Selleriecreme wieder erhitzen. Die Polenta in eine vorgewärmte Schüssel geben und mit der Selleriecreme überziehen. Falls weiße Trüffel verwendet wird, hauchfeine Späne darüber hobeln und die Polenta sogleich servieren.

Fettuccine alle nocciole

Fettuccine mit Haselnüssen und Wachteleiern

Entweder kaufe ich getrocknete Fettuccine eines namhaften Herstellers oder ich mache sie selbst. Denn viele fertig erhältliche frische Bandnudeln sind nach meinem Geschmack viel zu dick.

Für 6 Personen

300 g ungeschälte Haselnüsse
(oder 150 g Haselnusskerne)
6 Sardellenfilets in Öl, abgetropft
3 Knoblauchzehen, gehackt
6 EL natives Olivenöl extra
2 EL fein gehackte glatte Petersilie
450 g Fettuccine
6 Wachteleier, hart gekocht
Salz und frisch gemahlener Pfeffer

Den Backofen auf 200 °C vorheizen.

Ungeschälte Haselnüsse schälen; die Nusskerne in etwa 5 Minuten im Ofen goldbraun rösten. In Klarsichtfolie einschlagen und mit einem Mörser oder Nudelholz zerstoßen.

Die Sardellenfilets in einer Pfanne mit einer Gabel zerdrücken. Den Knoblauch und das Öl hinzufügen und alles bei mittlerer Temperatur etwa 3 Minuten braten, bis der Knoblauch hellgelb anläuft. Die Petersilie einrühren und die Pfanne vom Herd nehmen.

In einem Topf reichlich Wasser zum Kochen bringen und salzen. Die Fettuccine *al dente* garen, abseihen und in eine vorgewärmte Schüssel füllen. Die Sardellenmischung dazugeben und gut unterheben. Dann die Fettuccine mit den Nüssen bestreuen, mit den ganzen Wachteleiern garnieren und sogleich sehr heiß servieren.

Crema di cipolle e funghi

Zwiebelcremesuppe mit Steinpilzen

In dieser Jahreszeit ernte ich die letzten Zwiebeln in meinem Garten. Die roten lassen sich, an einem kühlen Ort auf Strohmatten ausgebreitet, etwa einen Monat lagern. Dagegen treiben weiße Zwiebeln schneller aus, sodass ich meinen Bedarf bald schon auf dem Markt decken muss.

Für 6 Personen

5 EL natives Olivenöl extra
1 kg weiße Zwiebeln, in Scheiben geschnitten
2 l Gemüsebrühe
3 Hand voll Reis (beliebige Sorte)
300 g Steinpilze
1 EL fein gehackte glatte Petersilie
Salz und frisch gemahlener Pfeffer

In einem Topf 3 EL Öl erhitzen. Die Zwiebeln bei mittlerer Temperatur etwa 5 Minuten unter häufigem Rühren goldgelb anschwitzen. Die Brühe hinzugießen und den Reis einstreuen. Alles einmal aufkochen und dann zugedeckt bei ganz niedriger Temperatur etwa 2 Stunden köcheln lassen. Die Suppe mit Salz abschmecken.

Die Pilze mit einem Tuch abreiben. Das restliche Öl in einer Pfanne erhitzen und die Pilze bei hoher Temperatur etwa 5 Minuten sautieren, dabei häufig rühren. Mit Salz nach Geschmack würzen, vom Herd nehmen und leicht abkühlen lassen. Die Pilze grob hacken und beiseite stellen.

Die Zwiebelsuppe über einem sauberen Topf durch ein Passiergerät oder ein feines Sieb passieren und nochmals erhitzen. In eine vorgewärmte Terrine füllen und die Pilze hineingeben. Dann die Suppe mit der Petersilie bestreuen, mit Pfeffer abschmecken und sogleich servieren.

Minestrone d'autunno

Herbstliche Minestrone

Bevor der Frost einsetzt, koche ich häufig eine Minestrone aus dem, was der Garten jetzt noch hergibt. Danach kann ich außer etwas Salat und Kohl nichts mehr ernten. Wo im Sommer alles grünte, sieht es jetzt ziemlich öde aus, wäre da nicht der Radicchio, der unermüdlich weiterwächst.

Für 6 Personen

3 EL natives Olivenöl extra
100 g Pancetta (luftgetrockneter Bauchspeck), gehackt
1 Zwiebel, gewürfelt
2 Möhren, gewürfelt
1 Stange Bleichsellerie, gewürfelt
1 kleiner Kopf Wirsing, in feine Streifen geschnitten
1 Rote Bete, gewürfelt
1 kleine Sellerieknolle, gewürfelt
1 Hand voll frischer Thymian
2 Knoblauchzehen
6 Scheiben italienisches Weißbrot
Salz und frisch gemahlener Pfeffer

In einem Topf 1 EL Öl erhitzen und den Speck bei mittlerer Temperatur goldbraun braten.

Das gesamte Gemüse in den Topf geben, einige Minuten bei mittlerer Temperatur garen und dabei mehrmals gründlich durchmischen. Den Thymian hinzufügen. 2 l Wasser und etwas Salz in den Topf geben und einen Deckel auflegen. Die Suppe bei niedriger Temperatur ungefähr 2 Stunden köcheln lassen.

Die Knoblauchzehen halbieren. Die Brotscheiben rösten, mit dem Knoblauch einreiben und in 6 einzelne Suppenschalen legen. Mit der Suppe auffüllen. Das restliche Öl darüber träufeln, etwas Pfeffer darüber mahlen und die Minestrone heiß servieren.

Minestra di semolino e spinaci

Spinatsuppe mit Grieß

Genauso wie Polenta mundet jetzt Weizengrieß, da gerade frisch gemahlen, besser als im Winter oder gar im Frühling. Zarter als im Winter und kräftiger als im Frühjahr schmeckt im Herbst auch der Spinat.

Für 6 Personen

1 kg Spinat
6 EL Grieß
60 g Butter
4 EL frisch geriebener Parmesan
Salz und frisch gemahlener Pfeffer

Den Spinat verlesen, aber nicht entstielen, und gründlich waschen. Ohne Zugabe von weiterem Wasser in einen Topf geben und zugedeckt bei mittlerer Temperatur etwa 3 Minuten dünsten, dabei mehrmals durchmischen.

Abseihen und die Flüssigkeit aus dem Topf auffangen. Den Spinat leicht abkühlen lassen und hacken. Mit der aufgefangenen Flüssigkeit und 1,5 l Wasser wieder in den Topf geben. Alles zum Kochen bringen. Den Grieß langsam mit dem Schneebesen einrühren und etwa 20 Minuten bei niedriger Temperatur garen.

Die Suppe mit Salz und Pfeffer abschmecken. Die Butter und den Parmesan gründlich einrühren. Vom Herd nehmen und die Suppe sogleich servieren.

Minestra di riso e radicchio rosso

Reissuppe mit Radicchio

Das leicht bittere Aroma des Radicchio und die Räuchernote des durchwachsenen Specks machen diese Suppe zu einem herzhaften Genuss. Weniger fettreich als Frühstücksspeck ist geräucherte Pancetta, die man aber nicht immer ohne weiteres bekommt.

Für 6 Personen

100 g Frühstücksspeck, gehackt
1 rote Zwiebel, fein gehackt
1 EL natives Olivenöl extra
1 kg Radicchio, in feine Streifen geschnitten
6 Hand voll Reis (beliebige Sorte)
Salz und frisch gemahlener Pfeffer

Den Speck und die Zwiebel mit dem Öl in einen großen Topf geben. Alles bei mittlerer Temperatur etwa 5 Minuten unter ständigem Rühren braten, bis der Speck knusprig ist. Den Radicchio hinzufügen und 1 Minute sautieren.

1,5 l Wasser hinzugießen und zum Kochen bringen. Den Reis unter Rühren einstreuen und in etwa 15 Minuten *al dente* garen.

Die Suppe mit Salz und Pfeffer abschmecken und sogleich servieren.

Minestra di porri e patate

Lauch-Kartoffel-Suppe

Aus Lauch und Kartoffeln bereite ich gelegentlich auch ein Gratin zu. Ich schichte beides in eine ofenfeste Form, gieße so viel Milch hinzu, dass das Gemüse bedeckt ist, und bestreue das Ganze zum Schluss großzügig mit Parmesan. Danach kommt die Form für 1 Stunde in den auf mittlerer Stufe vorgeheizten Backofen, und schon ist ein köstliches Gericht zum ersten Gang fertig.

Für 6 Personen

3 EL Butter
1 kg Lauch, geputzt, gewaschen
und in feine Scheiben geschnitten
1 kg Kartoffeln, geschält und gewürfelt
1,5 l Gemüsebrühe
1 EL frisch gehackte glatte Petersilie
Salz und frisch gemahlener Pfeffer

Die Butter in einem Topf zerlassen. Den Lauch in den Topf geben und bei niedriger Temperatur ungefähr 10 Minuten garen, dabei häufig rühren. Die Kartoffeln mit der Brühe hinzufügen und alles zum Kochen bringen. Nach etwa 10 Minuten, wenn die Kartoffeln gar sind, den Topf vom Herd nehmen. Die Suppe mit Salz und Pfeffer nach Geschmack würzen und mit der Petersilie bestreuen.

Die Suppe in eine vorgewärmte Terrine füllen und sogleich servieren.

Zuppa di bietole e fagioli

Mangoldsuppe mit Bohnen

Im Herbst sind Schnitt- und Stielmangold sozusagen in Bestform. Sie können für dieses Rezept auch die Blätter von Stielmangold verwenden und die Stiele anderweitig verwerten. Vielleicht finden Sie sogar noch ein paar frische Bohnen. Damit würde die Suppe besonders gut geraten, doch können Sie genauso getrocknete Bohnen nehmen.

Für 6 Personen

300 g Cannellini oder andere Bohnen
1 kg Schnittmangold
1 EL natives Olivenöl extra
60 g Pancetta (luftgetrockneter Bauchspeck), gehackt
1 kleine Zwiebel, gehackt
1 kleine Möhre, gehackt
½ Stange Bleichsellerie, gehackt
1 Hand voll frische glatte Petersilie, gehackt
1 Knoblauchzehe, gehackt
Salz und frisch gemahlener Pfeffer

Die Bohnen in einem Topf mit reichlich Wasser bedecken und langsam zum Kochen bringen. Etwa 2 Stunden köcheln lassen, bis sie weich sind. Abseihen und das Kochwasser auffangen.

Den Mangold in feine Streifen schneiden. Mit 500 ml Wasser in einen Topf geben, zum Kochen bringen und bei niedriger Temperatur etwa 2 Minuten garen. Abseihen und das Kochwasser auffangen.

Das Öl in einem großen Topf erhitzen. Den Speck mit der Zwiebel, der Möhre, dem Sellerie, der Petersilie und dem Knoblauch etwa 5 Minuten braten, dabei häufig rühren. Die Bohnen, den Mangold, die Hälfte des Bohnen-Kochwassers und das gesamte Mangold-Kochwasser hinzufügen. Das Ganze mit Salz und Pfeffer nach Geschmack würzen und ungefähr 10 Minuten köcheln lassen – die Suppe sollte zuletzt eine ziemlich sämige Konsistenz haben.

Die Mangoldsuppe in eine vorgewärmte Terrine füllen und sogleich servieren.

Crema di zucca agli amaretti

Kürbissuppe mit Amaretti

In Norditalien und dort vor allem in Mantua ist diese Suppe äußerst beliebt. Sehr passend und originell als Serviergefäß ist eine ausgehöhlte und gesäuberte Kürbishälfte.

Für 6 Personen

2 kg Riesenkürbis
2 EL natives Olivenöl extra
1 Zwiebel, fein gehackt
2 l Gemüsebrühe
6 Amaretti
Salz und frisch gemahlener Pfeffer

Den Kürbis schälen, die Samen entfernen und das Fruchtfleisch in Würfel schneiden.

Das Öl in einem Topf erhitzen. Die Zwiebel bei niedriger Temperatur unter ständigem Rühren in etwa 3 Minuten glasig schwitzen. Den Kürbis hinzufügen und etwa 5 Minuten bei mittlerer Temperatur sautieren. Dann die Brühe dazugießen, einmal aufkochen und etwa 20 Minuten köcheln lassen, bis der Kürbis gar ist.

Den Topfinhalt im Mixer pürieren. Die Suppe in einen sauberen Topf füllen, nochmals erhitzen und, falls sie zu flüssig sein sollte, noch einige Minuten kochen lassen. Mit Salz und Pfeffer abschmecken und in eine vorgewärmte Terrine füllen.

Die Amaretti zerkrümeln. Die Kürbissuppe damit bestreuen und sogleich servieren.

FLEISCH, GEFLÜGEL UND FISCH

Lumache al vino rosso

Schnecken in Rotwein

Im Frühjahr und Herbst ist mein Garten ein Treffpunkt für Schnecken, die sich an meinem Gemüse gütlich tun wollen. Ich mache ihnen aber einen Strich durch die Rechnung, denn sie wiederum schmecken mir ganz ausgezeichnet. Also sammle ich sie ein, reinige sie ungefähr 1 Woche, und dann sind sie selbst reif zum Genuss.

Für 6 Personen

2 EL natives Olivenöl extra
1 kleine Zwiebel, gehackt
1 Knoblauchzehe, gehackt
1 Hand voll frische glatte Petersilie, gehackt
1,5 kg Schnecken, küchenfertig vorbereitet
½ Flasche Rotwein
1 Stange Bleichsellerie, halbiert
1 Möhre, halbiert
Salz und frisch gemahlener Pfeffer

Das Öl in einem Topf erhitzen. Die Zwiebel mit dem Knoblauch und der Petersilie bei mittlerer Temperatur ungefähr 3 Minuten unter häufigem Rühren anschwitzen, bis sie glasig ist. Die Schnecken dazugeben, alles gründlich vermischen und mit dem Wein begießen. Den Sellerie und die Möhre hinzufügen und das Gericht mit Salz und Pfeffer nach Geschmack würzen. Zugedeckt bei niedriger Temperatur etwa 2 Stunden schmoren, dabei nach Bedarf etwas Wasser hinzufügen, damit das Ganze nicht zu trocken wird. Den Sellerie und die Möhre entfernen.

Die Schnecken mit dem Fond in eine vorgewärmte flache Schüssel geben und sogleich servieren.

Filetti di sogliola alle bietole

Seezungenfilets mit Mangold

Schnittmangold ist mit seinem delikaten Geschmack eine perfekte Ergänzung zu Seezunge. Ersatzweise verwenden Sie die Blätter von Stielmangold und verwerten die Stiele anderweitig.

Für 6 Personen

1 kg Schnittmangold
4 EL natives Olivenöl extra
1 Knoblauchzehe, etwas zerdrückt (nach Belieben)
100 g Mehl
6 Seezungenfilets (je etwa 150 g)
1 EL Butter
3 EL Pinienkerne
Salz und frisch gemahlener Pfeffer

In einem Topf etwas Wasser zum Kochen bringen. Den Mangold mit ein wenig Salz hineingeben und kurz garen. Abseihen, leicht abkühlen lassen und kräftig ausdrücken.

In einem Topf 2 EL Öl erhitzen. Die Knoblauchzehe, falls verwendet, bei mittlerer Temperatur kurz anschwitzen, dann den Mangold hineingeben und einige Minuten garen; dabei gelegentlich rühren. Mit Salz und Pfeffer abschmecken und die Knoblauchzehe entfernen. Den Mangold warm stellen.

Das Mehl in einen tiefen Teller geben und die Seezungenfilets darin wenden, bis sie gleichmäßig überzogen sind. Das restliche Öl mit der Butter in einer Pfanne erhitzen. Die Seezungenfilets von beiden Seiten 2 Minuten braten und zuletzt mit etwas Salz und Pfeffer bestreuen.

Den Mangold auf eine vorgewärmte Platte geben. Die Seezungenfilets darauf anrichten und mit den Pinienkernen bestreuen. Sogleich servieren.

Sardine ripiene

Gebackene gefüllte Sardinen

Als meine Kinder noch ganz klein waren, hatten wir ein Segelboot, das in Porto Ercole lag. Die Fischer des Ortes grillten sich, wenn sie in aller Frühe von ihrer nächtlichen Tour in den damals noch malerischen Hafen zurückkehrten, gleich an Ort und Stelle ein paar fangfrische Sardinen und aßen sie auf einem Stück Brot. Auch wir durften manchmal an ihrem herrlichen Frühstück teilhaben.

Für 6 Personen

60 g getrocknete Steinpilze
60 g fein zerpflückte Weißbrotkrume
1 großes Ei
4 EL frisch geriebener Parmesan
1 EL getrockneter Oregano
1,5 kg Sardinen
3 EL natives Olivenöl extra
30 g feine getrocknete Semmelbrösel
Salz und frisch gemahlener Pfeffer

Den Backofen auf 200 °C vorheizen.

Die Steinpilze mit Wasser bedecken und etwa 30 Minuten einweichen. Abgießen und dabei das Wasser auffangen. (Das Einweichwasser durchseihen und aufbewahren – es kann noch zum Aromatisieren eines anderen Gerichts, etwa einer Brühe oder eines Risottos, verwendet werden und lässt sich gut einfrieren.) Die Pilze ausdrücken, hacken und in eine Schüssel geben.

Die Weißbrotkrume etwa 5 Minuten in Wasser einweichen. Abgießen, ausdrücken und zu den Pilzen geben. Das Ei, den Parmesan, den Oregano sowie Salz und Pfeffer nach Geschmack hinzufügen und alles gründlich vermischen.

Die Sardinen am Bauch aufschneiden und ausnehmen. Die Köpfe und Flossen abschneiden und die Fische unter fließendem Wasser waschen. Nun den Bauchschnitt verlängern, die Fische aufklappen und die Gräten sowie die Rückengräte lösen. Die Hälften am Rücken voneinander trennen. Auf eine Hälfte jeweils etwas von der Pilzmischung geben und das Gegenstück darauf legen.

Eine ofenfeste Form mit der Hälfte des Öls ausstreichen. Die Sardinen hineinlegen, mit den Semmelbröseln bestreuen und mit dem restlichen Öl beträufeln. Die Sardinen etwa 15 Minuten im Ofen backen, bis sie zart überbräunt sind. Herausnehmen und sehr heiß servieren.

Coda di rospo al ginepro

Seeteufel mit Wacholderbeeren

Wacholderbeeren reifen im Herbst. Man sollte sie mit Handschuhen ernten, denn die Nadeln der Sträucher oder Bäume können empfindlich piken. Auch müssen sie vor dem Einlagern gründlich gesäubert werden. In Italien dienen Wacholderbeeren als Würze für Wildschwein, Fasan, verschiedene Fischgerichte und sogar Spaghetti.

Für 6 Personen

3 EL natives Olivenöl extra
3 rote Zwiebeln, in dünne Scheiben geschnitten
2 EL Wacholderbeeren
1,5 kg Seeteufel, küchenfertig vorbereitet und enthäutet
125 ml trockener Weißwein
Salz und frisch gemahlener Pfeffer

Den Backofen auf 180 °C vorheizen.

Eine ovale ofenfeste Kasserolle mit der Hälfte des Öls ausstreichen. Die Hälfte der Zwiebeln und der Wacholderbeeren in dem Topf verteilen, mit etwas Salz und Pfeffer bestreuen und den Fisch darauf legen. Mit den übrigen Zwiebeln und Wacholderbeeren bestreuen, das restliche Öl darüber träufeln und nochmals mit etwas Salz und Pfeffer würzen. Dann das Ganze mit dem Wein begießen und für etwa 45 Minuten in den Ofen schieben.

Den Fisch auf eine vorgewärmte Platte geben. Die Zwiebeln, die Wacholderbeeren und den Fond ringsum verteilen. Sogleich servieren.

Cinghiale al ribes

Geschmortes Wildschwein mit Johannisbeeren

Wildschweine richten in Weinbergen große Schäden an und sind nicht zuletzt deshalb eine beliebte Zielscheibe für die Jäger in der Toskana. Die dort wohl berühmteste der zahlreichen Zubereitungsarten ist *cinghiale in dolceforte*, Wildschwein in süßsaurer Sauce mit Essig, Zucker, Knoblauch und Bitterschokolade. In nachfolgendem Rezept wird das Fleisch mit Johannisbeeren kombiniert, die in besonders warmen Jahren im Herbst noch an den Sträuchern reifen. Ersatzweise verwenden Sie Preiselbeeren.

Für 6 Personen

1,5 kg Wildschwein (beispielsweise Keule)
½ Flasche Rotwein
4 EL Rotweinessig
2 Zwiebeln, in Scheiben geschnitten
3 Möhren, in Scheiben geschnitten
3 Stangen Bleichsellerie, in Scheiben geschnitten
1 TL Gewürznelken
1 TL Wacholderbeeren
1 TL schwarze Pfefferkörner
2 EL natives Olivenöl extra
1 EL Butter
1 EL Maisstärke
Abgeriebene Schale von 1 unbehandelten Orange
150 g Rote Johannisbeeren, entstielt
Salz

Das Fleisch in einer großen Schüssel mit dem Wein und dem Essig übergießen – es sollte völlig von Flüssigkeit bedeckt sein. Je 1 Zwiebel, Möhre und Selleriestange sowie die Gewürznelken, Wacholderbeeren und Pfefferkörner dazugeben. Das Fleisch zugedeckt 2 Tage im Kühlschrank marinieren.

Aus der Schüssel nehmen und auf einem sauberen Küchentuch abtropfen lassen. Die Marinade durchseihen; das Gemüse mit den Gewürzen wegwerfen.

Das Öl mit der Butter in einer großen Kasserolle erhitzen und das Fleisch hineinlegen. Bei hoher Temperatur etwa 10 Minuten von allen Seiten anbraten, bis es gleichmäßig kräftig gebräunt ist. 1 Zwiebel, 2 Möhren und 2 Selleriestangen dazugeben und die Marinade angießen. Das Fleisch zugedeckt ungefähr 3 Stunden bei niedriger Temperatur schmoren; bei Bedarf etwas Wasser zufügen, damit es nicht austrocknet. Zuletzt mit Salz nach Geschmack würzen.

Den Braten aus dem Topf nehmen und warm stellen. Den Schmorfond entfetten und über einem sauberen Topf durch ein Passiergerät oder ein feines Sieb passieren. Die Maisstärke mit einem Schneebesen gründlich einrühren. Die Orangenschale und die Johannisbeeren in die Sauce geben und diese mit etwas Wasser verdünnen. Etwa 10 Minuten köcheln lassen, bis sie leicht eindickt.

Den Braten aufschneiden. Auf einer vorgewärmten Platte anrichten, mit der Sauce überziehen und sogleich servieren.

Tonno ai funghi

Thunfisch mit Steinpilzen

Gelegentlich verwende ich keinen frischen, sondern eingelegten Thunfisch, den ich zerpflücke und erst im letzten Moment über die Pilze gebe.

Für 6 Personen

3 EL natives Olivenöl extra
300 g Steinpilze oder Shiitake
450 g Dosentomaten, abgetropft
1 EL getrockneter Majoran
6 Scheiben frisches Thunfischfilet (je etwa 250 g)
Salz und frisch gemahlener Pfeffer

Den Backofen auf 200 °C vorheizen.

Einen Bräter mit der Hälfte des Öls ausstreichen. Die Pilze mit einem Tuch abreiben und in Scheiben schneiden. Im Bräter verteilen, mit den Tomaten bedecken und den Majoran darüber streuen. Die Thunfisch-Scheiben auf die Tomaten legen. Mit Salz und Pfeffer nach Geschmack würzen und mit dem restlichen Öl beträufeln. Für etwa 15 Minuten in den Ofen schieben – der Fisch ist gar, wenn das Fleisch weißlich geworden ist.

Das Gericht auf einer vorgewärmten Platte anrichten und sogleich servieren.

Polpette alle mele

Frikadellen mit Äpfeln

Polpette sind in Italien in den verschiedensten Versionen sehr beliebt. Gewöhnlich mengen wir unter das Fleisch noch etwas in Milch eingeweichte Weißbrotkrume. Bei diesem Rezept lockern geriebene Äpfel die Frikadellen auf und geben ihnen eine angenehm herbe Note.

Für 6 Personen

2 Tafeläpfel (beispielsweise Golden Delicious)
1 kg Hackfleisch vom Rind
1 EL gehackte frische glatte Petersilie
2 große Eier
120 g Mehl
2 EL natives Olivenöl extra
1 EL Butter
125 ml trockener Weißwein
Salz und frisch gemahlener Pfeffer

Die Äpfel schälen, vom Kerngehäuse befreien und reiben. Mit dem Hackfleisch, der Petersilie und den Eiern sowie Salz und Pfeffer nach Geschmack vermischen. Die Masse in 12 Portionen teilen, jeweils zu einer Kugel rollen und diese etwas flach drücken.

Das Mehl in einen tiefen Teller geben und die Frikadellen darin wenden, bis sie gleichmäßig leicht überzogen sind.

Das Öl mit der Butter in einer Pfanne erhitzen. Die Frikadellen bei hoher Temperatur etwa 3 Minuten braten, dann wenden und von der zweiten Seite noch 2 Minuten braten. Den Wein in die Pfanne gießen und beinahe völlig verdampfen lassen.

Die Frikadellen auf einer vorgewärmten Platte anrichten und sogleich servieren.

Capriolo al marsala

Rehkeule mit Marsala-Sauce

Während Rehbraten im Nordosten Italiens schon länger geschätzt wird, rückt er in der Toskana, deren Wälder noch nicht so lange von Rehen bevölkert sind, erst allmählich ins kulinarische Bewusstsein. Allerdings wird er hier anders zubereitet. Marsala bildet mit seinem intensiven Aroma eine ideale Ergänzung zum milden Wildgeschmack von Rehfleisch.

Für 6 Personen

1 Rehkeule (etwa 1,5 kg), nicht ausgelöst
2 EL natives Olivenöl extra
1 EL Butter
1 Hand voll frische Salbeiblätter
6 EL Marsala
Salz und frisch gemahlener Pfeffer

Den Backofen auf 180 °C vorheizen.

Die Rehkeule, falls notwendig, parieren. Dann mit Küchengarn umbinden und mit Salz und Pfeffer nach Geschmack würzen. Das Öl mit der Butter in einem Bräter erhitzen. Die Rehkeule mit dem Salbei in den Bräter geben und das Fleisch bei mittlerer Temperatur etwa 10 Minuten von allen Seiten anbraten, bis es schön gleichmäßig gebräunt ist.

Den Bräter in den Ofen schieben und die Keule noch etwa 45 Minuten garen. Aus dem Ofen nehmen, auf einer vorgewärmten Platte mit Alufolie abdecken und eine Weile ruhen lassen.

Den Bratensatz mit dem Marsala ablöschen und bei mittlerer Temperatur unter Rühren vom Topfboden lösen. Sobald der Marsala verkocht ist, die Sauce durch ein Sieb seihen.

Das Küchengarn entfernen und die Rehkeule tranchieren. Das Fleisch auf einer vorgewärmten Platte anrichten, mit der Marsala-Sauce übergießen und sogleich servieren.

Pernici ai funghi

Rebhuhn mit Steinpilzen

Rebhühner sind in der Toskana eine eher rare Delikatesse. Damit sie schön zart geraten, hülle ich sie in dünne Speckscheiben, die ihnen auch einen herrlichen Geschmack verleihen.

Für 6 Personen

6 Rebhühner, zum Braten vorbereitet
6 sehr dünne Scheiben Pancetta (luftgetrockneter Bauchspeck)
1 EL Butter
5 EL natives Olivenöl extra
4 EL Cognac
300 g Steinpilze
2 frische Minzestengel
3 Knoblauchzehen
Salz und frisch gemahlener Pfeffer

Den Backofen auf 200 °C vorheizen.

Die Rebhühner mit etwas Salz bestreuen, jeweils mit 1 Speckscheibe umwickeln und mit Küchengarn umbinden. Mit der Butter und 2 EL Öl in einen Bräter geben. Etwa 20 Minuten im Ofen garen und dabei einmal wenden.

Die Rebhühner vom Garn befreien und in eine hitzebeständige Schüssel mit hohem Rand geben. Den Cognac in einem Topf erhitzen, mit einem Streichholz entzünden – treten Sie dabei sicherheitshalber ein, zwei Schritte zurück – und brennend über die Rebhühner gießen. Mit Alufolie abdecken und ruhen lassen.

Inzwischen die Steinpilze mit einem Tuch abreiben und in Scheiben schneiden. Das restliche Öl in einer Pfanne erhitzen. Die Pilze mit der Minze und dem Knoblauch etwa 5 Minuten unter gelegentlichem Rühren bei mittlerer Hitze sautieren. Den Knoblauch und die Minze entfernen. Zum Schluss mit Salz und Pfeffer nach Geschmack würzen.

Die Rebhühner auf einer vorgewärmten Platte anrichten, die Pilze ringsum verteilen und das Gericht sogleich servieren.

Lepre alle ciliegie

Geschmorter Hase mit Kirschen

Der ziemlich charakteristische und ausgeprägte Geschmack von Hasenfleisch wird durch die süßen Kirschen angenehm gemildert.

Für 6 Personen

1,5 kg Hasenfleisch zum Braten, nicht ausgelöst
120 g Mehl
2 EL natives Olivenöl extra
1 EL Butter
1 EL gehackte Schalotte
1 EL gehackte Möhre
1 EL gehackter Bleichsellerie
1 EL frisch gehackte glatte Petersilie
½ Flasche trockener Weißwein
1 Lorbeerblatt
1 TL schwarze Pfefferkörner
3 frische Thymianstengel
250 g eingemachte Kirschen, abgetropft
Salz

Den Backofen auf 180 °C vorheizen.

Das Fleisch in Portionsstücke schneiden (oder bereits vom Händler teilen lassen). Das Mehl in einen tiefen Teller geben und die Hasenstücke darin wenden. Überschüssiges Mehl abschütteln.

Das Öl mit der Butter in einer ofenfesten Kasserolle erhitzen. Die Fleischstücke einige Minuten anbraten und dabei häufiger wenden, bis sie gleichmäßig und kräftig gebräunt sind.

Die Schalotten, die Möhre, den Bleichsellerie, die Petersilie, den Wein, das Lorbeerblatt, die Pfefferkörner und den Thymian dazugeben. Das Fleisch mit Salz nach Geschmack würzen. Etwa 1 Stunde ohne Deckel im Ofen garen, dabei die Hasenstücke mehrmals wenden.

Das Fleisch auf eine vorgewärmte flache Servierschüssel geben. Den Fond bei mittlerer Temperatur zum Kochen bringen und köchelnd eindicken lassen. Dann die Kirschen einrühren und alles nochmals erhitzen. Die Hasenstücke mit der Sauce übergießen und sogleich servieren.

Gemüse und Salate

Bietole in padella all'aglio

Mangold mit Knoblauch und Sardellen

Anstelle von Schnittmangold können Sie ebenso Spinat oder die Blätter von Stielmangold verwenden. Manchmal gebe ich zu den Sardellen eine kleine Hand voll Rosinen an das Gemüse.

Für 6 Personen

1,5 kg Schnittmangold
3 EL natives Olivenöl extra
3 Knoblauchzehen, gehackt
3 Sardellenfilets in Öl, abgetropft
Salz

Den Mangold waschen und entstielen. Etwas Wasser in einem Topf zum Kochen bringen und den Mangold einige Minuten garen. Abseihen und mit kaltem Wasser abbrausen – dadurch wird der Garprozess gestoppt und die grüne Farbe bleibt schön erhalten. Die Blätter kräftig ausdrücken.

Das Öl in einer Pfanne erhitzen. Den Knoblauch mit den Sardellenfilets hineingeben und bei mittlerer Temperatur in 3 Minuten glasig schwitzen. Dann den Mangold zufügen und etwa 5 Minuten garen; gelegentlich rühren. Das Gericht mit Salz abschmecken und auf einer vorgewärmten Platte servieren.

Barbabietole al rafano

Rote Bete mit Meerrettich-Sahne-Sauce

Je mehr man Meerrettich beschneidet, desto stärker wächst er nach. Da er sich auch gut vermehren lässt, verschenke ich häufig zu Weihnachten kleine Töpfe mit Meerrettich. Seine pikante Schärfe ist ein reizvoller Kontrast zum süßen Aroma von Roter Bete.

Für 6 Personen

3 Rote Beten (je etwa 150 g)
1 kleine Flasche helles· Bier (330 ml)
250 ml Sahne
2 EL fein geriebener Meerrettich
Salz

Den Backofen auf 180 °C vorheizen.

Die Blattstiele der Roten Beten abdrehen. Dann die Beten waschen und mit dem Bier in eine Kasserolle geben. Zugedeckt im Ofen etwa 1 ½ Stunden garen, bis sie weich sind; dabei etwas Wasser hinzufügen, falls keine Flüssigkeit mehr im Topf ist.

Die Roten Beten schälen, würfeln und in einer Servierschüssel abkühlen lassen.

Die Sahne mit dem Meerrettich in einen Topf geben, zum Kochen bringen und bei niedriger Temperatur etwa 10 Minuten einkochen lassen. Die Sauce mit Salz nach Geschmack würzen und über die Roten Beten geben. Vor dem Servieren auf Raumtemperatur abkühlen lassen.

Insalata di patate alla birra

Kartoffelsalat mit Bier

Die Kombination von Kartoffeln und Bier ist originell und exquisit zugleich. Manchmal verwende ich ganz kleine Kartoffeln aus neuer Ernte, die ich nicht einmal schäle, sondern nur gründlich unter fließendem Wasser abbürste.

Für 6 Personen

6 große, vorwiegend fest kochende Kartoffeln
250 ml Bier
4 EL natives Olivenöl extra
1 TL fein geriebener Meerrettich
Salz

Die Kartoffeln ungeschält gar kochen, dann schälen und noch heiß würfeln. In einer Schüssel mit dem Bier übergießen und abkühlen lassen, dabei gelegentlich behutsam durchmischen. Das nicht aufgesogene Bier abgießen.

Den Salat mit dem Öl beträufeln, mit etwas Salz abschmecken und mit dem Meerrettich bestreuen. Raumtemperiert servieren.

Crostoni ai funghi

Röstbrotscheiben mit Käse und Steinpilzen belegt

Die italienische Küche kennt vielfältige Verwendungsmöglichkeiten für Röstbrotscheiben. Ganz besonders mag ich die nachfolgende Zubereitung, die man bei einem Abendessen ohne weiteres zum Hauptgang servieren kann. In dem Fall bereite ich pro Gast jedoch nicht nur eine, sondern mehrere Scheiben vor.

Für 6 Personen

6 Scheiben grobes italienisches Weißbrot
5 EL natives Olivenöl extra
500 g Steinpilze
3 Knoblauchzehen
1 Hand voll frische Minzeblätter
6 Scheiben Fontina von etwa gleicher Größe
wie die Brotscheiben
Salz und frisch gemahlener Pfeffer

Den Backofen auf 200 °C vorheizen.

Die Brotscheiben auf beiden Seiten mit 2 EL Öl einstreichen und im Ofen rösten, bis sie zart gebräunt sind, dabei einmal wenden. Beiseite legen.

Die Pilze mit einem Tuch abreiben und in Scheiben schneiden. In einer Pfanne den Knoblauch im restlichen Öl etwa 2 Minuten bei mittlerer Temperatur unter häufigem Rühren anschwitzen. Die Pilze hinzufügen, mit Salz und Pfeffer nach Geschmack würzen und etwa 5 Minuten braten; dabei mehrmals durchmischen. Dann die Minzeblätter unter die Pilze mischen. Die Pfanne vom Herd nehmen und den Knoblauch entfernen.

Die Brotscheiben jeweils mit 1 Käsescheibe belegen und für einige Minuten in den Ofen schieben, bis sie heiß sind und der Käse leicht geschmolzen ist. Auf eine Platte geben, die Pilze darauf anrichten und das Gericht sogleich servieren.

Cavolini di bruxelles alle castagne

Rosenkohl mit Kastanien

Das Schälen von frischen Esskastanien ist ziemlich zeitraubend. Trotzdem bereite ich sie im Herbst recht häufig zu, da sie in den toskanischen Wäldern in großer Zahl reifen.

Für 6 Personen

500 g Esskastanien
500 g Rosenkohl
60 g Butter
4 EL frisch geriebener Fontina
1 TL frisch geriebene Muskatnuss
Salz

Die Esskastanien mit einem scharfen Küchenmesser einritzen. In einem Topf mit Wasser bedecken, zum Kochen bringen und etwa 20 Minuten garen. Abgießen, schälen und warm stellen.

In einem Topf Wasser zum Kochen bringen und leicht salzen. Den Rosenkohl hineingeben und in etwa 10 Minuten köchelnd garen. Abgießen und mit den Kastanien in einer Servierschüssel vermischen.

Die Butter in einem kleinen Topf zerlassen, aber nicht bräunen. Den Rosenkohl und die Kastanien mit dem Käse und der Muskatnuss bestreuen. Das Ganze mit der zerlassenen Butter beträufeln und mit Salz abschmecken. Sogleich servieren.

Porri alla crema di formaggio

Lauch mit Käsesauce

Ich serviere dieses Gemüse häufiger abends als Hauptgericht oder auch, wenn ich Gäste habe, zum ersten Gang anstelle von Pasta oder Reis. Da zwischen den Lauchblättern oft Sand- oder Erdpartikel sitzen, schneidet man die Stangen am besten längs ein und spült sie gründlich unter fließendem Wasser ab, wobei man die Blätter leicht auseinander spreizt.

Für 6 Personen

1 kg Lauch
250 ml Sahne
120 g frisch geriebener Fontina
Salz und frisch gemahlener Pfeffer

Den Lauch putzen – dabei das Grün nur etwas stutzen – und waschen. In einem Topf Wasser zum Kochen bringen und leicht salzen. Den Lauch im köchelnden Wasser garen, was je nach der Dicke der Stangen 10–15 Minuten dauert.

Die Sahne in einem Topf zum Kochen bringen. Den Käse hinzufügen und rühren, bis er geschmolzen ist. Die Sauce vom Herd nehmen und mit Salz und Pfeffer abschmecken.

Den Lauch abgießen und auf einer vorgewärmten Platte mit der Käsesauce überziehen. Das Gericht sogleich servieren.

Spiedini di funghi

Steinpilz-Wurst-Spieße

Die für dieses Rezept nicht benötigten Stiele der Steinpilze verwerte ich in einem Risotto oder, in feine Scheiben geschnitten, zur geschmacklichen Abrundung einer Suppe.

Für 6 Personen

18 Steinpilze mit kleinen Hüten
von annähernd gleicher Größe
3 Salsicce (italienische Schweinswürste),
je etwa 8 cm lang
12 Lorbeerblätter
125 ml natives Olivenöl extra
Saft von 1 Zitrone
2 EL fein gehackte glatte Petersilie
Salz und frisch gemahlener Pfeffer

Den Elektrogrill auf mittlerer Stufe vorheizen.

Die Pilzhüte von den Stielen abschneiden und mit einem Tuch abreiben. Die Würste jeweils in 4 Stücke schneiden.

Auf 6 Metallspieße jeweils abwechselnd 3 Pilzhüte, 2 Wurststücke und 2 Lorbeerblätter ziehen, dabei mit den Pilzhüten beginnen und enden.

Die Spieße leicht mit Öl bestreichen und etwa 10 Minuten grillen, dabei mehrmals wenden, bis die Würste richtig gar sind.

Inzwischen in einer kleinen Schüssel das restliche Öl mit dem Zitronensaft, der Petersilie sowie etwas Salz und Pfeffer nach Geschmack verrühren. Die Spieße auf einer Servierplatte anrichten und die Petersiliensauce separat dazu reichen.

DESSERTS, KUCHEN UND BROTE

Schiacciata con l'uva

Toskanischer Fladen mit Weintrauben

Manchmal enthält dieser süße Fladen zusätzlich Walnüsse und Rosinen. Ich mag eher die leichtere Version, die ich zur Zeit der Weinlese oft für meine Enkel backe. Manchmal verwende ich auch gelbe oder grüne Trauben.

Für 6 Personen

30 g frische Hefe
240 ml lauwarmes Wasser
360 g Mehl, dazu etwas mehr für die Teigbearbeitung
90 g Zucker
300 g blaue kernlose Tafeltrauben

Die Hefe in einer kleinen Schüssel im lauwarmen Wasser auflösen und etwa 10 Minuten ruhen lassen, bis sich an der Oberfläche Bläschen zeigen.

Das Mehl in eine Schüssel sieben, in die Mitte eine Mulde drücken und 2 EL Zucker hineingeben. Langsam die aufgelöste Hefe hineingießen und dabei mit einer Gabel in kreisförmigen Bewegungen das umgebende Mehl einrühren, bis ein weicher Teig entsteht. Eine Arbeitsfläche dünn mit Mehl bestäuben und den Teig darauf mit den Handballen etwa 3 Minuten kneten, bis er glatt und elastisch ist. Zu einer Kugel formen, in eine leicht mit Mehl ausgestreute Schüssel geben und mit Klarsichtfolie abdecken. Mindestens 1 Stunde ruhen lassen, bis sich das Volumen verdoppelt hat – die erforderliche Zeit hängt von der Raumtemperatur ab.

Den Teig auf der Arbeitsfläche zusammenschlagen und zu einem Fladen von etwa 25 cm Durchmesser ausrollen. Dann auf ein eingemehltes Backblech legen. Die Trauben auf dem Fladen verteilen und den restlichen Zucker darüber streuen. Noch 20 Minuten gehen lassen.

Unterdessen den Backofen auf 200 °C vorheizen. Den Fladen ungefähr 30 Minuten backen, bis er zart gebräunt ist. Vor dem Servieren auf einem Drahtgitter abkühlen lassen.

Pan coi santi

Allerheiligen-Brot

Das typisch toskanische Brot mit leichter Pfefferwürze wird traditionsgemäß zu Allerheiligen gebacken. Es ist aber den ganzen Herbst hindurch in fast jeder *panetteria* erhältlich und wird zum Frühstück ebenso gegessen wie als Nachmittags-Imbiss.

Für 6 Personen

60 g Rosinen
30 g frische Hefe
240 ml lauwarmes Wasser
100 g Walnusskerne, gehackt
4 EL natives Olivenöl extra
360 g Weizenvollkornmehl,
dazu etwas mehr für die Teigbearbeitung
1 EL Zucker
1 TL frisch gemahlener schwarzer Pfeffer
Salz

Die Rosinen 30 Minuten in Wasser einweichen, dann abseihen. Die Hefe in einer kleinen Schüssel im lauwarmen Wasser auflösen und etwa 10 Minuten ruhen lassen, bis sich an der Oberfläche Bläschen zeigen.

Die Walnüsse etwa 3 Minuten in 3 EL Öl rösten, dabei ständig rühren. Beiseite stellen.

Das Mehl in eine Schüssel sieben und in die Mitte eine Mulde drücken. Langsam die Hefe hineingießen und dabei mit einer Gabel in kreisförmigen Bewegungen das umgebende Mehl einrühren, bis ein weicher Teig entsteht. Diesen auf einer leicht bemehlten Arbeitsfläche mit den Handballen etwa 3 Minuten kneten, bis er glatt und elastisch ist. Zu einer Kugel formen und in einer mit etwas Mehl ausgestreuten Schüssel mit Klarsichtfolie abdecken. Mindestens 1 Stunde ruhen lassen, bis sich das Volumen verdoppelt hat – die Zeit hängt von der Raumtemperatur ab.

Den Teig auf der Arbeitsfläche zusammenschlagen. Mit den Walnüssen und Rosinen, dem Zucker, dem Pfeffer und etwas Salz bestreuen. Zu einer Kugel formen, leicht flach drücken und auf einem bemehlten Backblech noch 20 Minuten gehen lassen.

Unterdessen den Backofen auf 200 °C vorheizen. Das Brot etwa 40 Minuten backen. Vor dem Servieren auf einem Drahtgitter abkühlen lassen.

Crostata di noci

Walnuss-Tarte

Kurz vor dem Johannisfest am 24. Juni setze ich mit Walnüssen, die dann noch grün und weich sind, einen Likör namens *nocino* an. Wenn er im Herbst fertig ist, bereite ich aus den jetzt reifen Walnüssen diese köstliche Tarte zu.

Für 6 Personen

FÜR DEN TEIG
300 g Mehl, dazu etwas mehr
für die Teigbearbeitung und die Form
120 g Butter, gekühlt und in kleine Stücke geschnitten,
dazu 1 EL für die Form
120 g Zucker
3 große Eigelb

FÜR DIE FÜLLUNG
3 große Eier, getrennt
120 g Zucker
120 g Walnusskerne, fein gehackt

Das Mehl in eine Schüssel häufen. Die Butter hinzufügen und mit den Fingerspitzen ins Mehl einarbeiten, bis sich Krümel bilden. Den Zucker und das Eigelb dazugeben und alles rasch zu einem glatten Teig verkneten. Zu einer Kugel formen, in Klarsichtfolie wickeln und für 1–2 Stunden kalt stellen.

Den Backofen auf 180 °C vorheizen.

Für die Füllung das Eigelb mit dem Zucker in einer Schüssel schaumig schlagen. Das Eiweiß in einer anderen Schüssel zu steifem Schnee schlagen. Die Walnüsse unter das Eigelb mischen und behutsam den Eischnee unterziehen.

Eine 24 oder 26 cm große Obstkuchenform mit herausnehmbarem Boden mit 1 EL Butter ausstreichen und leicht mit Mehl ausstreuen. Den Teig auf einer bemehlten Arbeitsfläche ausrollen und die Form damit auskleiden. Die Walnussmischung einfüllen.

Die Tarte etwa 40 Minuten backen, bis sie appetitlich gebräunt ist. Dann aus der Form nehmen, auf einem Drahtgitter abkühlen lassen und raumtemperiert servieren.

Cannoli di mele, pere e melograno

Blätterteigröllchen mit Äpfeln, Birnen und Granatäpfeln

Die ganze Aromafülle des Herbstes ist in diesem Dessert vereint. Es ist ziemlich leicht und daher auch mittags ein Genuss. Granatapfelkerne werden auch häufig in Fisch- oder Fleischgerichten verwendet.

2 Äpfel (Golden Delicious)
2 Birnen (Boscs Flaschenbirne)
2 Granatäpfel
30 g Butter, dazu 1 EL für das Backblech
3 EL Zucker
1 großes Ei
300 g Blätterteig aus der Tiefkühltruhe

Die Äpfel und Birnen schälen, vom Kerngehäuse befreien und würfeln. Die Granatäpfel halbieren und die Kerne mit einem Löffel herauslösen. Die Butter in einem Topf zerlassen. Die Apfel- und Birnenwürfel mit dem Zucker hinzufügen und bei niedriger Temperatur einige Minuten köcheln lassen, bis sie eben weich sind. Die Granatapfelkerne untermischen und das Ganze völlig erkalten lassen.

Dann das Ei verquirlen und gründlich mit den Früchten vermischen.

Den Blätterteig auf einer leicht bemehlten Arbeitsfläche zu einem Rechteck von etwa $1/2$ cm Stärke ausrollen und 6 Quadrate von etwa 8 cm Kantenlänge ausschneiden.

Den Backofen auf 200 °C vorheizen.

Die Fruchtmischung auf den Teigstücken verteilen und diese aufrollen, dabei die Enden einschlagen, sodass die Füllung komplett umschlossen ist. Die zigarrenförmigen Röllchen auf ein gebuttertes Backblech legen. Etwa 10 Minuten backen, bis sie locker aufgegangen und knusprig gebräunt sind. Vor dem Servieren abkühlen lassen.

Budino di arance

Gestürzter Orangenpudding

Eine sehr gute Freundin von mir, Grazia Montesi, macht mit diesem Dessert bei ihren Gästen regelmäßig Furore. Sie gilt nicht nur als eine begnadete Köchin, sondern betreibt darüber hinaus in Mailand ein Antiquitätengeschäft, das eine Fundgrube für erlesene Stücke ist und nebenbei als Tauschbörse für interessante Rezepte dient.

Für 6 Personen

2 dünnschalige unbehandelte Orangen
5 große Eier, getrennt
120 g Zucker, dazu 180 g für den Karamell
30 g Mehl
4 EL Grand Marnier

Den Backofen auf 180 °C vorheizen.

Die Orangen in einem Topf mit Wasser bedecken. Einmal aufkochen und anschließend bei niedriger Temperatur 15 Minuten köcheln lassen. Abgießen, abkühlen lassen und im Mixer sehr fein hacken.

Das Eiweiß schlagen, bis der Schnee beim Herausziehen der Quirle weiche Spitzen bildet. Das Eigelb in einer zweiten Schüssel schaumig schlagen. 120 g Zucker, das Mehl und den Grand Marnier einrühren. Die gehackten Orangen dazugeben und gut vermischen. Behutsam den Eischnee unterziehen.

Den restlichen Zucker in einem Topf mit dickem Boden langsam erhitzen, bis er sich goldbraun färbt und karamellisiert. Eine Ringform von 2 l Inhalt mithilfe eines Backpinsels mit dem Karamell ausstreichen. Abkühlen lassen.

Die Orangencreme in die Form füllen. Auf ein Backblech stellen und etwa 1 Stunde im Ofen garen, bis sie fest geworden ist.

Den Pudding etwas abkühlen lassen, dann auf eine Platte stürzen und vorsichtig die Form abnehmen. Lauwarm oder raumtemperiert servieren.

Montebianco

Kastanienpüree mit Sahnehaube

Normalerweise lassen mich Desserts eher kalt. Nicht so dieses hier, denn es erinnert mich an meine Kindheit. Damals bereitete es unsere Köchin Anna für uns zu, und bis heute ist es auf den Speisekarten von Restaurants kaum zu finden. Leider haben frische Esskastanien, ähnlich wie die Trüffeln, eine ziemlich kurze Saison.

Für 6 Personen

600 g Esskastanien
250 ml Milch
6 EL Puderzucker
500 ml Sahne
1 EL Kakaopulver

Die Kastanien in einem Topf mit Wasser bedecken. Zum Kochen bringen und die Kastanien ungefähr 20 Minuten garen, bis sie weich sind.

Die Kastanien abgießen, schälen und mit der Milch in einen sauberen Topf geben. Einmal aufkochen lassen und die Kastanien mit einem Holzlöffel gleichmäßig zerdrücken, damit sie die Milch aufsaugen können. Die Mischung unter ständigem Rühren köcheln lassen, bis man ein Püree erhält. Vom Herd nehmen und gründlich den Zucker einrühren.

Die Mischung über einer Servierplatte durch ein Passiersieb mit grob gelochtem Einsatz pressen, sodass man »Spaghetti« erhält, die möglichst einen Hügel bilden sollten. (Anstelle des Passiersiebs kann man auch eine Kartoffelpresse verwenden.) Die Sahne steif schlagen und den Hügel aus Kastanienpüree damit überziehen.

Das Dessert mit dem Kakaopulver bestäuben und raumtemperiert oder gekühlt servieren.

EIN FEST ZUR WEINLESE

Crocchette di spinaci e prosciutto

Spinat-Schinken-Kroketten

Wenn sich die Weinlese in Coltibuono ihrem Ende zuneigt, laden wir alle Beteiligten zu einem mittäglichen Festmahl ein. Abgesehen von einem Gericht, das auf Tellern und mit Besteck serviert wird, kann man alle übrigen mit den Fingern essen.

Für 6 Personen

1 kg Spinat
200 g gekochter Schinken
1 Hand voll fein zerpflückte Weißbrotkrume
125 ml Milch
3 große Eier
4 EL frisch geriebener Parmesan
1 Prise frisch geriebene Muskatnuss
350 g feine getrocknete Semmelbrösel
1 l Öl zum Frittieren
Salz und frisch gemahlener Pfeffer

Den Spinat waschen. In einem Topf etwas Wasser zum Kochen bringen und den Spinat einige Minuten köcheln lassen, bis er zusammenfällt. Abseihen, leicht abkühlen lassen und ausdrücken. Den Spinat zusammen mit dem Schinken fein hacken.

Die Weißbrotkrume in der Milch einweichen und ausdrücken. Dann in einer Schüssel mit der Spinat-Schinken-Mischung, 1 Ei, dem Parmesan, der Muskatnuss sowie Salz und Pfeffer nach Geschmack vermengen. Aus der Masse mit den Händen ungefähr 5 cm lange Rollen mit abgerundeten Enden formen.

Die restlichen Eier in einem tiefem Teller verquirlen und die Semmelbrösel in einen zweiten tiefen Teller geben. Die Kroketten ins Ei tauchen und anschließend in den Semmelbröseln wälzen, bis sie gleichmäßig überzogen sind.

Das Öl in einem Frittiertopf auf 180 °C erhitzen. (Die Temperatur ist erreicht, wenn ein Brotwürfel in 1 Minute goldbraun wird.) Die Kroketten portionsweise ins Öl geben und goldbraun frittieren. Mit einem Schaumlöffel herausheben, auf Küchenpapier abtropfen lassen und auf einer Platte anrichten. Sogleich servieren.

Pizzette ai funghi e mozzarella

Kleine Pizzas mit Steinpilzen und Mozzarella

Außerhalb der Steinpilzsaison können Sie ohne weiteres Champignons verwenden.

Für 6 Personen

360 g Mehl, dazu etwas mehr für die Teigbearbeitung
30 g frische Hefe
240 ml lauwarmes Wasser
300 g Steinpilze
3 EL natives Olivenöl extra
300 g Büffelmozzarella
1 EL getrockneter Oregano
Salz und frisch gemahlener Pfeffer

Den Backofen auf 200 °C vorheizen.

Die Hefe in einer kleinen Schüssel im lauwarmen Wasser auflösen und etwa 10 Minuten ruhen lassen, bis sich an der Oberfläche Bläschen zeigen.

Das Mehl mit $\frac{1}{2}$ TL Salz in eine Schüssel sieben und in die Mitte eine Mulde drücken. Langsam die aufgelöste Hefe hineingießen und dabei mit einer Gabel in kreisförmigen Bewegungen das umgebende Mehl einrühren, bis ein zusammenhängender Teig entsteht. Diesen auf einer leicht bemehlten Arbeitsfläche mit den Handballen einige Minuten kneten, bis er glatt und elastisch ist. Zu einer Kugel formen und in eine mit etwas Mehl ausgestreute Schüssel geben. Fest mit Klarsichtfolie abdecken und 1–2 Stunden – je nach Raumtemperatur – ruhen lassen, bis sich das Volumen verdoppelt hat.

Die Pilze mit einem Tuch abwischen und in Scheiben schneiden. In einer Pfanne das Öl erhitzen und die Pilze bei mittlerer Temperatur etwa 5 Minuten braten; dabei durchmischen. Mit Salz und Pfeffer abschmecken. Den Mozzarella in Scheiben schneiden.

Den Teig zusammenschlagen und in 6 Portionen teilen. Diese zu etwa 15 cm großen Kreisen ausziehen. Auf einem leicht bemehlten Backblech noch 20 Minuten gehen lassen.

Die Pizzas mit den Pilzen und dem Mozzarella belegen und mit dem Oregano bestreuen. Ungefähr 10 Minuten im Ofen backen und heiß servieren.

Frittata di salsiccia e patate

Auflauf mit Schweinswurst und Kartoffeln

Wenn ich die Zeit dazu habe, bereite ich diesen Auflauf mit frischen Pilzen zu. Die Hauptsache bilden aber trotzdem die *salsicce,* die Vincenzo, unser tüchtiger Fleischer in Gaiole, täglich frisch herstellt.

Für 6 Personen

1 Hand voll getrocknete Steinpilze
300 g Salsicce (italienische Schweinswürste)
4 El natives Olivenöl extra
500 g Kartoffeln, geschält und fein gewürfelt
120 g Fontina, gewürfelt
6 große Eier, getrennt
Salz und frisch gemahlener Pfeffer

Die Steinpilze mit Wasser bedecken und ungefähr 30 Minuten einweichen. Abgießen und dabei das Wasser auffangen. (Das Einweichwasser durchseihen und aufbewahren – es kann noch zum Aromatisieren eines anderen Gerichts, etwa einer Brühe oder eines Risottos, verwendet werden und lässt sich auch gut einfrieren.) Die Pilze ausdrücken und grob hacken.

Den Backofen auf 180 °C vorheizen.

Die Würste enthäuten und fein hacken.

In einer Pfanne 3 EL Öl erhitzen. Das Wurstbrät und die Kartoffeln dazugeben und bei mittlerer Temperatur braten. Dabei die Pfanne oft rütteln oder vorsichtig rühren, bis die Kartoffeln gar und ganz leicht gebräunt sind.

Eine Auflaufform mit dem restlichen Öl ausstreichen. Die Mischung aus der Pfanne darin verteilen und mit den Käsewürfeln bestreuen.

Das Eigelb mit etwas Salz und Pfeffer verquirlen. Das Eiweiß in einer separaten Schüssel zu weichem Schnee schlagen. Das Eigelb löffelweise unter den Eischnee ziehen und diesen über die Kartoffel-Wurst-Mischung geben. Die gehackten Pilze hinzufügen und alles sehr behutsam durchmischen.

Das Gericht für etwa 15 Minuten in den Ofen schieben, bis es locker aufgegangen und an der Oberfläche zart gebräunt ist. Sogleich servieren.

Funghi ripieni fritti

Frittierte gefüllte Steinpilze

Eines der schmackhaftesten toskanischen Gerichte ist das *fritto misto,* das in dieser Region vor allem aus Gemüse und Pilzen besteht. Im Herbst kommen Auberginen, Zucchini, junge, zarte Artischocken aus der zweiten Ernte und natürlich Kartoffeln hinzu.

Für 6 Personen

12 Steinpilze
3 Knoblauchzehen, fein gehackt
100 g gekochter Schinken, fein gehackt
1 Hand voll frische glatte Petersilie, fein gehackt
1 Hand voll fein zerpflückte Weißbrotkrume
125 ml Milch
3 EL frisch geriebener Parmesan
120 g Mehl
2 große Eier, in einer tiefen Schüssel verquirlt
300 g feine getrocknete Semmelbrösel
1 l Öl zum Frittieren
Salz und frisch gemahlener Pfeffer

Die Pilze mit einem Tuch abwischen und die Hüte abtrennen. Die Stiele hacken und mit dem Knoblauch, dem Schinken und der Petersilie vermischen.

Die Weißbrotkrume etwa 10 Minuten in der Milch einweichen. Ausdrücken und zu der Pilz-Schinken-Mischung geben. Den Parmesan gründlich untermischen und das Ganze mit Salz und Pfeffer nach Geschmack würzen.

Die Masse in 6 der Pilzhüte füllen. Mit den restlichen Hüten bedecken und diese leicht andrücken, sodass die Füllung komplett umschlossen ist. Die gefüllten Pilze im Mehl wälzen, ins verquirlte Ei tauchen und schließlich in den Semmelbröseln wälzen, bis sie gleichmäßig überzogen sind.

Das Öl in einem Frittiertopf auf 180 °C erhitzen. (Die Temperatur ist erreicht, wenn ein Brotwürfel in 1 Minute goldbraun wird.) Die Pilze in das Öl geben und in ungefähr 6 Minuten goldbraun frittieren, dabei einmal wenden. Dann mit einem Schaumlöffel herausheben und auf Küchenpapier abtropfen lassen. Sogleich servieren.

Polenta con il costoleccio

Polenta mit Rippchen

Mit einer gehaltvollen Beilage sind Rippchen gerade im Herbst in der Toskana sehr beliebt. Im dortigen Dialekt heißen sie *costoleccio*.

Für 6 Personen

1,5 kg Schweinerippchen
3 EL natives Olivenöl extra
100 g Pancetta (luftgetrockneter Bauchspeck), fein gehackt
1 Zwiebel, fein gehackt
1 Möhre, fein gehackt
1 Stange Bleichsellerie, fein gehackt
1 Hand voll frische glatte Petersilie, fein gehackt
450 g Dosentomaten
300 g gelbe Polenta (grobe Körnung)
4 EL frisch geriebener Parmesan
Salz und frisch gemahlener Pfeffer

Die Schweinerippchen auseinander schneiden (oder schon vom Fleischer teilen lassen). Das Öl in einer Pfanne erhitzen. Den Speck mit dem Gemüse und der Petersilie bei niedriger Temperatur unter Rühren etwa 5 Minuten braten, bis er glasig wird.

Die Rippchen hinzufügen und einige Minuten mitbraten. Die Tomaten mitsamt ihrem Saft sowie Salz und Pfeffer nach Geschmack dazugeben. Alles zugedeckt bei niedriger Temperatur etwa 2 Stunden schmoren, dabei gelegentlich etwas Wasser hinzufügen, damit das Fleisch nicht austrocknet.

In einem schweren Topf 1,5 l Wasser zum Kochen bringen und salzen. Die Polenta einrieseln lassen; dabei ständig mit einem Schneebesen rühren. Dann die Polenta zugedeckt bei niedriger Temperatur etwa 30 Minuten garen.

Die Polenta in eine vorgewärmte flache Servierschüssel geben. Die Rippchen mit der Tomatensauce darauf anrichten. Das Gericht mit dem Parmesan bestreuen und sogleich servieren.

Polpette alla verza

Frikadellen in Wirsinghülle

Noch lockerer geraten die Frikadellen, wenn man unter das Hackfleisch in Milch eingeweichte und ausgedrückte Weißbrotkrume mengt. In diesem Fall verlängert sich die Garzeit jedoch um einige Minuten.

Für 6 Personen

300 g Schweinenetz
1 kg Hackfleisch vom Rind
6 Wirsingblätter
3 EL körniger Dijon-Senf
1 EL natives Olivenöl extra
2 EL Butter
Salz und frisch gemahlener Pfeffer

Das Schweinenetz etwa 30 Minuten in einer Schüssel mit Wasser einweichen. Danach abgießen und in 6 Stücke schneiden.

Das Fleisch in 6 Portionen teilen und einzelne Frikadellen formen.

In einem Topf Wasser zum Kochen bringen. Die Wirsingblätter einzeln jeweils etwa 2 Minuten blanchieren. Abtropfen lassen und über die Schweinenetzstücke breiten. Mit dem Senf bestreichen und je 1 Frikadelle darauf legen. Die Frikadellen so in die Wirsing- und Schweinenetzhülle wickeln, dass sie vollständig umschlossen sind, und die Päckchen mit Küchengarn umbinden.

Das Öl mit der Butter in einer großen Pfanne erhitzen. Die Frikadellen-Päckchen bei hoher Temperatur von beiden Seiten etwa 2 Minuten braten. Aus der Pfanne nehmen und das Garn entfernen. Dann die Päckchen mit Salz und Pfeffer abschmecken und auf einer Platte sogleich servieren.

Uva allo champagne

Trauben in Spumante

Was passt zu einem italienischen Weinfest besser als Trauben, veredelt mit Spumante? Mit diesem Dessert klingt ein eher rustikales Essen elegant aus. (Sie können auch einen anderen hochwertigen Schaumwein oder sogar Champagner nehmen.)

Für 6 Personen

1,5 kg blaue und gelbe Tafeltrauben
6 EL Zucker
1 Flasche Spumante

Die Traubenbeeren sorgfältig enthäuten und in einer Servierschüssel mit dem Zucker bestreuen. Für ungefähr 2 Stunden in den Kühlschrank stellen. Mit dem ebenfalls gut gekühlten Spumante übergießen und sogleich servieren.

EINFÜHRUNG

Kalendarisch beginnt der Winter erst am 22. Dezember; trotzdem spüre ich ihn schon immer gegen Ende November nahen, wenn das klare Herbstlicht schwindet. Die ohnehin trüben Tage sind kurz und gegen Abend wird es bereits empfindlich kalt. Über Nacht, so scheint es, haben die Rebstöcke ihr rotes Herbstkleid abgeworfen. Die Bauern beeilen sich, die letzten Oliven zu ernten, bevor der Frost an ihnen nagt. Länger schon flackern in den Kaminen und Herden die Feuer und auf den Feldern werden Blätter und ausgelichtete Triebe der Weinreben verbrannt. Der Duft von Holzrauch, der über der kahlen Landschaft liegt, ist tröstlich für die Seele. Meist müssen wir bis Januar oder Februar warten, bis das strahlende Licht zurückkehrt, gewöhnlich aber dann in Begleitung von Eis und Schnee.

Auf den Märkten ist die herbstliche Angebotsfülle inzwischen sehr geschrumpft. Dafür hat jetzt die kurze Saison einer der begehrtesten Delikatessen Italiens begonnen, des ebenso kostbaren wie köstlichen *tartufo bianco.* Zwar variiert die Farbe der weißen Trüffel *(Tuber magnatum)* zwischen gelblichem Grau und Beige, doch erscheint der Name durchaus passend beim Vergleich mit der schwarzen Trüffel *(Tuber melanosporum),* die aussieht wie ein runzliges Stück Kohle. Sie erfreut sich in Frankreich besonderer Beliebtheit, wächst aber auch in Italien. Hier heißt sie *tartufo di Norcia* nach jener Stadt in Umbrien, die das italienische Zentrum der schwarzen Trüffel ist. Nicht nur in Italien gelten weiße Trüffeln in puncto Aroma und Geschmack als weit überlegen, wie die internationalen Marktpreise belegen: Der Kilopreis für weiße Trüffeln liegt bei mehreren Tausend Mark und damit um ein Vielfaches höher als bei ihren schwarzen Pendants.

Botanisch gesehen handelt es sich bei Trüffeln um die Fruchtkörper von Pilzen. Sie wachsen allerdings völlig unterirdisch und nur bei bestimmten Bäumen, insbesondere Pappeln und einigen Eichenarten, von deren Wurzeln sie ihre Nährstoffe beziehen. Zudem sind sie auf spezielle Bodentypen angewiesen – ideal ist ein kalkreicher Grund – und sie bevorzugen Gegenden mit feuchtem Klima. Weiße Trüffeln sind in Bezug auf ihre Umgebungsbedingungen so heikel, dass alle Versuche, sie zu kultivieren, bisher fehlschlugen. Ihre Größe schwankt zwischen der einer dicken Haselnuss

und einer kleinen Orange; es wurden aber auch schon Exemplare von zwei Kilogramm Gewicht prämiert. Eine eigroße Trüffel von etwa 30 Gramm reicht für ein Essen vollauf und ist auch für den Normalbürger erschwinglich. Wenn sie in weichem, lockerem Boden gewachsen ist, besitzt sie meist ein glattes, rundliches Aussehen, während Exemplare, die sich ihren Platz in der Erde mühsam erobern mussten, oft ein unregelmäßiges, knorriges Äußeres aufweisen. Das cremefarbene Fruchtfleisch ist fest und fein geädert.

Früher setzte man zum Aufspüren der unterirdischen Schätze Schweine, genauer Sauen, ein. Sie wurden von den Trüffeln so magisch angezogen wie von einem Eber, denn die Duftsubstanz des »Diamanten der Küche« ähnelt dessen Sexualhormonen. Inzwischen haben kleine, kurzhaarige Hunde, die schon im Welpenalter auf ihre spätere Aufgabe trainiert werden, die Sauen verdrängt. Sie sind wendiger als diese und auch leichter davon abzuhalten, den kostbaren Fund sogleich zu verspeisen. Während der relativ kurzen Saison, die bei weißen Trüffeln von etwa Mitte Oktober bis Ende Dezember reicht, kann ein erfahrener *tartufaio* oder *trifolao* mithilfe eines fleißigen vierbeinigen Begleiters ein recht stattliches Einkommen zusammentragen.

Weiße Trüffeln bieten Nase und Gaumen einen unvergleichlichen Genuss. Der durchdringende Duft lässt sich als moschusartig bis reizvoll moderig beschreiben, was die Sache jedoch nur unzureichend trifft. Noch schwieriger wird es beim Geschmack, den ein Kenner als »vollendete Verbindung zwischen einer Knoblauchzehe und einem Stück besten Parmesans« umschrieb. Sollten Sie je während der Trüffelsaison in Italien weilen, dann lassen Sie sich die einmalige Gelegenheit nicht entgehen. Denn die für den Export bestimmten weißen Trüffeln werden vor dem Versand meist gewaschen und reichen daher in Aroma und Geschmack an jene, die man gleich vor Ort bekommt, bei weitem nicht heran. Letztere werden vor dem Verkauf einfach nur abgebürstet und höchstens noch mit einem feuchten Tuch abgerieben.

Im Mittelalter und in der Renaissance waren, wie Kochbücher aus jenen Zeiten nahe legen, Trüffeln wohl reichlich vorhanden und auch preiswerter. So wurden sie zusammen mit verschiedensten Zutaten gegart. Heute dagegen veredeln sie nur bestimmte Gerichte, über die sie im rohen Zustand fein gehobelt werden. Durch die Wärme der Speisen entfalten sie ihre betörende Wirkung auf die Sinne. Dabei sollte das Gericht einerseits so gehaltvoll sein, dass es Aroma und Geschmack der köstlichen Knollen etwas entgegenzusetzen hat, andererseits darf es aber Nase und Gaumen nicht durch eine Vielfalt eigener Eindrücke ablenken. In meiner Familie gelten Spiegeleier oder Rührei, schlicht mit Butter zubereitet und großzügig mit gehobelter Trüffel bestreut, als Hochgenuss.

Mit Alba in der nordwestlichen Region Piemont und San Giovanni d'Asso, südlich von Siena in der Toskana gelegen, hat Italien gleichsam zwei Mekkas für Liebhaber weißer Trüffeln. In beiden Städten finden während der Saison immer wieder Trüffelfeste und -märkte statt. Groß- und Einzelhändler, Gastronomen und Süchtige aus aller Welt finden sich zu diesen Gelegenheiten ein, um die Objekte ihrer Begierde zu kosten und zu kaufen. Es liegt eine gewisse Erregung in der Luft, zu der die Duftwolken, die unablässig vorüberziehen, genauso beitragen wie die immensen Summen, die hier und da den Besitzer wechseln. Fast alle Restaurants der Gegend bieten jetzt ein Trüffelmenü an. Meist servieren sie zur Einstimmung mit Trüffelbutter bestrichene *crostini*. Als Nächstes folgt möglicherweise ein Fenchelsalat, mit Zitronensaft und Olivenöl angemacht und mit feinen Parmesan- und Trüffelspänen vollendet. Der klassische Pastagang besteht aus frischen Taglierini, also feinen Eierbandnudeln, die nur in Butter geschwenkt und wiederum mit gehobelter Trüffel bestreut sind. Für das Hauptgericht bieten sich Kalbsschnitzel in Weißwein an, die ebenfalls perfekt mit Trüffeln harmonieren. Schwieriger ist die Dessertfrage zu lösen. Genießern mit Hang zur Extravaganz sei empfohlen, weiße Trüffelsplitter über ein Schokoladendessert zu streuen.

Sofern die Witterung mitspielt, kommen rechtzeitig zum Weihnachtsfest die letzten Trüffeln der Saison auf den Markt. Der Preis erreicht jetzt beinahe Schwindel erregende Höhen. Daher lege ich rechtzeitig einen kleinen Vorrat für das Fest an. Ich schlage die Pilze mitsamt der noch anhaftenden Erde in Küchenpapier ein und stelle sie in einem fest verschlossenen Glas in meine Vorratskammer, wo sie so einige Wochen feucht und frisch bleiben. Von halben Sachen halte ich gerade bei Trüffeln gar nichts. Lieber einmal richtig aus dem Vollen schöpfen, als mehrmals nur eine vage Ahnung zu bekommen, ist meine Devise. Auch serviere ich Zubereitungen mit Trüffeln gleich zu Beginn eines Essens, bevor der Geschmackssinn der Gäste durch den Wein und all die anderen Genüsse bereits befriedigt ist. Ein ebenso opulentes wie festliches Antipasto ist eine Fasanenpastete mit weißer Trüffel.

Ein Kontrastprogramm zu derlei Schwelgereien bilden die getrockneten Bohnen, die gerade im Winter einen festen Platz auf dem Speisezettel innehaben, ob als Grundlage nahrhafter Suppen oder auch als Beilage zu Steaks und Würsten, die über dem offenen Feuer gegrillt werden. Vor allem in der Toskana aber sind sie das ganze Jahr über nicht aus der Küche wegzudenken, was den Bewohnern bei ihren Landsleuten den Spitznamen *mangiafagioli* – Bohnenfresser – einbrachte. Die Toskana war einst eine extrem arme Region, in der die eiweißreichen Bohnen als »Fleisch des kleinen Mannes« herhalten mussten.

Bohnenkerne sind die in Hülsen sitzenden Samen der Bohnenpflanzen, einer Gattung der Schmetterlingsblüter. Es gibt Dutzende von Bohnen-Varietäten, darunter auch zahlreiche nur regional oder sogar lokal bekannte, von denen manche im letzten Jahrhundert durch landesweit verbreitete oder auch importierte Sorten verdrängt wurden und völlig in Vergessenheit geraten sind. Seit kurzem ist in Italien erfreulicherweise eine Rückbesinnung auf lokale Bohnensorten zu beobachten. Landauf, landab wohl am bekanntesten sind die mittelgroßen weißen *cannellini*. Bei den Toskanern stehen die *toscanelli* besonders hoch im Kurs und neuerdings erleben die vom Verschwinden bedrohten *zolfini*, eine kleinere Form mit dünnerer Schale, ein Comeback.

Diese Bohnen kommen in die *ribollita*, die deftigste unter den diversen Minestrone-Versionen. Wie ihr Name – auf Deutsch »nochmals gekocht« – schon sagt, handelt es sich um eine aufgewärmte Suppe. Jedes Gemüse ist als Zutat erlaubt, unbedingt aber muss neben weißen Bohnen auch *cavolo nero* enthalten sein, der im Winter geerntete Schwarzkohl. Altbackenes Brot, eine weitere Zutat, verleiht der Suppe eine eintopfähnliche Konsistenz. Aus der Notwendigkeit geboren, auch Reste sinnvoll zu verwerten, entstand die *ribollita* in den Küchen der einfachen Leute. Sie ist heute auf der Speisekarte beinahe jedes toskanischen Restaurants zu finden.

Eine andere toskanische Suppe, gleichermaßen schmackhaft und unkompliziert dazu, ist die *zuppa lombarda*. Sie dient der Verwertung übrig gebliebener weißer Bohnen. Außer diesen braucht nur noch eine möglichst würzige Bohnenbrühe, dicke Scheiben kräftiges italienisches Weißbrot, Knoblauch und Olivenöl *extra vergine*. Man gibt etwas von den Bohnen mit Brühe über die gerösteten und mit Knoblauch eingeriebenen Brotscheiben und träufelt zuletzt ein wenig Öl darüber. Als meine Kinder klein waren, aßen sie im Winter abends besonders gern über dem offenen Feuer gegrillte Schweinswürste mit *fagioli all' uccelletto*. Für diese »Bohnen, zubereitet wie Vögelchen«, gart man weiße Bohnen mit Knoblauch, Salbei

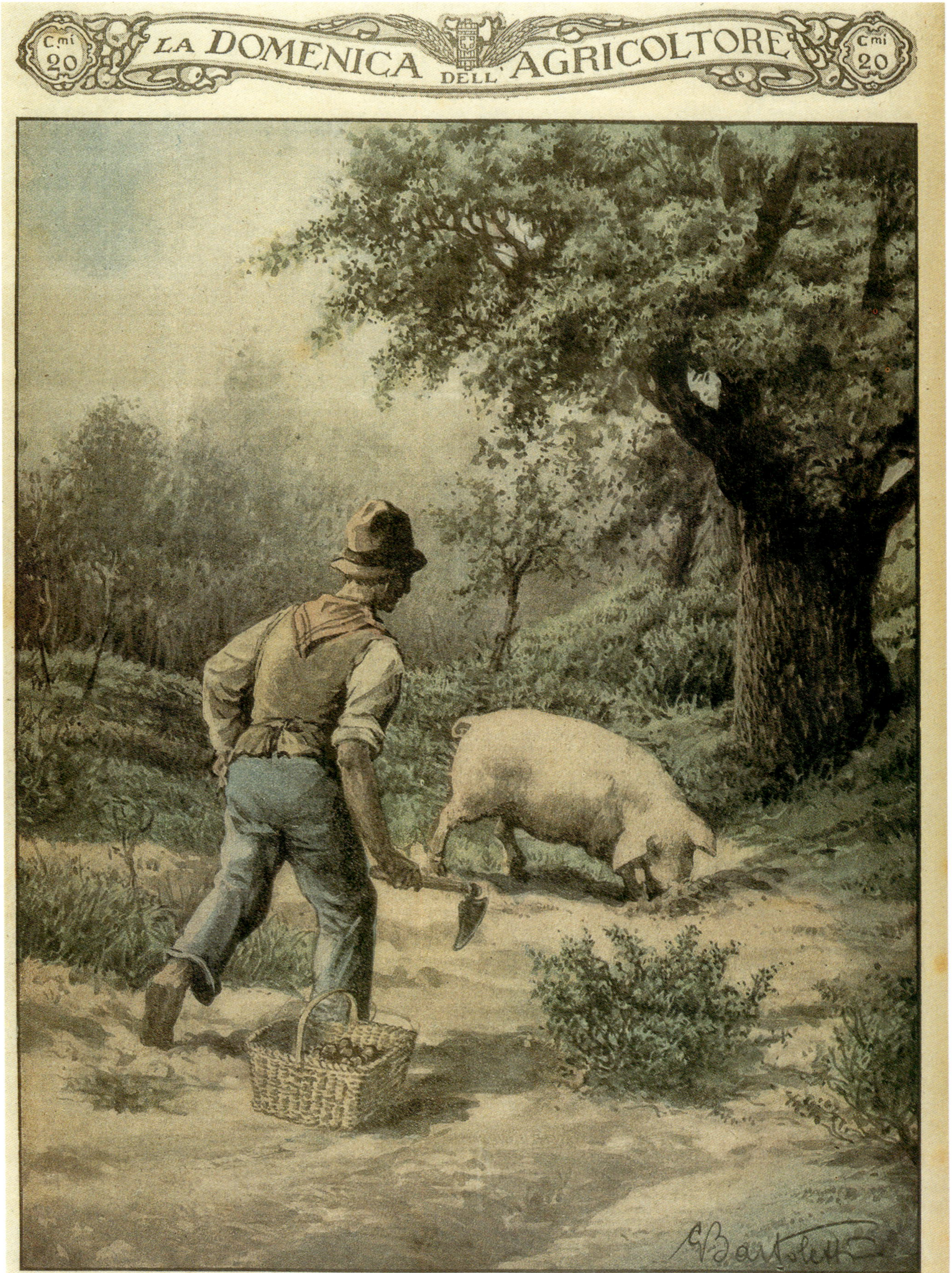
C.mi 20
LA DOMENICA DELL'AGRICOLTORE
C.mi 20

Il maiale, col suo ottimo fiuto, può essere utilizzato come buon ricercatore del prezioso e ghiotto tartufo

und etwas Tomatenpüree in Olivenöl, also mit den gleichen Zutaten, mit denen in der Toskana auch kleines Federwild geschmort wird.

Mit rot gesprenkelten blassrosa Hülsen und Samen ist die *lamon* aus Venetien die schönste Bohne von allen. Sie ist außerhalb der Region kaum zu finden, doch bilden *borlotto*-Bohnen, die ganz ähnlich aussehen, einen adäquaten Ersatz. *Pasta e fagioli* lautet der Name einer Nudel-Bohnen-Suppe, die fast den Status eines italienischen Nationalgerichts besitzt. In Venetien braucht man dafür unbedingt gesprenkelte Bohnen, die mit einem Schinkenknochen und Rosmarin gekocht, anschließend zur Hälfte püriert und zum Andicken wieder in die Suppe gegeben werden. Als Pasta verwendet man traditionell *bigoli,* dicke Spaghetti aus Vollkornmehl und Eiern. In der Gegend von Siena bereitet man *pasta e fagioli* dagegen mit Kichererbsen und Tagliatelle zu. Kichererbsen sind nicht nur sehr nahrhaft, sondern, ob solo oder in Kombination mit anderen Zutaten, auch äußerst wohlschmeckend. Zu meinen liebsten Brotrezepten gehört Fladen aus Kichererbsenmehl, der mit Salbei gewürzt wird.

Ein fester Bestandteil des winterlichen Speiseplans in der Toskana ist auch die *zuppa di granfarro,* eine herzhafte Suppe aus *borlotto*-Bohnen und *farro (Triticum dicoccum),* auf Deutsch Emmer oder Zweikorn. *Farro* ist eine jahrtausendealte Kulturform des Hartweizens. Sie diente in Italien schon den Soldaten der

römischen Antike als Nahrung. In jüngerer Zeit wurde dieser Weizen nur in der Garfagnana, einem begrenzten Gebiet bei Lucca in der Toskana, angebaut, wo diese Suppe auch ihren Ursprung hat. In der Trattoria Da Giulio in Lucca kocht man die *zuppa di granfarro* mit Linsen anstelle von Bohnen. Ich kombiniere *farro* gern mit Gerste und aromatisiere die Suppe mit getrockneten Steinpilzen. (Man kann statt Emmer auch Dinkel nehmen, der wie Gerste in Bioläden und Reformhäusern erhältlich ist.)

Viele Kochbücher empfehlen, getrocknete Bohnen vor der Zubereitung mindestens einige Stunden oder sogar über Nacht einzuweichen. Eine andere in der Toskana sehr häufig praktizierte Methode besteht indes darin, sie einige Minuten zu kochen und dann eine Zeit lang im heißen Wasser quellen zu lassen.

Der Winter hat aber auch noch anderes zu bieten als getrocknete Bohnen. Knoblauch sowie rote und braunschalige Zwiebeln, die quasi zum Grundstock der italienischen Vorratskammer gehören, sind, nach den letzten Ernten im Sommer und Herbst sachgemäß eingelagert, auch in der kalten Jahreszeit erhältlich. Darüber hinaus gibt es eine Reihe von Gemüsesorten, die jetzt Saison haben.

Bei winterlichen Spaziergängen in der Toskana fallen einem überall in den verschneiten Küchengärten die langen, gekrausten schwarzgrünen Blätter von *cavolo nero* auf. Wie der mit ihm verwandte

Grünkohl schmeckt dieser Schwarzkohl besonders gut, wenn er Frost abbekommen hat. Neben weißen Bohnen gehört er zu den wichtigsten Zutaten einer echten *ribollita;* er bereichert aber auch andere deftige Wintereintöpfe. Ich gare die in feine Streifen geschnittenen Blätter gerne mit Knoblauch in Olivenöl und mische sie mit Pasta.

Verschiedene andere Mitglieder der Kohlfamilie – Blumenkohl, Brokkoli sowie *cime di rapa* – beleben die winterlichen Marktstände mit ihren charakteristischen Farben und Formen und bringen Abwechslung auf den Tisch. Im Gegensatz zu Blumenkohl und Brokkoli hat *cime di rapa,* auch *broccoletti* und deutsch Stengelkohl genannt, auf unseren Märkten noch Seltenheitswert. Das Gemüse erinnert nicht zuletzt farblich an Brokkoli. Während bei diesem jedoch die Blütenstiele und -knospen den Hauptanteil ausmachen, kultiviert man *cime di rapa* vor allem der aus dünnen Stengeln sprießenden Blätter wegen. Sie besitzen ein nussig-herbes Aroma und munden, mit etwas Knoblauch in Olivenöl gegart, ganz vorzüglich. Eher selten sieht man auch Romanesco oder Minarettkohl, eine grüne Blumenkohlzüchtung mit feinem Aroma. Roher Blumenkohl eignet sich bestens für *pinzimonio,* eine Rohkost, die als Antipasto mit einem Dip aus Olivenöl *extra vergine,* Pfeffer und Salz serviert wird. Ansonsten sind die genannten Arten bei den meisten warmen Zubereitungen beliebig austauschbar. Für ein elegantes Essen bereite ich gern einen Brokkoli-Auflauf in einer dekorativen Ringform zu.

Ein weiteres beliebtes Wintergemüse ist Radicchio, der zur großen Familie der Zichoriengewächse gehört. Seine Anbauzentren liegen in der norditalienischen Region Venetien und von hier aus werden die verschiedenen Sorten nicht nur landesweit, sondern auch auf dem internationalen Markt vertrieben. Der Radicchio di Chioggia stammt aus der Gegend des gleichnamigen Fischerstädtchens am südlichen Ende der Lagune von Venedig. Er bildet einen rundlichen, geschlossenen Kopf aus dunkelbraunroten Blättern. Besonders begehrt ist der Radicchio aus Treviso, der ab Dezember nur einige Wochen auf dem Markt ist. Betrachtet man seine langen, schmalen Blätter mit der leuchtend rubinroten Tönung und der weißen Äderung, erscheint die Tatsache, dass die Einheimischen ihn *un fiore che si mangia* – »eine essbare Blume« – nennen, als durchaus angebracht.

Die knackigen Blätter des Radicchio di Chioggia kombiniere ich mit Äpfeln, Nüssen und Käse zu Wintersalaten, die ich mit Olivenöl *extra vergine* und Balsamessig anmache. Radicchio di Treviso genießt man hingegen üblicherweise gegrillt, wodurch sein urwüchsiges, herbes Aroma am besten zur Entfaltung kommt. Kleine Exemplare lässt man dabei ganz, große werden

halbiert oder auch geviertelt. Man bestreicht sie mit Olivenöl *extra vergine* und dreht sie während des Grillens gelegentlich, bis die äußeren Blätter dunkel angelaufen sind und das Innere weich und zart ist. Wenn ich pikante Appetithappen für eine Party brauche, brate ich Radicchio aus Treviso mit Pancetta und belege damit *crostini.* Chicorée bietet bei den meisten Rezepten mit Radicchio eine geeignete Alternative.

Zu meinen Kindheitserinnerungen gehört ein Ausflug mit der Familie in die kahle Winterlandschaft an der Grenze zwischen Venetien und der Lombardei. Irgendwann hielten wir für einen Imbiss an, der aus gebackenen, mit Zucker bestreuten Kürbisscheiben bestand. Die italienische Varietät des Speisekürbisses, *zucca invernale,* hat eine grüne, warzige Schale. Das süße, tiefgelbe Fruchtfleisch wird je nach Region immer wieder anders zubereitet. So backt man zum Beispiel die Scheiben in Olivenöl aus und legt sie vor dem Genuss mehrere Stunden in kochend heißen Essig ein. Aus püriertem Kürbis und Rosinen bereitet man kleine süße Pfannkuchen zu; manchmal wird er auch zu Tartes oder Marmelade und anderen Konserven verarbeitet. In Mantua dient er als Füllung für *tortelli,* während ich Kürbis-Gnocchi sehr schätze.

Im Vergleich mit seinen nördlichen Nachbarn war Italien als traditioneller Agrarstaat immer recht arm. Weideland war kaum vorhanden und dementsprechend das Fleisch meist knapp und teuer. Nur Schweinefleisch stand zur Verfügung, da jede Bauernfamilie ein Schwein für den privaten Bedarf mästete. In der Regel handelte es sich um das kleinste Ferkel des Wurfs, das beim Verkauf am wenigsten erbracht hätte. Also behielt man es und fütterte es ein Jahr lang mit Gras im Frühjahr, Kastanien im Herbst und Kürbis im Winter. In der Zeit zwischen Weihnachten und Ende Februar, also der Zeit des *Carnevale,* wenn die eisigen Temperaturen das Fleisch vor schnellem Verderb schützen, schlug dann sein letztes Stündlein.

Das winterliche Ritual der Hausschlachtung ist in den ländlichen Gebieten Italiens bis heute lebendig, findet aber immer seltener statt und wird wohl eines Tages ganz aussterben. Wenn der große Tag gekommen ist, finden sich die Familie und Freunde zusammen und erwarten den Zeremonienmeister in Gestalt eines speziellen Schlachters. In Italien heißt er *norcino* nach der umbrischen Stadt Norcia, in der diese Tradition besonders verbreitet war. An meinem Wohnort nimmt der eingesessene Fleischer für die wenigen Familien, die noch ein Schwein halten, die Schlachtung und Verarbeitung vor. Nachdem das Tier ausgeblutet ist, muss es etwa 48 Stunden abhängen. Dann beginnt, meist an einem Sonntag, das Schlachtfest.

In aller Frühe findet sich der *norcino* ein und bis Anbruch der Dunkelheit hat er an die 100 Kilogramm

Fleisch zu zahlreichen nahr- und schmackhaften Erzeugnissen verarbeitet, von denen die Familie wieder ein Jahr zehren kann. Einige Stücke gönnt man sich schon während des Festes: Die Lende wird, mit Knoblauch und Fenchelsamen aromatisiert, in Olivenöl gebraten und die Rippenstücke kommen auf den Grill. Eingerieben mit einer Knoblauchpaste und mit Salz bedeckt, werden die Hinterschinken zunächst etwa zwei Wochen gepökelt und müssen dann, bevor der Prosciutto angeschnitten werden kann, in einem gut belüfteten Raum noch mindestens acht Monate reifen. Den Vorderschinken, auf Italienisch *spalla,* konserviert man ganz ähnlich. Ein kleines Stück aus dem Bereich zwischen Kopf und Schulter, *coppa* oder *capocollo* genannt, wird nur einige Tage gepökelt und zuletzt mit grob gemahlenem Pfeffer gewürzt. Das rosa durchwachsene Bauchfett schneidet man in breite Stücke und macht daraus durch Pökeln und Lufttrocknen die berühmte Pancetta, die im Verlauf des Jahres zahllose Gerichte deftig bereichert. Selbst die Backe – *guanciale* – wird nicht verschmäht, sondern haltbar gemacht und wie Pancetta verwendet.

Für die *soppressata,* eine Art Presskopf, werden der Kopf mit den Ohren und der Zunge, der Schwanz, die Füße und weitere Reststücke in einem großen Kessel gut drei Stunden gekocht. Man hackt das Fleisch klein und aromatisiert es mit Gewürzen sowie Orangenschale. Das Ganze wird fest in ein Leinentuch eingeschlagen, mit Schnur umwickelt und zum Abkühlen aufgehängt. Wieder ausgewickelt, sieht die fertige *soppressata* aus wie eine dicke, marmorierte Salami.

Jetzt geht es an die langen Ketten von Würsten und die zylinderförmigen Salamis. Dafür werden ausgewählte magere Stücke durch den Fleischwolf gedreht, nach Geschmack mit fetten Anteilen gemischt und mit Salz, Pfefferkörnern, Knoblauch sowie einem ordentlichen Schuss Wein abgeschmeckt. Der Teig wird geknetet, bis er die gewünschte Konsistenz hat, und

zuletzt mithilfe einer Maschine in den gereinigten Darm gefüllt. Für eine toskanische Variante der Salami, die *finocchiona,* würzt man die Masse mit den Samen von wildem Fenchel. Das Blut schließlich, das aufgefangen wurde, ergibt *buristo* (Blutwurst), die mit klein geschnittener Schwarte angereichert und mit Salz, Pfeffer und Knoblauch gewürzt wird. All diese Spezialitäten empfehlen sich aufgeschnitten als Antipasto – so werden sie gerne in Restaurants serviert. Sie eignen sich aber ebenso als Belag für Sandwiches.

Die überlieferten Fleischgerichte des Winters werden typischerweise über dem offenen Feuer des Kamins oder des Holzherdes zubereitet. Man denke etwa an gegrillte Steaks, Schweinswürste und Koteletts, an Hühnchen und Federwild vom Spieß, an Eintöpfe mit unterschiedlichsten Fleischsorten vom Wildschwein bis hin zum Kaninchen und vor allem an den klassischen Schmorbraten, der in Norditalien *brasato* und in der Toskana *stracotto* heißt, was bedeutet, dass er überaus lange gegart wurde. Bei manchen Rezepten wird das Fleisch zunächst über Nacht mit Kräutern in Wein mariniert. Dann brät man es kräftig an, damit sich die Poren schließen und es saftig bleibt, und schließlich überlässt man es auf dem Herd oder im Ofen bei niedriger Temperatur stundenlang sich selbst. Eines meiner Lieblingsgerichte, das die Teilnehmer an meinen Kochkursen regelmäßig mit Beifall quittieren, wenn es, schön dekoriert, auf einem Servierwagen hereingefahren wird, ist Kalbshachse mit Zitronensauce. Wie für *ossobuco* verwendet man dafür die Hinterhachse eines jungen Kalbes. Nach mehrstündigem Garen ist das Fleisch so zart, dass man es leicht mit einer Gabel zerteilen kann.

Zum Abschluss eines gehaltvollen Wintermenüs serviere ich bevorzugt ein Dessert auf der Grundlage von Früchten. Blutorangen gehören zweifellos zum Buntesten, was die Saison in dieser Sparte zu bieten hat. Den Anfang macht im November die große Moro aus Süditalien mit leicht rötlicher Schale und tiefrotem Fruchtfleisch. Im Dezember wird sie von der äußerlich etwas helleren Tarocco abgelöst, und dann folgt die schönste überhaupt: die Sanguinello, übersetzt etwa »hübsche kleine Blutrote«, mit rot überhauchter Schale und intensiv rotem Feisch, das einen rubinroten Saft liefert.

Bis in die ersten Winterwochen hinein trägt auch der Apfelbaum in Italien Früchte. Von den vielen Sorten, die der Handel bereithält, gilt der Gravensteiner, der italienischen Ursprungs sein soll, als der geeignetste Back- und Dessertapfel. Selbst Birnen aus heimischer Ernte sind zu Beginn der kalten Jahreszeit noch auf dem Markt. In Begleitung eines reifen Käses bilden sie den aparten Schlusspunkt eines Essens.

FESTE IM WINTER

Traditionsgemäß beginnt die Weihnachtszeit in Italien an Mariä Empfängnis, dem 8. Dezember, der in Italien ein gesetzlicher Feiertag ist. Am Abend zuvor wird in der Mailänder Scala die neue Opernsaison mit einer festlichen Gala eröffnet. In Rom legen der Papst und bedeutende Persönlichkeiten aus Politik, Kultur und Wirtschaft vor der Statue der Heiligen Jungfrau bei der Piazza di Spagna Blumen nieder. Schäfer aus den benachbarten Abruzzen ziehen, bekleidet mit ihren typischen Ledergamaschen und Schaffellwesten, durch die Straßen und spielen dabei auf dudelsackähnlichen Instrumenten traditionelle Lieder. Immer wieder stimmen sie *Tu scendi dalle stelle* an, das im 18. Jahrhundert von Saint Alfonso Maria de' Liguori geschrieben wurde und in Italien etwa die gleiche Bedeutung hat wie im deutschen Sprachraum *Stille Nacht, heilige Nacht*. Selbst Luciano Pavarotti hat das Lied über das Kind, das von den Sternen herniederkam, aufgenommen. Die Kirchen bauen ihre kunstvollen Krippen auf und übertreffen sich gegenseitig in der Dramatik der Inszenierung. An den Straßenecken bieten Stände heiße Maronen feil. Man schnuppert, hört und fühlt es allerorten: Weihnachten steht vor der Tür.

Wie das eigentliche Fest begangen wird, variiert von Region zu Region und auch von Familie zu Familie. Für manche ist der Heilige Abend der Höhepunkt, für andere der erste Weihnachtstag und vielen sind beide gleichermaßen wichtig. Am 26. Dezember dann, der Stephanus, dem ersten Märtyrer, gewidmet und ebenfalls ein arbeitsfreier Tag ist, kann man sich von den vorangegangenen Feierlichkeiten erholen. Man isst die Reste der vergangenen Tage oder geht ins Restaurant, sodass auch diejenigen, die in der Küche üblicherweise Regie führen, vorübergehend Schonzeit haben.

In meiner Familie kommen wir, inzwischen drei Generationen, an Heiligabend zusammen, um Geschenke auszutauschen und gut zu essen. Zum Hauptgang bereite ich *cappone* – Kapaun – zu. Ein solcher junger, kastrierter Hahn, der sich nicht um den Fortbestand der Art kümmern musste, besitzt besonders zartes, saftiges Fleisch und gilt in Italien als klassisches Weihnachtsessen. In früheren Zeiten verzichtete man am Vorabend religiöser Feiertage auf Fleisch, und Kapaun wurde, vielleicht ob seiner »Jungfräulichkeit«, nicht als solches eingestuft. Ich koche den Kapaun mit Suppengemüse und serviere als ersten Gang die heiße Brühe mit *cappelletti* als Einlage. Diese kleinen Teigtaschen von der Form eines Hutes mit aufgebogener Krempe sind mit einer Hackfleischmasse gefüllt. Was vom Kapaun übrig ist, verarbeite ich zu Klößchen oder einem Geflügelsalat.

Das Kapaun-Rezept in dem von mir vorgeschlagenen Weihnachtsmenü ist eine süßsaure Zubereitung, die in meiner Familie ebenfalls sehr beliebt ist. Der Kapaun wird mit Backpflaumen und Äpfeln gefüllt und die Sauce ist mit Rosinen und Balsamessig verfeinert.

Eine vor allem für die Gegend von Rom typische Delikatesse für das Essen an Heiligabend ist auch *capitone*, ein weiblicher Aal, der mit bis zu einem Meter Länge und fast fünf Kilogramm Gewicht seine männlichen Artgenossen nicht nur in der Größe übertrifft, sondern auch im Geschmack. Er wird in dicke Scheiben geschnitten, die man entweder grillt und mit Olivenöl *extra vergine*, Essig, Knoblauch und Salz aromatisiert oder aber in Weißwein gart.

Am ersten Weihnachtstag ist landesweit Truthahn (*tacchino*) angesagt, der gefüllt als Braten zum Hauptgang auf den Tisch kommt. Bekanntlich stammt der Truthahn aus Nordamerika, hatte sich jedoch gleich bei seiner Einführung in Europa Mitte des 16. Jahrhunderts, bereits gut 50 Jahre vor dem ersten Erntedankfest in der Neuen Welt, einen Stammplatz auf der abendländischen Tafel erobert. Caterina de' Medici soll dieses Geflügel sehr geschätzt und ihm neben vielen anderen Annehmlichkeiten in Frankreich zum Durchbruch verholfen haben. Bei einem Fest, das 1549 ihr zu Ehren stattfand, wurden 66 Truthähne aufgetischt. Bartolomeo Scappi, der große italienische Kochbuchautor der Renaissance, beschrieb gleich eine ganze Reihe von Zubereitungsarten für Truthahn: am Spieß gebraten, gefüllt, gegart im Teigmantel oder in Form von Klößchen. In dem Rezept, das ich für mein Weihnachtsmenü gewählt habe, wird der entbeinte Truthahn mit einer Ricotta-Brät-Masse gefüllt. Man kann ihn aber auch mit dem süßsauren Aroma der Renaissance zubereiten, wie im Weihnachtsmenü für Kapaun beschrieben.

Ein in Italien ebenfalls beliebter Festschmaus ist Fasan (*fagiano*). In der Toskana begegnet man diesem Vogel in freier Wildbahn, und auch in Wildreservaten werden große Bestände gehalten. Die toskanischen Jäger schießen jedes Exemplar, das ihnen vor die Flinte kommt, doch die Köche bevorzugen die weiblichen Tiere, die größer, aromatischer und auch zarter sind. Eine junge Henne lässt sich gut braten, während der Hahn aufgrund seines eher mageren, trockeneren Fleisches gewöhnlich geschmort wird. In jedem Fall aber umwickelt man das Tier meist mit Prosciutto, damit das Fleisch während des Garens saftig bleibt. Als elegante Vorspeise für ein Weihnachtsessen schlage ich eine Fasanenpastete mit weißer Trüffel vor. Dieses Gericht verträgt sich vorzüglich mit dem zweiten Antipasto unseres Familienmenüs: geröstete und mit Ziegenfrischkäse bestrichene Weißbrotscheiben, die ich mit gedünstetem Radicchio und hauchdünnen, knusprig ausgebratenen Pancetta-Scheiben belege.

Bei einem formellen Essen kommt zum ersten Gang nicht die sonst übliche Schüssel mit Pasta oder Risotto auf den Tisch. Trotzdem müssen die Gäste auf diese Klassiker der italienischen Küche auch bei solchen Gelegenheiten nicht verzichten. Vielmehr haben sie in Form raffinierter Teigtaschen, eleganter Timbalen oder gestürzter Aufläufe ihren glanzvollen Auftritt. Für das Weihnachtsessen meiner Familie kleide ich kleine Formen mit Lasagne aus und fülle sie mit einer Mischung aus Ricotta, Parmesan und Sahne. Mein Reisgericht präsentiere ich in einer Ringform mit gedünsteten Artischocken. Für das Festmenü habe ich dem besonderen Anlass gemäß für den ersten Gang mehrere Vorschläge gemacht und auch beim Hauptgang zwei Gerichte vorgesehen.

Überall in Italien gilt Panettone, ein mit reichlich Butter zubereiteter runder Hefekuchen, als das Weihnachtsgebäck schlechthin. Während der Feiertage isst man davon morgens zum Kaffee eine Scheibe, ein weiteres Stück genießt man mit einem guten Spumante zum Dessert und nochmals eines am Nachmittag zu einer Tasse Tee oder einem Gläschen Vin Santo. Ursprünglich besaß der in Mailand erfundene Kuchen die Form einer flachen Kuppel. Heute dagegen ist er, wenn man ihn fertig kauft, eher zylindrisch und wahlweise mit Sultaninen, Orangeat und Zitronat oder auch pur zu haben. Aus Verona kommt dagegen das ganz ähnliche *pandoro*, das »goldene Brot«. Seinen Namen verdankt es der reichen Zugabe von Butter und Eiern. Es wird in einer Sternform gebacken und zuletzt mit Puderzucker bestäubt. Über seine Heimat hinaus kaum verbreitet ist das *pandolce* aus Genua, das auf einem ganz ähnlichen Rezept basiert, allerdings zusätzlich die für Ligurien typischen Pinienkerne, Fenchelsamen, verschiedene Gewürze sowie kandierte Früchte enthält.

Ebenfalls zunächst ein Weihnachtsgebäck, inzwischen aber ganzjährig im Handel ist das berühmte *panforte* aus Siena. Sein Name »starkes Brot« erklärt sich schon aus der Zutatenliste: Honig, Zucker, kandierte Melone, Zitrone, Orangen- und Zitronenschale, Walnüsse, Haselnüsse, Mandeln, Koriander, Zimt, Gewürznelken, Muskatnuss, Macis, Mehl und Wasser – eine ebenso gehaltvolle wie geschmacksintensive Mischung. Jeder Bäcker hütet sein Rezept und das Mengenverhältnis der Ingredienzen wie seinen Augapfel. Aus dem Mittelalter datiert die älteste Anleitung. Sie umfasst zusätzlich Pfeffer, der von den Kreuzfahrern aus dem Vorderen Orient mitgebracht wurde und seinerzeit zu den kostbarsten und exotischsten aller Gewürze zählte. Dieses Pfefferbrot, auf Italienisch *panpepato*, wird bis heute zubereitet.

All diese traditionellen Kuchen sind in der Herstellung sehr aufwendig. Man macht sie deshalb meist nicht selbst, sondern kauft sie festlich verpackt, wobei so ziemlich jeder auf eine bestimmte Marke eingeschworen ist. Für das Weihnachtsessen meiner Familie verfeinere ich gewürfelten Panettone mit Vin Santo und Schokoladencreme und backe die Mischung in einzelnen Förmchen im Ofen. Es ist ein unkompliziertes Dessert, das aber seine Wirkung nicht verfehlt. Eine weniger gehaltvolle Alternative des Weihnachtsmenüs ist ein Kuchen mit karamellisierten Äpfeln.

Im italienischen Volksmund heißt es nicht ohne eine gewisse Ironie: *Natale con i tuoi, capodanno con chi vuoi*. Weihnachten soll man demnach mit der Familie, Silvester darf man ruhig mit anderen feiern. Manch einer führt sich durch diese Redensart animiert, ein paar Tage Wärme und Sonne in Nordafrika oder der Karibik zu tanken. Wer indes zu Hause bleibt, tut gut daran, statt des Fluges rechtzeitig einen Platz in einem der zahlreichen Restaurants zu buchen, die ein *cenone* veranstalten. Dieses »große Abendessen« am letzten Tag des Jahres hat in Italien eine lange Tradition. Ab etwa 22 Uhr wird genüsslich gespeist, um Mitternacht stößt man mit Champagner an und anschließend folgen Musik und Tanz.

Ein klassisches Silvesteressen ist *zampone*. Im Grunde handelt es sich um eine stattliche Wurst, die im 16. Jahrhundert in Modena erfunden wurde, als die Stadt belagert war und die Fleischer keine Wursthüllen mehr hatten. Ausgesuchte Stücke Schweinefleisch werden fein gehackt und mit Zimt, Gewürznelken, Muskatnuss, Salz und Pfeffer gewürzt. Die Mischung wird in einen ausgebeinten Schweinsfuß gefüllt, der am Ende fest zugebunden wird. Vor dem Kochen in siedendem Wasser, das mindestens drei Stunden in Anspruch nimmt, wickelt man den *zampone* in ein Mulltuch, um zu verhindern, dass die Haut aufplatzt und die Füllung herausquillt. Vor den Feiertagen bieten Supermärkte auch vorgekochten *zampone* an, der nur noch aufgewärmt werden muss, aber natürlich längst nicht so gut schmeckt. Die typische Beilage zu dieser Spezialität sind Linsen, die angeblich an einen Berg Münzen erinnern und deshalb Wohlstand für das neue Jahr verheißen.

Im Kirchenjahr und so auch in Italien dauert die Weihnachtszeit bis zu Epiphanias, dem Fest der Erscheinung des Herrn am 6. Januar. Allerdings ist dieser Tag den meisten als Fest der Heiligen Drei Könige bekannt, die dem Jesuskind Gold, Weihrauch und Myrrhe zum Geschenk brachten. Früher war Epiphanias vor allem in Süditalien bedeutender als das Weihnachtsfest selbst. Als die Regierung vor einigen Jahren den 6. Januar als Nationalfeiertag abschaffen wollte, ging ein Aufschrei der Empörung durch das ganze Land und so nahmen die Politiker aus Furcht, bei den Wählern in Ungnade zu fallen, von ihrem Vorhaben Abstand. Wichtiger als die Weisen aus dem Morgenland ist heute die *Befana,* eine alte Hexe, die den Winter verkörpert. Sie fliegt am Vorabend des 6. Januar auf einem Besen umher und klettert durch den Kamin in die Häuser, wo sie die Strümpfe der braven Kinder mit Süßigkeiten und kleinen Überraschungen füllt. Da die *Befana* meist freundlich ist, verteilt sie auch die Kohle, die kleine Sünder eigentlich verdienen würden, in Form von rußschwarzem Zuckerwerk.

»L'Epifania, tutte le feste porta via« lautet eine andere Volksweisheit. Nach Epiphanias also ist es mit dem Feiern zunächst vorbei, bis dann nach einigen Wochen die Fastnacht, das letzte Winterfest kommt.

In den drei, vier Tagen vor der mit Aschermittwoch beginnenden Fastenzeit – *Carnevale* wird aus dem Lateinischen abgeleitet und als »Fleisch, lebe wohl« interpretiert – erreicht die Ausgelassenheit dann ihren Höhepunkt. Die größten Karnevalsfeiern in ganz Europa erlebt man in Viareggio. An allen vier Wochenenden vor Aschermittwoch findet in dem toskanischen Badeort ein großer Umzug mit Festwagen statt, die mit ihren aufwendigen Aufbauten unter anderem die skandalträchtigsten Politiker des vergangenen Jahres aufs Korn nehmen. Am Faschingsdienstag schließlich wird über dem Meer ein fantastisches Feuerwerk abgebrannt. Venedig feiert den Karneval mit nicht minder sehenswerten Maskenbällen und Festzügen.

Da der Verzicht auf Süßigkeiten allgemein besonders schwer fällt, gibt es davon noch einmal reichlich im Karneval. Vor allem in Schmalz ausgebackene Teigstreifen sind überall in Italien sehr verbreitet. In der Toskana tragen sie die Bezeichnung *cenci* (Fetzen), die wohl einerseits auf ihre unregelmäßigen Formen und andererseits auf das sprichwörtliche »In-Sack-und-Asche-Gehen« des Büßers anspielt. Manchmal ist das knusprige und mit Puderzucker bestäubte Gebäck mit Vin Santo, Vanille und Orangenschale aromatisiert. Eine andere populäre Karnevalsspezialität sind die *fritelle.* Hierbei handelt es sich um kleine Krapfen, deren Füllung von einer Gegend zur anderen variiert, wobei sich Apfel- und Reiskrapfen landesweit großer Beliebtheit erfreuen. Während man sie neuerdings in den vornehmsten Konditoreien bekommt, wurden sie ursprünglich an Straßenständen zubereitet und an Ort und Stelle verzehrt. So ist es im Karneval noch heute, schmeckt dieses Gebäck doch nicht nur frisch am besten, sondern spendet auch Wärme und lädt die Batterien der Närrinnen und Narren sofort wieder auf.

DIE VORRATSKAMMER

Olio al limone

Zitronenöl

Aromatisierte Öle geben vielen Zubereitungen eine besondere Note. Daher halte ich immer eine kleine Auswahl davon in meiner Vorratskammer bereit. Um Schimmelbildung zu vermeiden, sollte man das Öl nach Ablauf der angegebenen Ruhezeit in eine saubere Flasche abgießen und die würzende Zutat entfernen. Das hier vorgestellte Zitronenöl rundet Dressings, vor allem für Salate aus gekochtem Gemüse, vollendet ab.

Ergibt 500 ml

2 unbehandelte Zitronen
500 ml natives Olivenöl extra
Salz

Die Zitronen gründlich waschen und mit einem Küchentuch abtrocknen. Dann in sehr dünne Scheiben schneiden.

Die Zitronenscheiben in eine tiefe Schüssel geben, mit etwas Salz bestreuen und etwa 20 Minuten ziehen lassen.

Den Schüsselinhalt in ein frisch sterilisiertes großes Glas mit Schraubverschluss füllen und mit dem Öl übergießen. Das Glas verschließen und 4 Wochen an einem kühlen, dunklen Platz ruhen lassen.

Das Öl durch einen Papierfilter in eine oder mehrere frisch sterilisierte Flaschen gießen. Fest verschlossen und kühl gelagert, hält sich das Zitronenöl mehrere Monate.

Marmellata di mele e limoni

Apfel-Zitronen-Konfitüre

Süßigkeiten, Kuchen, Eiscreme und andere Desserts reizen mich persönlich nicht besonders. Trotzdem koche ich oft Konfitüren und Gelees, denn meine Enkel sind große Naschmäuler. Außerdem verschenke ich gern ein Glas Marmelade aus eigener Herstellung, vielleicht kombiniert mit einer Flasche ebenfalls selbst angesetztem aromatisiertem Öl oder Essig, als kleines Weihnachtspräsent.

Ergibt etwa 900 g

1 kg Kochäpfel
6 unbehandelte Zitronen
1 kg Zucker

Die Äpfel waschen, dann schälen, vierteln und vom Kerngehäuse befreien. Einen Teil der Schalen beiseite legen. Die Äpfel in dünne Scheiben schneiden.

Die Zitronen gründlich waschen, mit einem Küchentuch abtrocknen und in sehr dünne Scheiben schneiden. Zitronen, Äpfel und Zucker in einen großen, schweren Edelstahltopf oder speziellen Einkochtopf lagenweise einfüllen. Zuletzt die zurückgelegten Apfelschalen zufügen.

Zum Kochen bringen und dann bei niedriger Temperatur köcheln lassen, dabei gelegentlich rühren und abschäumen, bis nach etwa 1 Stunde der Gelierpunkt erreicht ist. Zur Probe einen Klecks Konfitüre auf einen kalten Teller geben: Wenn sich die Oberfläche beim Anschieben mit der Fingerspitze etwas wellt, ist der Gelierpunkt erreicht.

Die Konfitüre mit einem Löffel in saubere Gläser füllen und diese zum Sterilisieren in einen Topf stellen. 3 cm hoch Wasser einfüllen, einmal aufwallen und danach 20 Minuten kochen lassen. Die Gläser im Wasser erkalten lassen, herausnehmen und abtrocknen. In einem Schrank oder an einem anderen dunklen Platz hält sich die Konfitüre bis zu 1 Jahr. Nach dem Öffnen in den Kühlschrank stellen und innerhalb von 3 Wochen aufbrauchen.

Sciroppo di vino
Weinsirup

Nach einer Weinprobe bleiben in unserer Kellerei in der Badia a Coltibuono oft etliche nicht ganz ausgetrunkene Flaschen stehen. Aus diesen Resten bereite ich einen Sirup, der sich viele Monate bei Raumtemperatur hält. Er rundet Obstsalate, Erdbeeren oder andere Beeren wunderbar ab, schmeckt aber auch gut über Eiscreme oder Rührkuchen geträufelt oder in die Glasur von Obstkuchen gemischt.

Ergibt etwa 1 l

1 l Rotwein
6 unbehandelte Zitronen,
davon 1 abgerieben und alle ausgepresst
450 g Zucker
1 Zimtstange
8 Gewürznelken

Den Wein mit der abgeriebenen Zitronenschale, dem Zitronensaft, dem Zucker und den Gewürzen in einen großen, schweren Edelstahltopf oder speziellen Einkochtopf geben. Alles zum Kochen bringen und 20 Minuten köcheln lassen. Den Weinsirup völlig abkühlen lassen, dann durch ein feines Sieb abgießen und in eine sterilisierte Flasche füllen. Die Flasche fest verschließen.

In einem Schrank oder an einem anderen dunklen Platz lässt sich der Sirup bedenkenlos über eine lange Zeit aufbewahren.

Limoncello
Zitronenlikör

Seit einigen Jahren ist *limoncello* sehr en vogue, und da in unserem Garten auch Zitronenbäume wachsen, setze ich diesen Likör selbst an. Manchmal gebe ich zusätzlich einige Salbeiblätter hinein, die ihm eine leicht bittere Note verleihen. Für die Zubereitung wird hochprozentiger Weingeist benötigt, den man in der Apotheke erhält.

Manche Rezepte schreiben vor, aus heißem Wasser und Zucker einen Sirup herzustellen. Damit erhält man einen trüben *limoncello,* während der Likör nach folgender Anleitung glasklar gerät.

Ergibt etwa 2,25 l

12 unbehandelte Zitronen
750 g Zucker
1 l Weingeist (90 Volumenprozent)
1 l Wasser

Die Zitronen fein abschälen, ohne das Weiße mit abzulösen. Die Zitronenschale, den Zucker, den Weingeist und das Wasser auf 3 sterilisierte Weinflaschen verteilen. Die Flaschen mit einem Korken fest verschließen und an einen dunklen Platz stellen. Einige Monate lang täglich rütteln und drehen, bis sich der Zucker völlig aufgelöst hat.

Den Likör durch einen Papierfilter in saubere Flaschen abgießen und diese wieder fest verschließen. *Limoncello* hat eine lange Haltbarkeit und schmeckt raumtemperiert oder gekühlt.

Sugo di carne

Brauner Fond

Obwohl ich Fleischfonds generell nicht viel abgewinnen kann, halte ich in meinem Kühlschrank stets einige parat. Denn sie erweisen sich als äußerst nützlich, wenn unerwartet Gäste kommen und man schnell einen Risotto oder ein Polenta-Gericht zaubern will. Zudem eignen sie sich vorzüglich, um Fleischreste geschmacklich aufzupeppen.

Ergibt etwa 2 l

2 kg Rinderknochen, grob zerkleinert
1 kg Rinderhesse mit Knochen, grob zerkleinert
450 g Rückenspeck mit Schwarte, grob zerkleinert
1 kg Karkassen und gekochte Fleischreste vom Huhn,
grob zerkleinert
3 Möhren, grob gehackt
2 Stangen Bleichsellerie, grob gehackt
2 Zwiebeln, grob gehackt
1 frischer Rosmarinstengel
1 Hand voll frische Salbeiblätter
3 Lorbeerblätter
250 ml Marsala

Den Backofen auf 180 °C vorheizen.

Sämtliche Zutaten mit Ausnahme des Marsala in einen großen Bräter geben und etwa 1 Stunde rösten, bis die Knochen sehr dunkel angelaufen sind. Alles in einen großen Topf umfüllen und mit Wasser bedecken – benötigt werden ungefähr 6 l. Zum Kochen bringen und bei niedriger Temperatur 10 Stunden köcheln lassen, dabei regelmäßig abschäumen.

Die Brühe durchseihen, etwas abkühlen lassen und in den Kühlschrank stellen.

Von der völlig erkalteten Brühe das Fett abnehmen und wegwerfen. Die Brühe in einen sauberen Topf gießen. Erneut aufkochen und anschließend etwa 2 Stunden köcheln lassen, bis sie auf 2 l reduziert ist. Dabei den Marsala in kleinen Portionen hinzufügen.

Den fertigen Fond völlig erkalten lassen und anschließend im Kühlschrank aufbewahren, wo er sich bis zu 1 Monat hält. Köstlich als Sauce zu Fleischgerichten, aber ebenso als Grundlage für Suppen und andere Saucen.

Gelatina

Fleischgelee

Manches elegante Gericht erhält durch einen schimmernden Überzug eine ausgesprochen festliche Note. So kommt Fleischgelee in meiner Küche in Coltibuono vor allem beim Weihnachts- und Neujahrsessen zur Verwendung. Denn dann bereite ich für die Familie und für Freunde häufig eine Pastete oder Terrine als Antipasto vor, die aber auch, hübsch überglänzt, auf einem Büfett einen attraktiven Blickfang bildet. Bei anderer Gelegenheit gieße ich das Gelee ungefähr 1 cm hoch auf einen Teller, lasse es erstarren und schneide es danach in Würfel, die ich zur Dekoration verwende.

Ergibt etwa 1 l

2 l Fleischbrühe
1 Kalbsfuß
1 Schweinehachse
10 Gelatineblätter
1 Lorbeerblatt
1 Stange Bleichsellerie, fein gehackt
½ unbehandelte Zitrone, fein gehackt
1 Hand voll frische glatte Petersilie, fein gehackt
1 Möhre, fein gehackt
1 EL frische Thymianblättchen
1 großes Eiweiß, verquirlt
100 g Brustspitze vom Rind, grob gehackt
Salz

Die Fleischbrühe mit Kalbsfuß und Schweinehachse in einen großen Topf geben. Zum Kochen bringen und bei niedriger Temperatur ungefähr 2 Stunden köcheln lassen.

Inzwischen die Gelatineblätter in kaltem Wasser quellen lassen, abgießen und ausdrücken.

Den Kalbsfuß und die Schweinehachse aus der Brühe nehmen. Die Gelatineblätter, das Lorbeerblatt, den Sellerie, die Zitrone, die Petersilie, die Möhre, den Thymian und das Eiweiß in den Topf geben. Alles mit Salz nach Geschmack würzen und erneut zum Kochen bringen. Das Rindfleisch hinzufügen und das Ganze noch etwa 10 Minuten köcheln lassen. Etwa 15 Minuten abkühlen lassen, durch ein Sieb in ein geeignetes Gefäß gießen und kalt stellen. Das Gelee hält sich bis zu 8 Tage.

ANTIPASTI, PASTA UND SUPPEN

Foglie d'insalata belga ripiene

Gefüllte Chicorée-Schiffchen

Der leicht bittere Geschmack von Chicorée harmoniert vorzüglich mit vielen anderen Zutaten. Oft mische ich einen Salat aus Chicorée-Streifen, Fenchelscheiben und feinen Spalten von Granny-Smith-Äpfeln, den ich einfach mit etwas Olivenöl und Salz anmache, oder ich fülle die leicht gewölbten Blätter mit Gorgonzola und gehackten Walnüssen.

Für 6 Personen

6 Chicorée-Blätter
120 g Ricotta
120 g Ziegenfrischkäse
1 TL mildes Paprikapulver

Die Chicorée-Blätter putzen, waschen und behutsam trockentupfen.

Den Ricotta und den Ziegenkäse in einer Schüssel zerdrücken und zu einer glatten Masse verrühren. In einen Spritzbeutel mit Sterntülle füllen.

Die Mischung in die Mulde der Chicorée-Blätter spritzen und mit dem Paprikapulver bestreuen. Die Schiffchen auf einer Platte anrichten und servieren.

Carciofi in pinzimonio

Artischocken mit Olivenöl-Dip

Besonders gut kommt der delikate Geschmack von Artischocken zur Geltung, wenn man sie roh mit *pinzimonio* serviert, einem schlichten Dip aus bestem Olivenöl, Pfeffer und Salz. Gut passen dazu auch einige Selleriestangen und Möhren. In Italien ist diese ursprünglich aus der Toskana stammende Rohkostvariante inzwischen so populär, dass der Handel dafür spezielle Schüsseln anbietet.

Für 6 Personen

Saft von 1 Zitrone
6 Artischocken
6 EL natives Olivenöl extra
Salz und frisch gemahlener Pfeffer

Eine Schüssel mit kaltem Wasser füllen und den Zitronensaft zufügen.

Die Artischocken putzen: Die harten Außenblätter und den Stiel entfernen. Die Artischocken der Länge nach halbieren und das flaumige Heu mit einem Gemüsemesser sorgfältig entfernen. Fertig vorbereitete Artischocken sogleich in das Zitronenwasser legen, damit sie sich nicht dunkel verfärben. Die Artischocken kurz vor dem Servieren mit Küchenpapier trockentupfen und auf einer Platte anrichten.

In einer kleinen Schüssel das Öl mit Salz und Pfeffer nach Geschmack verrühren und den Dip in die Tischmitte stellen. Man isst die Artischockenhälften, indem man die Blätter einzeln abzupft und sie ins würzige Öl tunkt.

Spiedini di pecorino e mela verde

Pecorino-Apfel-Spießchen

Zum Winter hin trocknet Pecorino, nachdem er ein paar Monate gereift ist, etwas aus und entwickelt dadurch einen kräftigeren Geschmack. Dann bietet er sich für dieses frisch-pikante Antipasto geradezu an. Je nach Anlass stecke ich die Spießchen auch auf eine Grapefruit, wobei man, um die gewünschte dekorative Igel-Optik zu erzielen, natürlich mehr als 6 Spieße benötigt.

Für 6 Personen

300 g Pecorino
3 EL natives Olivenöl extra
2 Äpfel (Granny Smith)
Frisch gemahlener Pfeffer

Den Käse entrinden, würfeln und in eine flache Schüssel geben. Mit dem Öl beträufeln und mit Pfeffer würzen. Im Kühlschrank etwa 2 Stunden marinieren und dabei gelegentlich durchmischen.

Die Äpfel schälen und in Würfel schneiden. Jeweils 3 Pecorino- und 2 Apfelwürfel abwechselnd auf 6 Holzspießchen ziehen.

Die Pecorino-Apfel-Spießchen auf einer Platte anrichten und servieren.

Gnocchi di zucca

Kürbis-Gnocchi

Diese Spezialität aus Mantua erinnert an die ebenfalls von dort stammenden *tortelli* mit Kürbisfüllung. Manchmal streue ich zusammen mit dem Käse einige zusätzliche zerstoßene Amaretti über die Gnocchi, um den Geschmack noch zu intensivieren.

Für 6 Personen

1,5 kg Riesenkürbis
3 große Eier
120 g Mehl
120 g feine frische Semmelbrösel
2 Amaretti, zerkrümelt
60 g Butter
4 EL frisch geriebener Parmesan
Salz und frisch gemahlener Pfeffer

Den Backofen auf 180 °C vorheizen.

Den Kürbis schälen, die Samen entfernen und das Fruchtfleisch in Stücke schneiden. In einen Bräter geben und in etwa 30 Minuten im Ofen weich garen. Herausnehmen, den Ofen aber nicht abschalten. Das Kürbisfleisch in einer Schüssel mit einer Gabel zerdrücken. Die Eier, das Mehl, die Semmelbrösel und die Amaretti zufügen und alles vermengen. Mit Salz und Pfeffer nach Geschmack würzen und nochmals gründlich durchmischen.

Von der Masse mit einem Löffel walnussgroße Klößchen abstechen. In einem Topf reichlich Wasser zum Kochen bringen, dann salzen. Die Gnocchi portionsweise hineingleiten lassen und garen – sie sind fertig, sobald sie an die Oberfläche steigen. Mit einem Schaumlöffel aus dem Wasser nehmen und in eine ofenfeste Form geben.

Unterdessen die Butter in einem kleinen Topf bei niedriger Temperatur zerlassen. Die Gnocchi mit dem Parmesan bestreuen, mit der flüssigen Butter beträufeln und ungefähr 20 Minuten im Ofen überbacken. Sehr heiß servieren.

Spaghetti alla pancetta e rosmarino

Spaghetti mit Pancetta und Rosmarin

Dieses herzhafte Gericht ist eine Spezialität meines sardischen Freundes Nanni Guiso. Er gründete das erste Museum des Jahres 2000, das genau um 0 Uhr eröffnet wurde. Es befindet sich in seinem Haus in Orosei und beherbergt neben einer Sammlung von Puppentheatern auch Zeichnungen sowie reich bestickte Abendroben von Valentino, Capucci und anderen Modeschöpfern, die ihm seine zahlreichen elegant gekleideten Freunde für das Museum zur Verfügung gestellt haben.

Für 6 Personen

600 g Spaghetti
120 g Pancetta (luftgetrockneter Bauchspeck)
2 frische Rosmarinstengel
3 Knoblauchzehen
4 EL natives Olivenöl extra
Salz und frisch gemahlener Pfeffer

In einem Topf reichlich Wasser zum Kochen bringen und salzen. Die Spaghetti hineingeben und eben *al dente* kochen – ziehen Sie von der Packungsangabe zur Garzeit etwa 2 Minuten ab.

Unterdessen den Speck in dünne Scheiben und diese in feine Streifen schneiden, dabei die Scheiben zuvor am besten zusammenrollen.

Den Rosmarin mit dem Knoblauch fein hacken und die Mischung anschließend nach Geschmack mit Salz und Pfeffer würzen.

Das Öl in einer großen beschichteten Pfanne bei mittlerer Temperatur erhitzen. Den Speck und die Rosmarin-Knoblauch-Mischung zufügen und etwa 3 Minuten unter ständigem Rühren braten.

Die Spaghetti abseihen und ebenfalls in die Pfanne geben. Alles einige Minuten bei niedriger Temperatur durchmischen. In eine vorgewärmte Schüssel füllen und sogleich servieren.

Penne al cavolo nero

Penne mit Schwarzkohl

Der Schwarzkohl hat seinen Namen vom dunklen Grün seiner langen, schmalen, gekrausten Blätter. Er ist eigentlich eine toskanische Spezialität. Allerdings habe ich ihn auch schon in Gärten in Burgund gesehen, wo er in Gesellschaft von Blumen und Artischocken wuchs – ein ebenso ungewöhnlicher wie attraktiver Anblick. (*Cavolo nero* ist in gut sortierten italienischen Feinkostgeschäften mit Gemüseabteilung erhältlich.)

Für 6 Personen

6 Schwarzkohlblätter,
ersatzweise Grünkohlblätter
6 EL natives Olivenöl extra
3 Knoblauchzehen, fein gehackt
600 g Penne
Salz und frisch gemahlener Pfeffer

Aus den Kohlblättern die Mittelrippe herausschneiden und wegwerfen, dann die Blatthälften in feine Streifen schneiden. 3 EL Öl in einem Topf erhitzen und den Knoblauch bei mittlerer Temperatur etwa 2 Minuten anschwitzen, aber nicht bräunen. Den Kohl zufügen, mit Salz und Pfeffer würzen und bei niedriger Temperatur zugedeckt etwa 30 Minuten dünsten, bis er ganz weich ist. Bei Bedarf etwas Wasser dazugeben, um das Gemüse feucht zu halten.

Inzwischen in einem Topf reichlich Wasser zum Kochen bringen und salzen. Die Penne eben *al dente* kochen – ziehen Sie von der Packungsangabe zur Garzeit etwa 2 Minuten ab. Abseihen, zum Kohl geben und alles bei mittlerer Temperatur 2 Minuten vermischen. Das restliche Öl dazugeben und gut unterziehen, dann das Gericht in eine vorgewärmte Schüssel füllen. Sogleich sehr heiß servieren.

Crostini al radicchio rosso e pancetta

Crostini mit Ziegenkäse, Radicchio und Pancetta

Anstelle von Pancetta können Sie auch Frühstücksspeck verwenden, der diesen Crostini eine herzhafte Räuchernote verleiht. Die zum Dünsten oder Grillen besonders geeignete rote Radicchio-Sorte ist die aus Treviso, deren lang gestreckte Exemplare Blätter mit dicken weißen Mittelrippen haben. Ersatzweise können Sie die runden Köpfe aus der Gegend von Chioggia nehmen, der malerischen kleinen Hafenstadt am Südrand der Lagune von Venedig.

Für 8 Personen

8 Scheiben italienisches Weißbrot, etwa $\frac{1}{2}$ cm dick
2 Köpfe Radicchio
2 EL natives Olivenöl extra
8 sehr dünne Scheiben Pancetta (luftgetrockneter Bauchspeck)
oder Frühstücksspeck
1 kleine Zwiebel, in dünne Scheiben geschnitten
100 g Ziegenfrischkäse
Salz und frisch gemahlener Pfeffer

Die Brotscheiben im Backofen goldbraun rösten. (Man kann auch den Toaster verwenden, doch werden sie dann nicht so knusprig.)

Jeden Radicchio-Kopf längs in 4 Stücke teilen. Das Öl in einer Pfanne erhitzen. Die Speckscheiben bei mittlerer Temperatur braten, bis sie knusprig sind, aus der Pfanne nehmen und beiseite legen.

Die Zwiebel im Fett bei aufgelegtem Deckel in etwa 3 Minuten glasig schwitzen. Die Radicchio-Viertel zufügen und zugedeckt 5 Minuten dünsten, dabei einmal wenden. Mit etwas Salz und Pfeffer würzen.

Auf jede Brotscheibe etwas Käse streichen, darauf ein Radicchio-Stück mit etwas Zwiebeln geben und alles mit einer Speckscheibe garnieren.

Kurz vor dem Servieren den Backofen auf 200 °C vorheizen. Die Crostini einige Minuten erhitzen, auf einer Platte anrichten und heiß servieren.

Crema di sedano

Selleriecremesuppe

Um Weihnachten bemühe ich mich, den noch im Garten verbliebenen Sellerie zu verwerten, bevor im Januar der Schneefall einsetzt und die restliche Ernte zunichte macht. So entstand dieses Rezept.

Für 6 Personen

1 kg Bleichsellerie
1 Sellerieknolle
3 EL natives Olivenöl extra
1 kleine Zwiebel, gehackt
1,5 l Gemüsebrühe
50 g Butter
3 Scheiben grobes italienisches Weißbrot, ohne Rinde,
in 1 ½ cm große Würfel geschnitten
2 große Eigelb
125 ml Sahne
4 EL frisch geriebener Fontina oder Emmentaler
Salz und frisch gemahlener Pfeffer

Die Selleriestangen mit einem scharfen Messer oder Gemüseschäler entfasern. Die innen sitzenden zartgrünen Blätter entfernen und beiseite legen, die Stangen in Stücke schneiden. Die Sellerieknolle schälen und in kleine Stücke schneiden. Das Öl in einem Topf erhitzen. Die Zwiebel und beide Selleriesorten, auch die zarten Blätter, dazugeben. Einen Deckel auflegen und das Gemüse etwa 10 Minuten bei niedriger Temperatur dünsten; zwischendurch einmal umrühren.

Die Gemüsebrühe dazugießen, zum Kochen bringen und alles etwa 30 Minuten köcheln lassen. Dann die Suppe durch das Passiergerät oder ein feines Sieb passieren oder im Mixer pürieren. Nochmals erhitzen und mit Salz und Pfeffer abschmecken.

Die Butter in einer kleinen Pfanne zerlassen. Die Brotwürfel bei mittlerer Temperatur unter ständigem Rühren hellbraun rösten. Auf Küchenpapier abtropfen und abkühlen lassen.

Das Eigelb mit der Sahne in einer Schüssel verquirlen und den Käse unterziehen. Die Mischung zur Suppe geben und dabei ständig mit einem Schneebesen rühren.

Die Suppe in eine vorgewärmte Terrine füllen und servieren. Die Croûtons in einer kleinen Schüssel separat dazu reichen.

Minestrone d'orzo e farro

Gersten-Emmer-Suppe

Farro (Triticum dicoccum), deutsch Emmer oder Zweikorn, ist eine sehr alte Kulturform des Weizens. Sie war eine Zeit lang in Vergessenheit geraten, erlebt aber nun in Italien im Zuge der Besinnung auf eine gesunde, vollwertige Ernährung eine Renaissance. Der Anbau konzentrierte sich einst weitgehend auf Umbrien, doch hat farro inzwischen auch in anderen Regionen Fuß gefasst. Ersatzweise kann Dinkel verwendet werden.

Für 6 Personen

1 Hand voll getrocknete Steinpilze
2 Stangen Lauch
125 ml natives Olivenöl extra
1,25 l leichte Fleischbrühe
150 g Gerste
150 g Emmer,
ersatzweise Dinkel
Salz und frisch gemahlener Pfeffer

Die Steinpilze etwa 30 Minuten in Wasser einweichen. Danach abgießen, dabei das Wasser auffangen. Die Pilze ausdrücken und hacken. Das Einweichwasser durchseihen und aufbewahren – es kann noch zum Aromatisieren eines anderen Gerichts, beispielsweise eines Risottos, verwendet werden und lässt sich auch gut einfrieren.

Die Lauchstangen längs aufschneiden, gründlich waschen und in feine Scheiben schneiden.

In einem Topf 2 EL des Öls erhitzen. Den Lauch dazugeben und bei niedriger Temperatur ungefähr 3 Minuten rühren. Die Brühe, die Pilze, die Gerste und den Emmer oder Dinkel zufügen. Einen Deckel auflegen und alles etwa 1 Stunde köcheln lassen. Die Suppe mit Salz und Pfeffer abschmecken.

Zum Servieren in 6 vorgewärmte Suppenschalen füllen und in jede Schale 1 EL Olivenöl geben.

Minestrone di riso e broccoli

Reis-Brokkoli-Suppe

Minestrone ist ein italienischer Klassiker, genau wie Spaghetti, und sie wird in unzähligen Variationen zubereitet. Wichtig ist in jedem Fall, dass man Gemüse der Saison verwendet, denn so erhält die Suppe ein wirklich volles Aroma.

Für 6 Personen

1 Hand voll dunkle Rosinen
1 kg Brokkoli
3 EL natives Olivenöl extra
6 Knoblauchzehen, gehackt
300 g gehackte italienische Dosentomaten
mitsamt ihrem Saft
1,5 l Gemüsebrühe
6 Hand voll Reis (beliebige Sorte)
1 Hand voll geröstete Pinienkerne
1 kleine rote Chilischote, fein gehackt
Salz

Die Rosinen mit Wasser bedecken und etwa 30 Minuten einweichen. Abseihen und beiseite stellen.

Den Brokkoli putzen und in Röschen teilen, die dicken Stiele und Strünke schälen und würfeln.

Das Öl in einem Topf erhitzen und den Knoblauch bei mittlerer Temperatur in etwa 3 Minuten hellgelb anschwitzen, dabei ständig rühren. Die Tomaten mit ihrem Saft und die Gemüsebrühe dazugeben. Zum Kochen bringen. Den Reis und den gesamten Brokkoli hinzufügen und alles köcheln lassen, bis der Reis gar ist, aber noch Biss hat – die Kochzeit hängt von der verwendeten Reissorte ab.

Die Rosinen, die Pinienkerne und die Chilischote in die Suppe rühren und diese zuletzt mit Salz abschmecken. In eine vorgewärmte Terrine füllen und sogleich servieren.

Polpettine di cappone in brodo

Kapaunklößchen in Brühe

Mehr noch als Truthahn ist Kapaun in Italien ein typisches Weihnachtsessen. Gewöhnlich wird er gekocht und dann mit dem frisch gepressten Olivenöl serviert, während die Brühe für *tortellini in brodo* verwendet wird.

Für 6 Personen

1 Kapaun (etwa 2 kg)
1 kleine Zwiebel
1 Möhre
1 Stange Bleichsellerie
3 Lorbeerblätter
2 große Eier
90 g grobe frische Semmelbrösel
2 EL gehackte frische glatte Petersilie
2 EL Mehl
Salz und frisch gemahlener Pfeffer

Mit einem scharfen Messer die Kapaunbrüste auslösen und beiseite legen.

Den Kapaun in einen großen, schweren Topf geben. Die Zwiebel, die Möhre, den Sellerie und die Lorbeerblätter zufügen, 3 l Wasser hinzugießen und leicht salzen. Zum Kochen bringen, dann zugedeckt bei niedriger Temperatur etwa 1 Stunde köcheln lassen. Den Kapaun aus dem Topf heben und anderweitig verwerten – das Fleisch schmeckt beispielsweise köstlich in Salaten. Die Brühe über einer hitzebeständigen Schüssel durchseihen, etwas abkühlen lassen und dann in den Kühlschrank stellen.

Die Kapaunbrüste im Mixer fein zerkleinern. Die Eier, die Semmelbrösel, die Petersilie, das Mehl sowie etwas Salz und Pfeffer dazugeben. Alles im Mixer gründlich vermischen. Aus der Masse mit den Händen kirschgroße Klößchen formen.

Das an der Oberfläche der Brühe erstarrte Fett sorgfältig abnehmen und wegwerfen. Die Brühe in einem Topf erneut erhitzen. Sobald sie kocht, die Klößchen hineingeben und etwa 5 Minuten köchelnd garen. Die Suppe mitsamt der Einlage in eine vorgewärmte Terrine füllen und sogleich servieren.

Risotto al foie gras

Risotto mit Foie gras

Gelegentlich gönne ich mir mit meinen beiden Enkeln Emanuele und Giacomo eine Schlemmerei. Die beiden sind derartig versessen auf Foie gras, dass sie pro Kopf anscheinend mühelos ein halbes Pfund davon auf gebuttertem Toast verdrücken können. Sie bevorzugen aber eindeutig frische Stopfleber, die innen noch rosa ist, während Konservenprodukte bei hoher Temperatur sterilisiert wurden. Daher bitte ich öfters Freunde, mir aus Frankreich frische Foie gras mitzubringen. Wenn schon, denn schon, denke ich mir und verfeinere diesen Risotto mit Sauternes, einem erlesenen Süßwein aus der Gegend südlich von Bordeaux.

Für 6 Personen

2 l leichte Hühner- oder Fleischbrühe
1 kleine Zwiebel, fein gehackt
60 g Butter
12 Hand voll Arborio-Reis oder Vialone Nano
125 ml Sauternes
180 g Foie gras, gewürfelt
120 g fein geriebener Emmentaler
Salz

Die Brühe in einem Topf zum Sieden bringen.

Die Hälfte der Butter in einem großen Topf bei mittlerer Temperatur zerlassen und die Zwiebel in etwa 3 Minuten glasig schwitzen. Den Reis zufügen und bei hoher Temperatur ständig mit einem Holzlöffel rühren, bis er richtig heiß ist.

Den Wein angießen und unter Rühren verdampfen lassen. Mit einem Schöpflöffel so viel heiße Brühe dazugeben, dass der Reis knapp bedeckt ist. In Abständen von jeweils etwa 1 Minute schöpflöffelweise weitere Brühe hinzufügen. Etwa 15 Minuten nachdem der Reis das erste Mal gekocht hat, die Foie gras einrühren und den Topf vom Herd nehmen. Den Käse und die restliche Butter unterziehen, den Risotto mit Salz abschmecken und zugedeckt 2 Minuten ruhen lassen. Nochmals gründlich umrühren. Der Risotto sollte jetzt eine sehr geschmeidige Konsistenz besitzen. In eine vorgewärmte Schüssel füllen und sogleich servieren.

Coppette di lasagne alla ricotta

Lasagne-Becher mit Ricotta-Creme

Vor allem für ein Büfett ist dieses Rezept geradezu ideal, denn Sie können die Lasagne wie auch die Creme rechtzeitig vorbereiten, sodass Sie die Becher zuletzt nur noch schnell füllen und im Ofen erhitzen müssen. Natürlich lässt sich die Ricotta-Creme durch Zugabe verschiedenster Zutaten abwandeln. Probierenswert sind beispielsweise gebratene Garnelenschwänze, zerkleinertes und kurz gegartes Gemüse wie Brokkoli, Spinat oder Mangold oder auch gehackte Kräuter wie Thymian, Rosmarin oder Petersilie.

Für 10 Personen

10 frische oder getrocknete Lasagne-Teigblätter
von etwa 15 cm Kantenlänge
1 EL Butter
600 g Ricotta
6 EL frisch geriebener Parmesan
2 große Eigelb
Abgeriebene Schale von 1 unbehandelten Zitrone
240 ml Sahne
Salz und frisch gemahlener Pfeffer

Den Backofen auf 200 °C vorheizen.

Getrocknete Lasagne nach der Packungsanleitung kochen. 10 ofenfeste Förmchen von der Größe einer Teetasse, zum Beispiel Timbalförmchen, mit Butter ausstreichen und jeweils mit einem Lasagneblatt auskleiden, das dabei je nach Erfordernis in Falten gelegt wird. Die Förmchen auf einem Backblech in den Ofen schieben, nach 5 Minuten herausnehmen – den Ofen aber nicht abschalten – und die Lasagne-Becher vorsichtig stürzen.

Den Ricotta mit dem Parmesan, dem Eigelb, der Zitronenschale sowie Salz und Pfeffer nach Geschmack cremig rühren. Die Sahne steif schlagen und unter die Ricotta-Creme heben. Die Mischung in einen Spritzbeutel mit weiter Sterntülle füllen und in die Lasagne-Becher spritzen. Diese dann für 5 Minuten in den Ofen schieben, bis sie heiß sind und die Füllung zart gebräunt ist. Sogleich servieren.

Timballo di rigatoni

Gebackene Rigatoni in knuspriger Hülle

Gestürzte Pasta-Aufläufe erfreuen sich in Süditalien, vor allem in Neapel, großer Beliebtheit. Es gibt von diesem Gericht auch eine sehr beliebte Version mit süßer Umhüllung.

Für 10 Personen

600 g Rigatoni
150 g Butter, dazu 1 EL für die Form
6 EL frisch geriebener Parmesan
1 kg frischer Spinat
60 g Mehl
500 ml Milch
1 Prise frisch geriebene Muskatnuss
2 große Eier
120 g feine getrocknete Semmelbrösel
1 kg italienische Dosentomaten
3 EL natives Olivenöl extra
Salz und frisch gemahlener Pfeffer

Den Backofen auf 180 °C vorheizen.

In einem großen Topf reichlich Wasser zum Kochen bringen und salzen. Die Rigatoni hineingeben und eben *al dente* kochen – ziehen Sie von der Packungsangabe zur Garzeit etwa 2 Minuten ab. Abseihen, mit 60 g Butter in eine Schüssel geben und durchmischen, bis die Nudeln gleichmäßig überzogen sind. Den Parmesan unterziehen, die Nudeln mit Salz und Pfeffer nach Geschmack würzen und beiseite stellen.

Den Spinat in etwas kochendem Wasser etwa 2 Minuten garen. Abseihen, gut abtropfen lassen und kräftig ausdrücken. 30 g Butter in einem Topf zerlassen und den Spinat kurz darin schwenken. Mit Salz und Pfeffer abschmecken, auf ein Schneidbrett geben und, sobald er abgekühlt ist, fein hacken.

Für die Béchamelsauce die restlichen 60 g Butter in einem Topf bei mittlerer Temperatur zerlassen. Langsam das Mehl einstreuen und einige Minuten mit einem Holzlöffel gründlich umrühren. Nach und nach die Milch hinzugießen und dabei ständig weiterrühren, bis man eine glatte Sauce erhält. Zuletzt die Béchamelsauce mit Muskatnuss würzen und mit Salz abschmecken.

Die Eier mit etwas Salz verquirlen. Eine Ringform von 30 cm Durchmesser buttern. Die Hälfte der Semmelbrösel hineingeben und, um sie gleichmäßig zu verteilen, die Form mehrmals schwenken. Die Eier hineingießen und die Form wieder schwenken, bis die Innenseite gleichmäßig überzogen ist, danach den Überschuss ausgießen. Die restlichen Semmelbrösel hineingeben und wie zuvor verteilen, sodass schließlich eine dicke Kruste entsteht.

Die Hälfte der Rigatoni in die Form geben, darauf die Hälfte des Spinats und anschließend die Hälfte der Béchamelsauce verteilen. Den Rest dieser Zutaten genauso einfüllen. Die Form für etwa 30 Minuten in den Ofen schieben.

Inzwischen die Tomaten abtropfen lassen, in einer Schüssel mit einer Gabel zerdrücken und mit dem Öl in einen Topf geben. In etwa 30 Minuten zu einer dicken Sauce einkochen. Zuletzt nach Geschmack mit Salz würzen.

Eine runde Servierplatte auf die Ringform legen und diese behutsam umdrehen. Die Form erst nach einigen Minuten vorsichtig abnehmen, wenn sich der Inhalt gesetzt hat. Den Großteil der Tomatensauce in die Mitte geben und den Rest um den *timballo* verteilen. Sehr heiß servieren.

Taglierini coi carciofi

Taglierini mit Artischocken

In diesem Fall lassen sich die Artischocken sehr gut im Voraus vorbereiten und dünsten. Man muss sie nur nochmals kurz erhitzen, während die Taglierini kochen – und binnen Minuten steht ein delikates Gericht auf dem Tisch.

Für 6 Personen

Saft von 1 Zitrone
6 Artischocken
6 EL natives Olivenöl extra
3 Knoblauchzehen, gehackt
450 g Taglierini
2 EL frisch gehackte glatte Petersilie
Salz und frisch gemahlener Pfeffer

Eine Schüssel mit kaltem Wasser füllen und den Zitronensaft zufügen.

Die Artischocken putzen: Die harten Außenblätter und den Stiel entfernen. Die Artischocken längs halbieren und das flaumige Heu mit einem Gemüsemesser sorgfältig entfernen. Die Hälften längs in feine Scheiben schneiden und sogleich ins Zitronenwasser einlegen, damit sie sich nicht dunkel verfärben. Die Artischocken abgießen und auf Küchenpapier abtropfen lassen.

Das Öl in einer Pfanne erhitzen. Den Knoblauch mit den Artischocken hineingeben, einen Deckel auflegen und das Gemüse bei niedriger Temperatur etwa 20 Minuten dünsten, dabei gelegentlich gut durchmischen.

Inzwischen in einem Topf reichlich Wasser zum Kochen bringen und salzen. Die Taglierini hineingeben und eben *al dente* kochen – ziehen Sie von der Packungsangabe zur Garzeit etwa 2 Minuten ab. Dann abseihen und zu den Artischocken geben.

Das Gericht mit der Petersilie bestreuen, dann mit Salz und Pfeffer nach Geschmack würzen und noch 2 Minuten bei niedriger Temperatur durchmischen. Sogleich servieren.

Tortini di riso

Reiskuchen

Auch dieses Gericht besitzt für mich den unschätzbaren Vorteil, dass es sich weitgehend vorbereiten lässt. Man kann rechtzeitig den Risotto kochen und die Reiskuchen braten, die man dann kurz vor dem Servieren in der Pfanne nur nochmals kurz erhitzen muss.

Für 6 Personen

2 l leichte Fleischbrühe
1 kleine Zwiebel, fein gehackt
120 g Butter
12 Hand voll Arborio-Reis oder Vialone Nano
125 ml trockener Weißwein
1 Prise gemahlener Safran oder 1 TL Safranfäden
4 EL frisch geriebener Parmesan
Weiße Trüffel zum Garnieren (nach Belieben)
Salz und frisch gemahlener Pfeffer

Die Brühe in einem Topf zum Sieden bringen.

In einem großen Topf die Zwiebel in 2 EL Butter bei mittlerer Temperatur in etwa 3 Minuten unter Rühren glasig schwitzen. Den Reis zufügen und bei hoher Temperatur ständig mit einem Holzlöffel rühren, bis er richtig heiß ist.

Mit einem Schöpflöffel so viel Brühe hinzugießen, dass der Reis knapp bedeckt ist. In Abständen von etwa 1 Minute schöpflöffelweise weitere Brühe beziehungsweise zwischendrin einen Schuss Wein dazugeben. Nach 10 Minuten den Safran einrühren. Etwa 15 Minuten nachdem er das erste Mal gekocht hat, den Reis vom Herd nehmen. Weitere 2 EL Butter und den Parmesan unterziehen. Den Risotto mit Salz und Pfeffer nach Geschmack würzen und gut umrühren. Dann auf eine kalte Arbeitsfläche geben und flach ausstreichen, um den Garprozess rasch zu stoppen. Wenn der Risotto völlig abgekühlt ist, sollte er sich ziemlich trocken anfühlen. Die Masse in 6 gleich große Portionen teilen.

In einer beschichteten Pfanne ein Sechstel der restlichen Butter bei niedriger Temperatur zerlassen. Eine Reisportion hineingeben und mit einem Bratenwender auf eine Dicke von ½ cm zusammendrücken. Den Reiskuchen zugedeckt etwa 10 Minuten braten, bis seine Unterseite goldbraun ist. Dann wenden und von der anderen Seite weitere 10 Minuten braten. Auf einen Teller gleiten lassen und zugedeckt warm stellen. Die anderen Reiskuchen ebenso braten.

Vor dem Servieren die Reiskuchen nach Belieben mit weiterem Parmesan bestreuen und – falls verwendet – etwas weiße Trüffel fein darüber hobeln.

Fleisch, Geflügel und Fisch

Filetto di maiale alla mostarda

Schweinefilet mit Senf

Dieses exquisite Rezept ist eine Spezialität meiner Freundin Cesarina d'Elci. Sie lebt im schönsten in Privatbesitz befindlichen Palazzo Sienas mit Blick auf die Piazza del Campo, auf der zweimal im Jahr der berühmte Palio stattfindet. Cesarina lädt gerne Gäste ein und verwöhnt sie mit den herrlichsten Köstlichkeiten, die sie manchmal auf Ginori-Geschirr aus dem 17. Jahrhundert serviert.

Für 4 Personen

200 g Schweinenetz
4 Wirsingblätter
700 g Schweinefilet
4 EL körniger französischer Senf
2 EL natives Olivenöl extra
1 EL Butter
Salz

Den Backofen auf 200 °C vorheizen.

Das Schweinenetz etwa 30 Minuten in einer Schüssel mit Wasser einweichen. In einem großen Topf Wasser zum Kochen bringen, dann salzen. Die Kohlblätter 2 Minuten blanchieren, abseihen und zum Abtropfen auf einem sauberen Küchentuch ausbreiten. Jeweils die Mittelrippe entfernen.

Das Filet gleichmäßig mit dem Senf bestreichen. Auf einer sauberen Arbeitsfläche das Schweinenetz und darauf die Kohlblätter ausbreiten. Das Filet in die Mitte legen und so in die Kohlblätter sowie das darunter befindliche Schweinenetz einwickeln, dass es völlig umhüllt ist. Dabei die Enden einschlagen und die Rolle zuletzt mit Küchengarn umbinden.

Das Öl mit der Butter in einem Bräter bei mittlerer Temperatur erhitzen. Sobald die Butter geschmolzen ist, das Filet in den Bräter geben und in den Ofen schieben – keinen Deckel auflegen. Nach 10 Minuten die Ofentür nur für einen kurzen Moment öffnen und dann die Hitze abschalten. Den Bräter nach weiteren 10 Minuten aus dem Ofen nehmen.

Das Filet aufschneiden, auf einer vorgewärmten Platte anrichten und sogleich servieren.

Coniglio all'aceto balsamico

Kaninchenbraten mit Balsamico-Sauce

Aceto balsamico – Balsamessig – ist ein traditionsreiches Erzeugnis aus den Provinzen Modena und Reggio Emilia, das einst bei Auktionen sehr hohe Preise erzielte. Inzwischen produziert man ihn zum überwiegenden Teil industriell. Doch auf die traditionelle Weise handwerklich hergestellt und lange gereift (12 bis 30 Jahre und mehr), ist diese edle Würze auch heute noch eine kostbare Spezialität. Während ich Balsamico selten für Salatdressings verwende, schätze ich ihn in Kombination mit Fleisch oder Käse umso mehr.

Für 6 Personen

1 EL Fenchelsamen
1 Kaninchen (etwa 2 kg), als Braten vorbereitet
150 g Pancetta (luftgetrockneter Bauchspeck),
in sehr dünne Scheiben geschnitten
2 EL natives Olivenöl extra
1 EL Butter
150 g grüne Oliven, entsteint
125 ml trockener Weißwein
3 EL Balsamessig
Salz und frisch gemahlener Pfeffer

Den Backofen auf 180 °C vorheizen.

Die Fenchelsamen mit Salz und Pfeffer in einer flachen Schüssel vermischen und das Kaninchen darin wenden, bis es ringsum gleichmäßig gewürzt ist. Dann das Kaninchen rundherum mit den Speckscheiben belegen und mit Küchengarn umwickeln.

Das Öl mit der Butter in einer ofenfesten Kasserolle erhitzen. Das Kaninchen hineinlegen und zugedeckt etwa 30 Minuten im Ofen garen. Die Oliven zum Braten geben und diesen ohne Deckel weitere 30 Minuten garen, dabei mehrmals wenden und gelegentlich etwas Wein angießen.

Den Braten aus dem Topf nehmen und auf eine vorgewärmte Platte legen. Die Kasserolle auf den Herd setzen, den Balsamessig angießen und den Bratensatz bei mittlerer Temperatur unter Rühren vom Topfboden lösen. Die Sauce mit den Oliven über den Braten geben und diesen servieren.

Stinco al limone

Kalbshachse mit Zitronensauce

Zum Abschluss meiner Kochkurse in Coltibuono serviere ich oft dieses Gericht. Es ist nicht nur ein Hochgenuss, der beinahe auf der Zunge zergeht, sondern lässt sich auch einfach zubereiten. Hadtidza, die mir bei den Kursen assistiert und auch zu Hause für uns kocht, dekoriert den Braten immer besonders hübsch mit vielen Lorbeerblättern.

Für 4 Personen

1 ganze Kalbshachse mit Knochen (etwa 1,2 kg)
2 EL natives Olivenöl extra
1 EL Butter
1 Möhre, halbiert
1 Zwiebel, halbiert
1 Stange Bleichsellerie, halbiert
Einige Lorbeerblätter
½ Flasche trockener Weißwein
Abgeriebene Schale von 1 unbehandelten Zitrone
Salz und frisch gemahlener Pfeffer

Den Backofen auf 180 °C vorheizen.

Die Kalbshachse rundherum mit Salz und Pfeffer einreiben und fest mit Küchengarn umbinden.

Das Öl mit der Butter in einer großen ofenfesten Kasserolle erhitzen. Die Kalbshachse bei mittlerer Temperatur in etwa 10 Minuten von allen Seiten gleichmäßig anbräunen. Das Gemüse und die Lorbeerblätter zufügen. Einen Deckel auflegen und die Kalbshachse etwa 4 Stunden im Ofen garen, dabei gelegentlich etwas Wein hinzugießen, damit das Fleisch nicht austrocknet. Die Kalbshachse auf eine Servierplatte legen und warm stellen.

Die Zitronenschale in den Topf geben und den Bratensatz bei mittlerer Temperatur unter Rühren vom Topfboden lösen. Den Fond mit dem Gemüse über einem kleinen Topf durch ein Passiergerät oder ein feines Sieb passieren. Die Sauce kurz erhitzen, die Kalbshachse damit übergießen und servieren.

Pollo arrosto alle erbe

Gekräutertes Brathuhn

Nach dieser Anleitung gerät das Huhn nicht nur sehr aromatisch und wunderbar zart, sondern ist zuletzt auch appetitlich gebräunt. Im Sommer verwende ich statt Rosmarin und Salbei Kräuter wie Basilikum, Petersilie, Schnittlauch oder Estragon.

Für 4 Personen

2 frische Rosmarinstengel, fein gehackt
1 Hand voll frische Salbeiblätter, fein gehackt
1 EL getrocknete Minze
3 Knoblauchzehen, fein gehackt
Salz und frisch gemahlener Pfeffer
1 Huhn (etwa 1,2 kg), küchenfertig vorbereitet
2 EL natives Olivenöl extra
1 EL Butter
125 ml trockener Weißwein

Den Backofen auf 180 °C vorheizen.

Die Kräuter und den Knoblauch mit Salz und Pfeffer nach Geschmack vermischen. Die Haut des Huhns an der Brust und am Schenkelansatz vorsichtig lösen und die Kräutermischung zwischen die Haut und das Fleisch schieben; dabei gleichmäßig verteilen. Das Huhn mit Küchengarn umbinden.

Das Öl mit der Butter in eine große, ofenfeste Kasserolle geben. Das Huhn hineinlegen und im geschlossenen Topf im Ofen etwa 1½ Stunden garen. Den Deckel abnehmen und das Huhn noch etwa 1 Stunde garen. Gelegentlich etwas Wein angießen und das Huhn mehrmals wenden, sodass es von allen Seiten gleichmäßig kräftig bräunt. Auf eine Servierplatte legen und warm stellen.

Die Kasserolle auf den Herd setzen. Den Bratensatz bei mittlerer Temperatur mit etwas Wasser ablöschen und durch Rühren vom Topfboden lösen. Die Sauce über einem kleinen Topf durch ein Sieb gießen und nochmals kurz erhitzen. Dann das Huhn mit der Sauce überziehen und servieren.

Involtini di vitello alla pancetta

Kalbsrouladen mit Pancetta

Abends sind wir mit den Teilnehmern an unseren Kochkursen oft in vornehmen Privathäusern eingeladen. Bei einer solchen Gelegenheit kochte meine Freundin Franchina Parisi für uns diese Rouladen. Dazu servierte sie ein traumhaftes Kartoffelpüree.

Für 6 Personen

30 runde, dünn geschnittene Kalbsschnitzel
aus der Oberschale
10 sehr dünne Scheiben Pancetta
(luftgetrockneter Bauchspeck)
30 kleine frische Salbeiblätter
1 Hand voll fein zerpflückte Weißbrotkrume
125 ml Milch
150 g Hackfleisch vom Schwein
1 großes Eigelb
2 EL frisch geriebener Parmesan
2 EL natives Olivenöl extra
2 EL Butter
125 ml trockener Weißwein
Salz und frisch gemahlener Pfeffer

Die Schnitzel flach klopfen, wobei sie ihre runde Form nicht verlieren sollen. Die Speckscheiben jeweils in 3 Stücke schneiden und auf jedes Schnitzel erst 1 Stück Speck und dann 1 Salbeiblatt legen.

Die Weißbrotkrume kurz in der Milch einweichen und ausdrücken. In einer Schüssel mit dem Hackfleisch, dem Eigelb, dem Parmesan sowie Salz und Pfeffer nach Geschmack vermischen. Auf jedes Schnitzel 1 TL dieser Mischung geben. Die Fleischscheiben sorgfältig so aufrollen, dass die Füllung gut umschlossen ist, und die Rouladen mit hölzernen Zahnstochern fixieren.

Das Öl mit der Butter in einem großen, flachen Topf erhitzen. Die Rouladen in einer Schicht einlegen und bei mittlerer Temperatur etwa 10 Minuten braten, bis sie rundherum goldbraun sind. (Falls der Topf nicht groß genug ist, die Rouladen in zwei Partien anbraten.) Den Wein dazugießen und den Bratensatz unter Rühren vom Topfboden lösen. Einen Deckel auflegen und die Temperatur herunterschalten. Die Rouladen noch 10 Minuten schmoren, dabei nach Bedarf etwas Wasser hinzufügen, damit der Topfinhalt nicht zu trocken wird. Die Rouladen auf einer vorgewärmten Platte anrichten, zuvor jedoch die Zahnstocher entfernen. Mit dem Schmorfond beträufeln und servieren.

Baccalà ai carciofi

Stockfisch mit Artischocken

Baccalà, gesalzener und luftgetrockneter Kabeljau, ist in Italien sehr beliebt. Die Zubereitung ist leicht, erfordert jedoch rechtzeitige Planung, denn Stockfisch muss vor der Verwendung etwa 24 Stunden in Wasser eingelegt werden, das man zudem mehrmals erneuern muss. (Da er gesalzen ist, handelt es sich eigentlich um Klippfisch, doch ist inzwischen die Bezeichnung Stockfisch üblich.)

Für 6 Personen

600 g Stockfisch (gesalzenes Kabeljaufilet)
Saft von 1 Zitrone
8 Artischocken
2 Knoblauchzehen, gehackt
6 EL natives Olivenöl extra
1 EL fein gehackte glatte Petersilie

Den Stockfisch 24 Stunden wässern und das Wasser mindestens viermal erneuern. Abgießen, abtropfen lassen, entgräten und in 6 Portionen teilen.

Eine Schüssel mit kaltem Wasser füllen und den Zitronensaft zufügen.

Die Artischocken putzen: Die harten Außenblätter und den Stiel entfernen. Die Artischocken längs halbieren und das flaumige Heu mit einem Gemüsemesser sorgfältig entfernen. Die Hälften nochmals längs halbieren und die Stücke sogleich in Zitronenwasser einlegen, damit sie sich nicht dunkel verfärben. Die Artischocken abgießen, abtropfen lassen und mit Küchenpapier trockentupfen.

Die Hälfte des Öls in einem Topf erhitzen und den Knoblauch bei niedriger Temperatur in etwa 3 Minuten glasig schwitzen. Dann die Artischocken, den Fisch und die Petersilie dazugeben. Einen Deckel auflegen und alles etwa 10 Minuten garen, bis die Artischocken weich sind.

Aus dem Topf 8 Artischockenviertel herausnehmen und in den Mixer geben, den restlichen Topfinhalt warm stellen. Das restliche Öl und etwas Wasser in den Mixer geben und die Artischocken fein pürieren. In einem kleinen Topf das Püree bei niedriger Temperatur kurz erhitzen.

Die Stockfischmischung auf einer vorgewärmten Platte anrichten, mit dem Artischockenpüree übergießen und servieren.

Branzino al cartoccio

Wolfsbarsch in Pergamenthülle gegart

Jeder Fisch, der sich im Backofen zubereiten lässt, eignet sich auch für dieses Rezept. Manchmal verwende ich Thunfischkoteletts, die ich dann jedoch nur mit Zitronenscheiben belege.

Für 6 Personen

1 Wolfsbarsch (etwa 2 kg)
125 ml natives Olivenöl extra
1 unbehandelte Zitrone, halbiert
100 g Thunfisch in Öl, abgetropft
1 Sardellenfilet in Öl, abgetropft
1 Hand voll frische glatte Petersilie
30 g Kapern in Essig, abgetropft
1 großes Ei, hart gekocht
1 EL Rotweinessig
Salz und frisch gemahlener Pfeffer

Den Backofen auf 180 °C vorheizen.

Den Wolfsbarsch säubern, abspülen, sorgfältig auswaschen und trockentupfen. Innen und außen leicht mit Öl bestreichen und eine Zitronenhälfte in die Bauchhöhle schieben. Die andere Zitronenhälfte in Scheiben schneiden. Auf der Arbeitsfläche ein ausreichend großes Stück Backpapier ausbreiten. Den Fisch darauf legen, mit den Zitronenscheiben bedecken und mit Salz und Pfeffer würzen. Dann den Fisch locker mit dem Papier umwickeln und dessen Enden verdrehen, so dass eine geschlossene, luftdichte Hülle entsteht, die um den Fisch etwas Platz lässt. Den Fisch etwa 40 Minuten im Ofen garen.

Den Thunfisch, das Sardellenfilet, die Petersilie, die Kapern, das Ei, den Essig, etwas Pfeffer und das restliche Öl in den Mixer geben. Alles zu einer cremigen Sauce verarbeiten.

Den Fisch aus der Pergamenthülle nehmen und auf einer vorgewärmten Platte anrichten. Sogleich mit der Sauce servieren.

Sogliole al finocchio e arancia

Seezunge mit Fenchel und Orangenschale

Die Araber, die im frühen Mittelalter in italienische Gewässer vordrangen, brachten auch die Orangen und den Fenchel ins Land. Vor allem auf Sizilien werden sie in vielen Rezepten verwendet.

Für 6 Personen

6 Seezungen, filetiert (insgesamt 24 Filets)
3 Fenchelknollen
3 EL natives Olivenöl extra
Abgeriebene Schale von 1 unbehandelten Orange
Salz und frisch gemahlener Pfeffer

Den Backofen auf 180 °C vorheizen.

Die Seezungenfilets behutsam aufrollen und jeweils mit einem hölzernen Zahnstocher fixieren.

Die Fenchelknollen putzen, längs halbieren und gut abspülen; dann in feine Scheiben schneiden. Eine große ofenfeste Form mit der Hälfte des Öls ausstreichen, mit den Fenchelscheiben auslegen und diese mit Salz und Pfeffer nach Geschmack würzen. Mit Alufolie abdecken und im Ofen etwa 20 Minuten garen, dabei nach Bedarf etwas Wasser hinzufügen, um das Gemüse feucht zu halten.

Die Seezungenfilets nebeneinander auf das Fenchelbett legen, mit der Orangenschale bestreuen, mit dem restlichen Öl beträufeln und leicht salzen. Die Form wieder abdecken und den Fisch 10 Minuten im Ofen garen.

Die Folie abnehmen und das Gericht servieren.

Bove al cucchiaio

Rinderschmorbraten in Rotwein

Mein Vater liebte diesen Braten, der so butterzart ist, dass man ihn, wie der italienische Titel sagt, »mit dem Löffel« zerteilen kann. Von seiner Köchin Anna übernahm ich das Rezept. Es ist zwar zeitaufwendig, dafür aber mit einem Risotto oder mit Polenta als Beilage garantiert ein Erfolg.

Für 8 bis 10 Personen

Etwa 2,5 kg Rindfleisch zum Schmoren
2 Möhren, halbiert
2 Zwiebeln, halbiert
2 Stangen Bleichsellerie, halbiert
3 Lorbeerblätter
1 EL Wacholderbeeren
1 TL Pfefferkörner
1 kleine Fenchelknolle
2 Flaschen nicht zu junger Chianti oder Barolo
2 EL natives Olivenöl extra
1 EL Butter
Salz und frisch gemahlener Pfeffer

Zwei Tage vor dem geplanten Essen das Fleisch mit Küchengarn umbinden und in eine große, tiefe Schüssel legen. Die Möhren, die Zwiebeln, den Sellerie, die Lorbeerblätter, die Wacholderbeeren und die Pfefferkörner dazugeben. Die Fenchelknolle längs halbieren, gründlich abspülen und ebenfalls hinzufügen. Den Wein angießen. Die Schüssel abdecken und für 24 Stunden kalt stellen.

Am Tag vor dem Essen das Fleisch aus der Marinade nehmen und mit Küchenpapier trockentupfen. Das Öl mit der Butter in einer großen ofenfesten Kasserolle bei mittlerer Temperatur erhitzen. Das Fleisch in etwa 10 Minuten von allen Seiten gleichmäßig anbräunen.

Inzwischen den Backofen auf 180 °C vorheizen. Die Marinade über einem Gefäß durch ein Sieb gießen. Das Gemüse und die Gewürze mit der Hälfte der Flüssigkeit zum Fleisch geben, die restliche Marinade aufbewahren. Einen Deckel auflegen und die Kasserolle in den Ofen stellen. Den Braten 6 Stunden schmoren, dabei gelegentlich wenden. Aus dem Ofen nehmen, abkühlen lassen und über Nacht kalt stellen.

Am nächsten Tag den Backofen wieder auf 180 °C vorheizen. Das Fett vom Schmorfond abnehmen.

So viel von der restlichen Marinade zum Braten gießen, dass dieser bis zu seiner halben Höhe von Flüssigkeit umgeben ist. Zugedeckt nochmals für 8 Stunden in den Ofen schieben und dabei wieder behutsam von Zeit zu Zeit wenden. Dann den Braten aus dem Ofen nehmen und das Küchengarn entfernen. Den Braten in eine flache Servierschüssel legen.

Den Schmorfond über einem Topf durch ein Passiergerät oder ein feines Sieb passieren, kurz erhitzen und eventuell etwas einkochen lassen – er sollte zuletzt weder zu dünn noch zu dickflüssig sein. Dann den Fond mit Salz und Pfeffer abschmecken und den Braten damit übergießen. Als Vorlegebesteck einen Löffel und eine Gabel verwenden.

Seppie con patate e cipolle

Tintenfisch mit Kartoffeln und Zwiebeln

An einem kalten Winterabend mundet dieses deftige Gericht besonders gut. Danach serviere ich gern einen einfachen Obstsalat.

Für 6 Personen

600 g Tintenfische (Sepia)
3 EL natives Olivenöl extra
1 große Zwiebel, in dünne Scheiben geschnitten
3 große Kartoffeln, geschält und gewürfelt
1 EL frisch gehackte glatte Petersilie
Salz und frisch gemahlener Pfeffer

Die Tintenfische gut säubern und in große Stücke schneiden.

Das Olivenöl in einem großen Topf erhitzen und die Zwiebel bei mittlerer Temperatur unter ständigem Rühren in etwa 3 Minuten glasig schwitzen.

Die Tintenfische zufügen und einige Minuten unter häufigem Rühren mitbraten. Die Kartoffeln dazugeben, alles mit Salz und Pfeffer nach Geschmack würzen und einen Deckel auflegen. Noch ungefähr 10 Minuten garen, bis die Kartoffeln weich sind. Falls nötig, etwas Wasser hinzugießen, damit der Eintopf nicht zu trocken wird.

Das Gericht mit der Petersilie bestreuen, auf eine vorgewärmte Platte geben und servieren.

GEMÜSE UND SALATE

Sformato di broccoli
Brokkoli-Auflauf

Noch vor nicht allzu langer Zeit wurde, wenn die ganze Familie zu einem Essen zusammenkam, zwischen der Suppe und dem Hauptgericht gern ein Gemüse-Auflauf serviert. Dazu gab es oft gebratenes Bries in Zitronensauce, Hahnenkämme oder auch eine Kombination aus beidem. Heute reicht man diese Zubereitungen als eleganten ersten Gang oder sogar als Hauptgericht.

Für 6 Personen

1 kg Brokkoli
2 EL natives Olivenöl extra
60 g Pancetta (luftgetrockneter Bauchspeck),
ersatzweise Frühstücksspeck,
in feine Scheiben geschnitten
3 große Eier
4 EL frisch geriebener Provolone
125 ml Sahne
1 EL weiche Butter
120 g feine getrocknete Semmelbrösel
Salz und frisch gemahlener Pfeffer

Den Backofen auf 180 °C vorheizen.

Den Brokkoli putzen und in Röschen teilen, die dicken Stiele und Strünke schälen und in Stücke schneiden. In einem Topf Wasser zum Kochen bringen und die Brokkoli-Stücke etwa 5 Minuten garen. Dann erst die Röschen dazugeben und 2 Minuten mitgaren. Das Gemüse abgießen.

Das Öl in einem Topf erhitzen. Den Speck darin knusprig braten. Die Brokkoli-Stücke und -röschen dazugeben und bei mittlerer Temperatur einige Minuten sautieren, dabei mehrmals durchmischen. Mit Salz und Pfeffer nach Geschmack würzen, dann durch ein Passiergerät oder ein feines Sieb passieren oder im Mixer pürieren.

In einer Schüssel die Eier, den Käse und die Sahne mit dem Schneebesen gründlich verrühren. Das Brokkoli-Püree sorgfältig unterziehen. Eine Ringform von 24 cm Durchmesser mit der Butter ausstreichen. Die Semmelbrösel hineingeben und durch Schwenken gleichmäßig verteilen. Die Brokkoli-Masse in die Form füllen, diese in eine größere ofenfeste Form mit hohem Rand stellen, in den Backofen schieben und die größere Form ungefähr 3 cm hoch mit Wasser füllen. Den Brokkoli-Auflauf etwa 1 Stunde im Ofen garen, danach herausnehmen und mit einem Messer am Innenrand der Ringform entlangfahren.

Auf eine Platte stürzen und vorsichtig die Form abnehmen. Den Auflauf sehr heiß servieren.

Frittelle di cipolle
Frittierte Zwiebelringe

Bei Beginn eines neuen Kochkurses in Coltibuono reichen wir zur Begrüßung der Teilnehmer oft diese Zwiebelringe zu einem Aperitif. Am besten schmecken sie ganz frisch, wenn die Teighülle noch schön knusprig und das Innere richtig heiß ist.

Für 6 Personen

1 großes Ei
60 g Mehl für den Backteig, dazu
120 g Mehl zum Wenden der Zwiebelringe
150 ml Wasser
1 l Pflanzenöl zum Frittieren
3 Zwiebeln, geschält und in Ringe geschnitten
Salz

Das Ei in einer Schüssel verquirlen, dann 60 g Mehl esslöffelweise hinzufügen; vor jeder weiteren Zugabe kräftig rühren, um Klumpen zu vermeiden. Das Wasser mit dem Schneebesen gründlich einrühren und den Teig leicht salzen.

Das Öl in einem Frittiertopf auf 180 °C erhitzen. (Die Temperatur ist erreicht, wenn ein Brotwürfel in 1 Minute goldbraun wird.) Die Zwiebelringe im restlichen Mehl wenden, bis sie gleichmäßig überzogen sind; den Überschuss abschütteln. Dann durch den Backteig ziehen und ins heiße Öl geben. Sobald sie nach einigen Minuten goldbraun sind, mit einem Schaumlöffel herausheben und auf Küchenpapier abtropfen lassen.

Die Zwiebelringe mit Salz nach Geschmack würzen. Sogleich servieren.

Insalata di spinaci al gorgonzola

Spinatsalat mit Gorgonzola-Dressing

Bei Frühlingsspinat kann man die Blattstiele ohne weiteres mit verwenden, dagegen sollte man sie bei kräftigeren Blättern für diesen Salat entfernen. Anstelle von Gorgonzola eignet sich ebenso ein etwas milderer Käse wie Taleggio oder auch Camembert.

Für 6 Personen

600 g zarter Spinat
90 g Gorgonzola
125 ml natives Olivenöl extra
Saft und abgeriebene Schale von 1 unbehandelten Zitrone
Salz und frisch gemahlener Pfeffer

Den Spinat verlesen und putzen – junge, zarte Blätter müssen nicht entstielt werden –, waschen und gründlich abtropfen lassen. In eine Salatschüssel geben.

Den Gorgonzola mit dem Öl, dem Zitronensaft und Pfeffer nach Geschmack in den Mixer geben und alles zu einem cremigen, aber nicht zu dickflüssigen Dressing verarbeiten. Dann den Spinat leicht mit Salz würzen, mit der Zitronenschale bestreuen und mit dem Dressing übergießen. Den Spinatsalat kurz durchmischen und sogleich servieren.

Lenticchie al coriandolo

Linsen mit Koriandergrün

Von den Ländern Süd- und Südostasiens, die ich besucht habe, faszinierte mich Indien ganz besonders aufgrund seiner Architektur, des einzigartigen Himmels und der Anmut der Menschen. In nachfolgendem Rezept verbindet sich die indische Küche mit der meiner Heimat.

Für 6 Personen

450 g grüne Linsen
1 Hand voll frische Korianderblätter
Abgeriebene Schale von 1 unbehandelten Zitrone
3 EL natives Olivenöl extra
Salz und frisch gemahlener Pfeffer

Die Linsen in einer großen Schüssel mit Wasser bedecken und über Nacht einweichen.

Abseihen und in einem großen Topf mit frischem Wasser bedecken. Zum Kochen bringen und die Linsen etwa 1 Stunde garen. Inzwischen die Korianderblätter fein hacken. Die Linsen abseihen und in eine Servierschüssel füllen. Mit Salz und Pfeffer abschmecken, das Koriandergrün und die Zitronenschale dazugeben und alles mit dem Öl beträufeln. Gründlich vermischen und warm servieren.

Scarole ripiene

Gefüllter Chicorée

Wenn ich einen Besuch meiner Freunde in Neapel plane, freue ich mich schon auf dieses Gericht. Es ist typisch für die Küche der Region, wird aber in Restaurants nur sehr selten angeboten.

Für 6 Personen

30 g Korinthen
3 Chicorée-Stauden
60 g schwarze Oliven
(möglichst aus Gaeta oder Kalamata), entsteint
30 g Kapern in Essig, abgetropft
30 g Pinienkerne
2 EL frisch geriebener Pecorino
3 eingelegte Sardellenfilets, abgetropft und gehackt
1 Hand voll fein zerpflückte Weißbrotkrume,
in Wasser eingeweicht und ausgedrückt
3 Knoblauchzehen, fein gehackt
3 EL natives Olivenöl extra
Salz und frisch gemahlener Pfeffer

Den Backofen auf 180 °C vorheizen.

Die Korinthen etwa 30 Minuten in Wasser einweichen, danach abseihen.

In einem Topf Wasser zum Kochen bringen. Den Chicorée putzen und etwa 2 Minuten blanchieren. Abgießen, auf einem sauberen Küchentuch abtropfen lassen und die Blätter auseinander spreizen, um Platz für die Füllung zu schaffen.

Die Oliven halbieren. In einer Schüssel mit den Korinthen, den Kapern, den Pinienkernen, dem Pecorino, den Sardellen, der Weißbrotkrume und dem Knoblauch vermischen. Das Ganze mit Salz und Pfeffer nach Geschmack würzen und in die vorbereiteten Chicorée-Stauden füllen. Die Blätter wieder zusammendrücken, sodass die Füllung eingeschlossen ist, und die Stauden mit Küchengarn umbinden.

Eine ofenfeste Form mit dem Öl ausstreichen und den Chicorée hineingeben. Einen geeigneten Deckel auflegen oder die Form mit Alufolie verschließen. Den gefüllten Chicorée etwa 30 Minuten im Ofen garen. Heiß servieren.

Crocchette di spinaci

Spinatkroketten

Genießen Sie diese Kroketten als Beilage zu frittiertem Fisch, in Kombination mit anderen Gemüsezubereitungen oder als Appetithappen zu einem Glas Weißwein. Im Sommer munden sie, mit einer feinen Tomatensauce serviert, vorzüglich als erster Gang.

Für 6 Personen

1 kg Spinat
300 g Ricotta
2 große Eier
4 EL frisch geriebener Parmesan
120 g Mehl
120 g feine getrocknete Semmelbrösel
1 l Pflanzenöl zum Frittieren
Salz

Den Spinat verlesen und waschen, aber nicht entstielen. In einem großen Topf etwas Wasser zum Kochen bringen und den Spinat einige Minuten garen, bis er eben zusammenfällt. Abseihen, etwas abkühlen lassen, gut ausdrücken und fein hacken. Dann den Spinat in einer Schüssel mit dem Ricotta, 1 Ei und dem Parmesan vermischen. Mit Salz nach Geschmack würzen.

Aus der Masse mit eingemehlten Händen ovale, gut pflaumengroße Kroketten formen und diese in Mehl wälzen. Das zweite Ei mit einer Gabel in einem tiefen Teller verquirlen, die Semmelbrösel ebenfalls in einen Teller geben. Die Spinatkroketten ins Ei tauchen und anschließend in den Semmelbröseln wälzen, bis sie gleichmäßig überzogen sind.

Das Öl in einem Frittiertopf auf 180 °C erhitzen. (Die Temperatur ist erreicht, wenn ein Brotwürfel in 1 Minute goldbraun wird.) Die Kroketten in das Öl geben und portionsweise goldbraun frittieren. Mit einem Schaumlöffel herausheben und auf Küchenpapier abtropfen lassen. Die Spinatkroketten sehr heiß servieren.

Frittata di patate all'origano

Kartoffelomelett mit Oregano

Am liebsten bereite ich die italienische Version des Omeletts mit Gemüse wie Kartoffeln, Artischocken, Zwiebeln, Spinat, Brokkoli oder Zucchini zu. Dabei rechne ich grundsätzlich nur ein halbes Ei pro Person. Eine perfekte *frittata* sollte *bavosa* sein, also schön saftig, und darf daher niemals im Ofen gebacken werden.

Für 6 Personen

6 EL natives Olivenöl extra
1 kg vorwiegend fest kochende Kartoffeln, geschält und in dünne Scheiben geschnitten
3 große Eier
1 EL getrockneter Oregano
6 EL frisch geriebener Parmesan
Salz und frisch gemahlener Pfeffer

Die Hälfte des Öls in einer beschichteten Pfanne erhitzen. Die Kartoffeln hinzufügen, mit Salz und Pfeffer nach Geschmack würzen und zugedeckt bei niedriger Temperatur etwa 10 Minuten garen. Mithilfe eines Deckels oder eines breiten Spatels wenden und von der zweiten Seite ebenfalls einige Minuten garen, bis sie weich sind.

Die Eier in einer großen Schüssel mit etwas Salz und Pfeffer verquirlen. Den Oregano und den Parmesan einrühren. Die Kartoffeln in der Pfanne mit einer Gabel etwas zerkleinern und mit dem Ei übergießen. Das Omelett zugedeckt bei mittlerer Temperatur garen, bis die Eimasse leicht stockt, dabei die Pfanne mehrfach rütteln. Dann das Omelett auf einen Teller gleiten lassen, mithilfe eines aufgelegten zweiten Tellers wenden und wieder in die Pfanne gleiten lassen. Von der anderen Seite noch einige Minuten braten.

Dann das Kartoffelomelett auf einer vorgewärmten Platte anrichten und sogleich servieren.

DESSERTS, KUCHEN UND BROT

Soufflé freddo di mele

Kaltes Apfelsoufflé

Ein solches kaltes Soufflé ist nicht schwer zuzubereiten und obendrein sehr delikat. Im Frühsommer können Sie anstelle der Äpfel auch Erdbeeren dafür verwenden.

Für 8 Personen

1 kg Kochäpfel
1 EL Zimtpulver
180 g Zucker
3 große Eiweiß
400 ml Sahne
Salz

Die Äpfel schälen, vierteln und vom Kerngehäuse befreien. Mit etwas Wasser in einen Topf geben und zugedeckt bei niedriger Temperatur in etwa 10 Minuten weich dünsten. Durch ein Passiergerät oder ein feines Sieb passieren. Den Zimt einrühren und das Püree beiseite stellen.

Den Zucker mit etwas Wasser in einen schweren Topf geben. Ein Gefäß mit kaltem Wasser bereitstellen, in das der Topf hineinpasst. Zucker und Wasser langsam erhitzen, bis das Zuckerthermometer 100 °C anzeigt. Den Topf ins kalte Wasser setzen, um ein weiteres Erwärmen sofort zu stoppen.

Das Eiweiß mit 1 Prise Salz zu steifem Schnee schlagen. Den warmen Zuckersirup mit einem Metalllöffel nach und nach unterziehen. Die Sahne in einer Schüssel steif schlagen.

Das Apfelpüree unter den Eischnee ziehen, dann die Sahne unterheben.

Eine Souffléform mit Backpapier auskleiden und die Apfelmasse einfüllen. Für mindestens 8 Stunden in den Kühlschrank stellen. Danach das Soufflé auf eine Platte stürzen und das Papier vorsichtig entfernen. Das Dessert servieren.

Mousse di panettone al cioccolato

Mousse von Panettone und Schokolade

Auch wenn ich inzwischen in der Toskana zu Hause bin, ist für mich als gebürtige Mailänderin Panettone als Dessert beim Weihnachtsessen erste Wahl. Allerdings wandle ich diesen Hefekuchen dem festlichen Anlass gemäß gern ab. Manchmal höhle ich ihn unterseits einfach etwas aus und fülle vor dem Servieren Schokoladeneis ein.

Für 10 Personen

300 g Panettone
60 ml Vin Santo
oder ein anderer weißer Dessertwein
100 g Bitterschokolade
60 g Butter, dazu 1 EL für die Förmchen
3 große Eier
100 g Zucker, dazu 1 EL für die Förmchen
2 EL Puderzucker

Den Backofen auf 180 °C vorheizen.

Den Panettone würfeln und in einer Schüssel mit dem Vin Santo beträufeln.

Einen großen, flachen Topf 3 cm hoch mit Wasser füllen und dieses zum Sieden bringen. Eine Metallschüssel über das siedende Wasser setzen – ihr Boden soll das Wasser nicht berühren – und darin die Schokolade mit 60 g Butter unter ständigem Rühren schmelzen. Die Schüssel vom Topf nehmen und die Masse abkühlen lassen.

Die Eier mit 100 g Zucker verquirlen. Die Schokoladenmasse und den Panettone hinzufügen und kräftig rühren, bis alles gut vermischt ist.

10 Auflaufförmchen mit 1 EL Butter ausstreichen und mit 1 EL Zucker ausstreuen. Die Panettone-Mischung einfüllen und etwa 15 Minuten im Ofen garen – sie soll in der Mitte leicht cremig bleiben. Völlig abkühlen lassen und die Mousse vorsichtig auf einzelne Dessertteller stürzen. Mit dem Puderzucker bestäuben und servieren.

Torta di pinoli al limone

Ricotta-Zitronen-Torte mit Pinienkernen

Wenn meine Freundin Sandra Bianchi Bandinelli die Teilnehmer meiner Kochkurse in ihren herrlichen freskengeschmückten Palazzo bei Siena einlädt, präsentiert sie als Abschluss des Essens oft diese Torte.

Für 8 Personen

FÜR DEN TEIG
180 g Mehl, dazu etwas mehr für die Teigbearbeitung
60 g Grieß
120 g Butter, in kleine Stücke geschnitten,
dazu 1 EL für die Form
60 g Zucker
1 großes Ei, plus 1 großes Eigelb

FÜR DIE FÜLLUNG
1 Ei plus 1 Eigelb
250 g Ricotta
60 g Puderzucker
Abgeriebene Schale von 1 unbehandelten Zitrone
10 Tropfen Zitronenöl
125 ml Sahne
120 g Pinienkerne

Den Backofen auf 180 °C vorheizen.

Für den Teig das Mehl und den Grieß in eine Küchenmaschine mit Schlagmesser geben. Butter, Zucker, Ei und Eigelb zufügen. Die Zutaten mixen, bis ein glatter Teig entsteht, der sich schließlich zu einer Kugel zusammenballt. In Klarsichtfolie wickeln und für 1–2 Stunden kalt stellen.

Eine 24 cm große Obstkuchenform mit herausnehmbarem Boden mit 1 EL Butter ausstreichen. Den Teig auf einer leicht bemehlten Arbeitsfläche ausrollen, die Form damit auskleiden und den Boden mehrmals mit einer Gabel einstechen. Etwa 20 Minuten backen, bis der Tortenboden zart gebräunt ist. Falls der Teig dabei Blasen wirft, diese zwischendrin mit der flachen – durch ein sauberes Küchentuch vor der Hitze geschützten – Hand zusammendrücken. Den fertig gebackenen Tortenboden abkühlen lassen.

Für die Füllung das Ei, das Eigelb, den Ricotta, den Puderzucker, die Zitronenschale und das Zitronenöl gut vermischen. Die Sahne schlagen, bis sie weiche Spitzen bildet; unter die Ricotta-Mischung heben. Die Masse in den Tortenboden füllen, glatt streichen und mit den Pinienkernen bestreuen. Für 20 Minuten in den Ofen schieben, bis die Füllung schön gebräunt ist. Rand und Boden der Torte mit einem Messer vorsichtig lösen. Die Torte vor dem Servieren auf einem Gitter abkühlen lassen.

Panello con uvette e noci

Fladen mit Rosinen und Walnüssen

Zur Zeit der Weinlese essen die Toskaner gerne *schiacciata con l'uva*, einen Fladen mit Trauben, der manchmal mit Rosmarin und Walnüssen angereichert wird. Im Winter ersetzen sie die Trauben dann einfach durch Rosinen.

Ergibt 1 Fladen

30 g frische Hefe
240 ml lauwarmes Wasser
300 g ganze Walnüsse oder 120 g Walnusskerne
2 EL natives Olivenöl extra
1 frischer Rosmarinstengel, gehackt
360 g Mehl, dazu etwas mehr für die Teigbearbeitung
60 g Zucker
Abgeriebene Schale von 1 unbehandelten Zitrone
120 g Rosinen
125 ml Vin Santo oder ein anderer Dessertwein
1 TL Anissamen
Salz

Die Hefe im lauwarmen Wasser auflösen und etwa 10 Minuten ruhen lassen, bis sich an der Oberfläche Bläschen zeigen. Ganze Walnüsse, falls verwendet, schälen und die Kerne halbieren.

Das Öl in einer Pfanne erhitzen. Die Walnüsse mit dem Rosmarin etwa 3 Minuten bei mittlerer Temperatur unter häufigem Rühren rösten. Die Pfanne vom Herd nehmen und den Inhalt abkühlen lassen.

In einer großen Schüssel das Mehl mit der Hälfte des Zuckers, der Zitronenschale und 1 Prise Salz vermischen. In die Mitte eine Mulde drücken. Langsam die aufgelöste Hefe hineingießen; dabei mit der Gabel kreisförmig das umgebende Mehl einrühren, bis ein weicher Teig entsteht. Eine Arbeitsfläche mit Mehl bestäuben und den Teig darauf mit den Handballen einige Minuten kneten, bis er eine glatte, elastische Kugel bildet. In eine mit Mehl ausgestreute Schüssel legen, mit Klarsichtfolie abdecken und etwa 1 Stunde ruhen lassen – er soll auf das Doppelte aufgehen.

Inzwischen die Rosinen etwa 1 Stunde im Wein einweichen, danach abseihen.

Den Teig auf der mit Mehl bestäubten Arbeitsfläche zusammenschlagen und zu einem Fladen von etwa 25 cm Durchmesser ausziehen. Auf ein bemehltes Backblech legen; mit den Rosinen, den Walnüssen und den Anissamen bestreuen. Noch 20 Minuten gehen lassen.

Unterdessen den Backofen auf 200 °C vorheizen. Den Fladen etwa 30 Minuten backen. Vor dem Servieren auf einem Gitter abkühlen lassen.

Arance al cocco

Orangen mit Kokos-Baiser

Ab Januar bietet der Markt für drei Monate herrliche sizilianische Blutorangen, aus denen sich die schönsten Desserts zubereiten lassen. Getrocknete Kokosraspel kann man kurz in dem Orangensaft, der beim Schneiden der Früchte austritt, einweichen, doch lassen sie sich ebenso trocken verwenden.

Für 6 Personen

6 Blutorangen
2 große Eiweiß
120 g Puderzucker
120 g frische Kokosnuss (ohne Schale gewogen)
oder 60 g getrocknete Kokosraspel
120 g gehackte Haselnüsse

Die Orangen schälen und dabei auch das Weiße sorgfältig entfernen. In Scheiben schneiden und eine ofenfeste Form damit auslegen.

Den Elektrogrill auf höchster Stufe vorheizen.

Das Eiweiß zu steifem Schnee schlagen und den Puderzucker mit einem Löffel behutsam, aber gründlich unterziehen. Frische Kokosnuss, falls verwendet, fein reiben. Die Kokosraspel ebenfalls unter die Baisermasse ziehen. Den inzwischen ausgetretenen Orangensaft aus der Form abgießen. Die Baisermasse über den Orangenscheiben verteilen und mit den gehackten Haselnüssen bestreuen. Das Dessert für einige Minuten unter den Grill schieben, bis die Baisermasse zart gebräunt ist. Sogleich servieren.

Avocado al Porto

Avacadocreme mit Portwein

Im Gegensatz zu den meisten Italienern bin ich für Süßigkeiten nur bedingt zu haben. Daher bevorzuge ich Desserts auf der Grundlage von Früchten, die auf unterschiedlichste Arten zubereitet sein können. Das nachfolgende Rezept lernte ich bei einem Besuch in Spanien kennen.

Für 6 Personen

6 vollreife Avocados
Saft von 1 Zitrone
80 g Zucker
6 EL Sahne
6 kleine Gläser Portwein (à 60 ml)

Die Avocados schälen, halbieren und den Kern entfernen. Das Fruchtfleisch mit dem Zitronensaft, dem Zucker und der Sahne in den Mixer geben und pürieren. Die Avocadocreme auf 6 Champagnerschalen verteilen, mit je einem Glas Portwein übergießen und sogleich servieren.

Focaccia di ceci alla salvia

Kichererbsenfladen
mit Salbei

In Italien haftet Kichererbsenmehl nichts Exotisches an, sondern man bekommt es eigentlich in jedem Supermarkt. (Recht verlässliche Bezugsquellen sind Bioläden und türkische Lebensmittelgeschäfte.)

Ergibt 1 Fladen

30 g frische Hefe
250 ml lauwarmes Wasser
250 g Mehl, dazu etwas mehr für die Teigbearbeitung
120 g Kichererbsenmehl
6 EL natives Olivenöl extra
1 Hand voll frische Salbeiblätter
Meersalz

Die Hefe in lauwarmem Wasser auflösen und etwa 10 Minuten ruhen lassen, bis sich an der Oberfläche Bläschen zeigen.

Beide Mehlsorten in einer großen Schüssel vermengen und in die Mitte eine Mulde drücken. Die Hälfte des Öls und die aufgelöste Hefe hineingießen. Mit einer Gabel in kreisförmigen Bewegungen das umgebende Mehl einrühren, bis ein weicher Teig entsteht. Eine Arbeitsfläche mit Mehl bestäuben und den Teig darauf mit den Handballen einige Minuten kneten, bis er eine glatte, elastische Kugel bildet. In eine mit Mehl ausgestreute Schüssel geben, mit Klarsichtfolie abdecken und etwa 1 Stunde ruhen lassen – er soll auf das Doppelte aufgehen.

Eine 24 oder 26 cm große Kuchenform oder ein Backblech mit 1 EL des restlichen Öls einfetten. Den Teig auf der mit Mehl bestäubten Arbeitsfläche zusammenschlagen und zu einem Fladen von der Größe der Form ausziehen. In die Form oder auf das Blech legen, mit dem restlichen Öl bestreichen und mit den Salbeiblättern und dem Meersalz bestreuen. Den Fladen noch etwa 20 Minuten gehen lassen.

Unterdessen den Backofen auf 200 °C vorheizen. Den Fladen etwa 30 Minuten backen. Vor dem Servieren auf einem Drahtgitter abkühlen lassen.

EIN WEIHNACHTS-FESTMAHL

Pâté di fagiano ai tartufi

Fasanenpastete mit weißer Trüffel

In meinem Elternhaus war das Weihnachtsfest lange Jahre ohne diese Pastete kaum vorstellbar. Anna, unsere Köchin, dekorierte sie mit selbst gemachtem Gelee und mit aus Butter modellierten Vögelchen.

Für 10 Personen

1 Fasan (etwa 1,5 kg), küchenfertig vorbereitet
100 g Prosciutto, in feine Scheiben geschnitten
2 EL natives Olivenöl extra
1 EL Butter zum Anbraten, dazu 90 g für die Trüffelcreme
125 ml trockener Marsala
1 kleine Möhre
1 kleine Zwiebel
1 Stange Bleichsellerie
6 Wacholderbeeren
2 frische Salbeiblätter
1 Lorbeerblatt
2 Scheiben altbackenes Weißbrot, die Krume grob zerpflückt
1 kleine weiße Trüffel (nach Belieben)
Salz und frisch gemahlener Pfeffer

Den Backofen auf 180 °C vorheizen.

Den Fasan, bei den Füßen beginnend, enthäuten. Dann mit den Schinkenscheiben belegen und, damit diese am Platz bleiben, mit Küchengarn umbinden.

Das Öl mit 1 EL Butter in einer großen, ovalen ofenfesten Kasserolle erhitzen. Den Fasan bei hoher Temperatur auf dem Herd etwa 5 Minuten anbraten, dabei mehrmals wenden, bis er von allen Seiten gebräunt ist. Mit Salz und Pfeffer würzen. Den Marsala angießen und verdampfen lassen. Gemüse, Wacholderbeeren, Salbei und Lorbeerblatt dazugeben und einen Deckel auflegen. Den Fasan im Ofen ungefähr 2 Stunden schmoren, dabei gelegentlich etwas Wasser hinzufügen, damit das Fleisch nicht austrocknet.

Die Kasserolle aus dem Ofen nehmen. Die Brotkrume hineingeben, damit sie den Bratenfond aufsaugt. Den Fasan abkühlen lassen, dann auf eine Arbeitsfläche geben. Die Schinkenscheiben abnehmen und beiseite legen. Das Fleisch von den Knochen lösen und grob hacken. Mit dem feuchten Brot, dem Schinken, Fond und Gemüse aus der Kasserolle in den Mixer geben und zu einer cremigen Mischung pürieren. Die Trüffel in hauchdünne Scheiben schneiden und in einer kleinen Schüssel mit der restlichen Butter vermischen. Zum Fasanenpüree geben, durch ein Sieb streichen und vermischen. Eine etwa 6 × 24 cm große Form mit Pergamentpapier auskleiden; die Pastete einfüllen. Für etwa 10 Stunden kalt stellen. Stürzen und Toast dazu reichen.

Tacchino ripieno

Gefüllter Truthahn

Dies ist eine köstliche Alternative zum klassischen Weihnachtstruthahn.

Für 10 Personen

3 frische Rosmarinstengel, fein gehackt
3 Knoblauchzehen, fein gehackt
1 Truthahn (etwa 3 kg)
300 g Ricotta
300 g Bratwurstbrät
2 große Eier
150 g fein zerpflückte Weißbrotkrume,
in Milch eingeweicht und ausgedrückt
1 EL Butter
2 EL natives Olivenöl extra
125 ml trockener Weißwein
Salz und frisch gemahlener Pfeffer

Den Truthahn auslösen. (Sie können auch den Fleischer bitten, diese Arbeit für Sie zu erledigen.)

Den Backofen auf 180 °C vorheizen.

Rosmarin und Knoblauch mit Salz und Pfeffer vermischen. Den Truthahn mit der Rosmarinmischung einreiben. Ricotta, Brät, Eier, Weißbrotkrume und etwas Salz in einer Schüssel gründlich vermischen. Den Truthahn damit füllen und mit Küchengarn zu einer Rolle binden. Den Boden einer großen ofenfesten Kasserolle mit der Butter und dem Öl einstreichen. Den Truthahn hineinlegen und zugedeckt im Ofen etwa 2 Stunden garen, dabei gelegentlich etwas Wein hinzugießen, damit das Fleisch nicht austrocknet. Dann den Deckel abnehmen und den Truthahn noch 1 Stunde braten, bis er gebräunt ist, dabei hin und wieder etwas Wasser zufügen. Den Truthahn auf einer Platte warm stellen; zuvor das Küchengarn entfernen. Den Bratensatz mit etwas Wasser ablösen und bei mittlerer Temperatur unter Rühren vom Topfboden lösen. Den Truthahn mit dem Bratenfond übergießen und servieren.

Ravioli di anitra

Ravioli mit Entenbrust-Spinat-Füllung

Dieses besondere Ravioli-Rezept erhielt ich von einem Koch in Mantua. Die schöne norditalienische Stadt birgt viele Kunstschätze, darunter die Fresken von Andrea Mantegna im Palazzo Ducale. Zu ihren kulinarischen Spezialitäten gehören auch die *agnolotti con la zucca* (Teigtaschen mit Kürbisfüllung).

Für 10 Personen

1 Entenbrust, enthäutet
90 g Butter
120 g Spinat
1 großes Ei
1 EL frische Thymianblättchen
1 EL frisch gehackte glatte Petersilie
1 große Kartoffel, gekocht und geschält
Salz und frisch gemahlener Pfeffer

FÜR DEN TEIG

300 g Mehl
3 große Eier

Die Entenbrust in dünne Scheiben schneiden. In einer Pfanne in 1 EL Butter einige Minuten braten – das Fleisch sollte noch rosa sein. Aus der Pfanne nehmen und beiseite legen, die Pfanne mit dem Fett ebenfalls beiseite stellen.

Den Spinat in etwas kochendem Wasser blanchieren. Abseihen, gründlich abtropfen lassen und, sobald er kühl genug ist, kräftig ausdrücken.

Die Entenbrust, den Spinat, das Ei, den Thymian, die Petersilie und die Kartoffel in den Mixer geben und alles fein zerkleinern. Mit Salz und Pfeffer nach Geschmack würzen und nochmals gut vermischen.

Den Pastateig herstellen. Zunächst 3 EL Mehl beiseite legen. Das restliche Mehl in eine große Schüssel häufen und in die Mitte eine tiefe Mulde drücken. Die Eier hineinschlagen und mit einer Gabel mit lockeren Bewegungen gründlich verquirlen. Nach und nach das Mehl, am unteren Rand der Mulde beginnend, mit kreisförmigen Bewegungen unter die Eier

rühren. Sobald beide Zutaten gründlich vermischt sind, den Teig auf einer bemehlten Arbeitsfläche mit den Händen bearbeiten. Mindestens 10 Minuten kneten und dabei stets in der gleichen Richtung immer wieder drehen. Sobald der Teig glatt und geschmeidig erscheint, die Hände waschen und abtrocknen. Zur Probe einen Finger in den Teig bohren: Kommt er sauber heraus, wird kein weiteres Mehl benötigt. Andernfalls noch ein wenig von dem reservierten Mehl einarbeiten. Erscheint der Teig dagegen zu fest und trocken, bearbeitet man ihn noch etwas mit benetzten Händen. Sobald der Teig die richtige Konsistenz hat, eine Schüssel darüber stülpen. Dann die Arbeitsfläche mit einem Teigschaber sorgfältig von Mehl- und Teigresten säubern.

Den Teig sogleich portionsweise mit der Nudelmaschine etwa ½ mm dünn ausrollen. (Noch nicht ausgerollten Teig in Klarsichtfolie wickeln, damit er nicht austrocknet.) Jedes ausgerollte Teigblatt mit einem Teigrädchen mit gewelltem Rand in lange Streifen von 5 cm Breite schneiden. Auf die Hälfte der Teigstreifen in Abständen von etwa 5 cm jeweils 1 kleinen Löffel der Enten-Spinat-Füllung geben. Die Teigstreifen am Rand und zwischen den Füllungen mit einem benetzten Backpinsel anfeuchten. Jeweils einen freien Teigstreifen darauf legen und beide Lagen rings um die einzelnen Füllungen mit der Fingerspitze zusammendrücken. Mit dem Teigrädchen Quadrate ausschneiden.

In einem Topf reichlich Wasser zum Kochen bringen und salzen. Die Ravioli hineingeben und nach dem erneuten Aufwallen des Wassers noch etwa 2 Minuten garen. Inzwischen die restliche Butter in der Pfanne, die zum Braten der Entenbrust verwendet wurde, zerlassen. Die Ravioli mit einem Schaumlöffel aus dem Wasser nehmen, abtropfen lassen und auf eine vorgewärmte Platte geben. Mit der Butter beträufeln und sogleich sehr heiß servieren.

Sformato di riso ai carciofi

Gestürzter Reisauflauf mit Artischocken

Aufläufe sind für Partys ideal, da sie im Voraus zubereitet werden können. So muss man sie im letzten Moment nur nochmals erhitzen. Im Winter lassen sich die Artischocken durch Spinat, Brokkoliröschen oder Fenchel ersetzen.

Für 10 Personen

Saft von ½ Zitrone
12 Artischocken
3 EL natives Olivenöl extra
2 Knoblauchzehen
2.25 l Hühnerbrühe
1 kleine Zwiebel, fein gehackt
90 g Butter, dazu 1 EL für die Form
800 g Arborio-Reis oder Vialone Nano
125 ml trockener Weißwein
90 g frisch geriebener Parmesan
2 EL fein gehackte glatte Petersilie
Salz und frisch gemahlener Pfeffer

Eine Schüssel mit kaltem Wasser füllen und den Zitronensaft zufügen.

Die Artischocken putzen: Die harten Außenblätter und den Stiel entfernen. Die Artischocken längs halbieren und das flaumige Heu mit einem Gemüsemesser sorgfältig entfernen. Die Hälften in Scheiben schneiden und sogleich ins Zitronenwasser einlegen, damit sie sich nicht dunkel verfärben. Die Artischocken abgießen und mit dem Öl, dem Knoblauch sowie etwas Salz in einen Topf geben. Zugedeckt etwa 10 Minuten dünsten. Den Knoblauch entfernen und den Topf beiseite stellen.

Die Brühe in einem Topf bis zum Siedepunkt erhitzen. In einem großen Topf die Zwiebel in der Hälfte der Butter bei mittlerer Temperatur in etwa 3 Minuten glasig schwitzen. Den Reis dazugeben und bei hoher Temperatur ständig mit einem Holzlöffel rühren, bis er richtig heiß ist. Den Wein angießen und verdampfen lassen. Mit einem Schöpflöffel so viel Brühe hinzufügen, dass der Reis knapp bedeckt ist. In Abständen von jeweils etwa 1 Minute schöpflöffelweise weitere Brühe dazugeben, sodass der Reis stets eben bedeckt ist. Den Reis nach knapp 15 Minuten Kochzeit vom Herd nehmen. Die restliche Butter, den Parmesan sowie je die Hälfte der Artischocken und der Petersilie unterziehen. Den Reis mit Salz und Pfeffer abschmecken und auf einer kühlen Fläche flach ausstreichen, um den Garprozess möglichst rasch zu stoppen. Eine Ringform von ungefähr 30 cm Durchmesser buttern und den Reis einfüllen. (Im Kühlschrank hält er sich bis zu 12 Stunden.)

Vor dem Servieren den Backofen auf 180 °C vorheizen. Die Form mit Alufolie abdecken und in den Ofen auf ein Backblech stellen. Den Auflauf etwa 30 Minuten erhitzen. Danach auf eine vorgewärmte Platte stürzen und in der Form ungefähr 5 Minuten ruhen lassen.

Inzwischen die restlichen Artischocken bei mittlerer Temperatur wieder erhitzen; die übrige Petersilie untermischen. Dann die Ringform vorsichtig abnehmen. Einen Teil der Artischocken in die Mitte des Reisrings geben, den Rest ringsum verteilen. Das Gericht sogleich servieren.

Cestini di patate al formaggio

Folienkartoffeln mit Käsefüllung

Dieses Rezept lässt sich beliebig variieren. Sie können andere Käsesorten verwenden, etwas gehackten Schinken hinzufügen oder auch, was ich besonders schätze, gekochten und pürierten Stockfisch in die Kartoffeln füllen.

Für 10 Personen

10 dicke, mehlig kochende Kartoffeln
von annähernd gleicher Größe
250 g Ricotta
100 g Fontina
2 große Eigelb
1 große Prise frisch geriebene Muskatnuss
Salz und frisch gemahlener Pfeffer

Den Backofen auf 180 °C vorheizen.

Die Kartoffeln einzeln in Alufolie wickeln und etwa 1 Stunde im Ofen backen. Dann herausnehmen – den Ofen nicht abschalten – und die Folien öffnen. Von jeder Kartoffel einen dicken Deckel abschneiden, aber die Folien nicht entfernen. Die Kartoffeln mit einem Löffel zu etwa einem Drittel aushöhlen. (Das Fruchtfleisch anderweitig verwenden oder mit den Deckeln wegwerfen.)

In einer Schüssel den Ricotta mit einer Gabel cremig rühren. Den Fontina reiben und mit dem Eigelb, der Prise Muskatnuss sowie Salz und Pfeffer nach Geschmack unter den Ricotta mischen.

Die Masse in einen Spritzbeutel mit großer Sterntülle füllen, in die Kartoffeln spritzen und diese 15 Minuten im Ofen überbacken. Auf einer vorgewärmten Platte anrichten und servieren.

Cappone al balsamico

Kapaun mit süßsaurer Balsamico-Sauce

Auch dies ist eine Spezialität der Köchin meiner Eltern. Immer wenn ich sie zubereite, erinnere ich mich an die zauberhaften Weihnachtsabende in Mailand. Sie waren stets etwas Besonderes, denn zugleich feierte mein Großvater seinen Geburtstag. Er aß dieses Gericht besonders gern. (Dieses Rezept gelingt auch sehr gut mit Truthahn.)

Für 10 Personen

1 Hand voll frische Salbeiblätter, fein gehackt
2 Knoblauchzehen, fein gehackt
1 Kapaun (etwa 4 kg), als Braten vorbereitet
300 g entsteinte weiche Backpflaumen
2 Äpfel (Golden Delicious), geschält und gewürfelt
2 EL Butter
2 EL natives Olivenöl extra
300 g Schalotten
60 g Rosinen, etwa 30 Minuten in Wasser eingeweicht
und abgetropft
2 EL Zucker
4 EL Balsamessig
Salz und frisch gemahlener Pfeffer

Den Backofen auf 180 °C vorheizen.

In einer großen, flachen Schüssel den Salbei und den Knoblauch mit Salz und Pfeffer nach Geschmack mischen. Den Kapaun mit dieser Mischung gleichmäßig einreiben. Mit den Backpflaumen und Äpfeln füllen und dressieren.

Den Boden einer großen ofenfesten Kasserolle mit 1 EL Butter und dem Öl einstreichen. Den Kapaun hineinlegen und etwa 2 Stunden im Ofen garen. Dabei hin und wieder etwas Wasser hinzufügen, damit das Fleisch nicht austrocknet.

Inzwischen die restliche Butter in einem Topf zerlassen und die Schalotten darin ungefähr 5 Minuten anschwitzen. Dann die Rosinen, den Zucker und den Balsamessig hinzufügen. Die Sauce zugedeckt etwa 10 Minuten köcheln lassen, dabei den Topf gelegentlich rütteln und bei Bedarf etwas Wasser angießen. Zuletzt mit Salz und Pfeffer abschmecken.

Den Kapaun auf einer Platte anrichten, mit der Sauce umgießen und sogleich servieren.

Crostata di mele caramellate

Kuchen mit karamellisierten Äpfeln und Rosmarin

Ein Hauch Rosmarin verleiht diesem Apfelkuchen eine ungewöhnliche Note.

Für 10 Personen

FÜR DEN TEIG

180 g Mehl, dazu etwas mehr für die Teigbearbeitung
60 g grober Grieß
120 g Butter, in kleine Stücke geschnitten,
dazu 1 EL für die Form
60 g Zucker
1 großes Ei, dazu 1 großes Eigelb

FÜR DEN BELAG

60 g Butter
80 g Zucker
5 Äpfel (Golden Delicious)
1 frischer Rosmarinstengel, sehr fein gehackt

Den Backofen auf 180 °C vorheizen.

Das Mehl, den Grieß, die Butter, den Zucker, das Ei und das Eigelb in eine Küchenmaschine mit Schlagmesser geben. Die Zutaten mixen, bis man einen glatten Teig erhält, der sich schließlich zu einer Kugel zusammenballt. Den Teig in Klarsichtfolie wickeln und für 1–2 Stunden kalt stellen.

Eine 24 cm große Obstkuchenform mit herausnehmbarem Boden mit 1 EL Butter ausstreichen. Den Teig auf einer leicht bemehlten Arbeitsfläche ausrollen, die Form damit auskleiden und den Boden mehrmals mit einer Gabel einstechen. Etwa 20 Minuten backen, bis der Tortenboden zart gebräunt ist. Falls der Teig dabei Blasen wirft, diese zwischendrin mit der flachen – durch ein sauberes Küchentuch vor der Hitze geschützten – Hand zusammendrücken. Den fertig gebackenen Tortenboden abkühlen lassen.

Für den Belag die Butter mit dem Zucker in eine große, schwere beschichtete Pfanne geben und etwa 10 Minuten erhitzen. Inzwischen die Äpfel schälen, vom Kerngehäuse befreien und würfeln. In der Pfanne 3 Minuten garen, bis sie leicht karamellisiert sind.

Die Äpfel auf dem Kuchenboden verteilen und diesen nochmals für 10 Minuten in den Ofen schieben. Danach den Kuchen mit dem Rosmarin bestreuen und vor dem Entfernen der Form etwas abkühlen lassen. Auf einer Platte raumtemperiert servieren.

EINE WEIN-AUSWAHL

Ich habe das Glück, auf einem alten Weingut im Chianti-Gebiet zu leben, das gleichsam ein Synonym ist für italienischen Wein. Seit beinahe 200 Jahren ist die Badia a Coltibuono im Besitz der Familie meines Mannes. Heute leitet meine Tochter das Gut und mein Sohn Roberto ist der Kellermeister. Wenn ich die Weine zu einem Menü auswähle, fällt mir die Entscheidung also nicht schwer: Ich serviere stets unsere eigenen Tropfen, denn ich finde sie nicht nur vorzüglich, sondern das Sortiment hält auch für alle Gelegenheiten etwas Passendes bereit. Außerdem würde ich als Gast auf einem Weingut sicherlich dessen Erzeugnisse kosten wollen.

Zur Begrüßung reiche ich gern ein Glas Trappoline. Seinen Namen erhielt dieser weiße Verschnitt aus Pinot Bianco, Chardonnay, Trebbiano und Malvasia von einem der Weinberge unseres Gutes. In der Jugend eignet er sich mit seiner fruchtigen Frische ideal zum Aperitif oder aber als Begleiter zu Fisch- oder Gemüsegerichten. Mit einer gewissen Flaschenreife entwickelt er ein komplexeres Aroma und passt dann gut zu Pilzen, hellem Fleisch und Muscheln. Im Sommer kredenze ich oft unseren Cetamura Rosato. Zu einer strahlenden, lebhaften Erdbeertönung offenbart dieser Rosé Anklänge an frische Früchte und Beeren. Gekühlt mundet er vorzüglich als Aperitif, passt aber ebenso zu Salaten und Frischkäse.

Vor einigen Jahren unternahm Roberto erste Versuche mit der Chardonnay-Rebe, die mit dem Klima und Boden im Chianti bestens zurechtkommt. So entstand der aus handgelesenen und sorgfältig ausgewählten Chardonnay-Trauben gekelterte und in Eichenfässern vergorene Sella del Boscone. Ein elegantes und intensiv fruchtiges Bukett mit würziger Holznote kennzeichnet diesen Tropfen, den ich gern zum ersten Gang ausschenke. Doch harmoniert er nicht nur mit Pastagerichten und Risottos, sondern ist aufgrund seiner Ausgewogenheit zwischen Säure

und Körper auch als Aperitif bei einem eher formellen Anlass oder beim entspannten Plaudern nach einem zwanglosen Essen im Freien stets ein Genuss.

Ebenfalls relativ neu in der Coltibuono-Kollektion ist der Chianti Classico RS. Das Anhängsel RS steht für Roberto Stucchi, meinen Sohn, der diesen Tropfen als Hommage für die Nobelrebe des Chianti-Classico-Gebiets kreiert hat. Er wird nämlich ausschließlich aus handgelesenen Sangiovese-Trauben bereitet, die von den besten Weinbergen des Chianti Classico stammen. Aus seinem tiefen Rubinrot entsendet er die Aromen von Brombeeren, Kirschen und Vanille, neben denen ich wilde Beeren und Gewürze herausschmecke. Mit seiner körperreichen und zugleich sehr geschmeidigen, eleganten Art ist er eine perfekte Ergänzung zu herzhafteren Genüssen wie gehaltvollen Braten oder kräftigem Käse.

Das bekannteste Etikett der Badia a Coltibuono ist der Chianti Classico Riserva. Sangiovese- und Canaiolo-Reben von Beständen, die ausnahmslos 20 bis 40 Jahre alt sind, liefern die Trauben für diesen Wein, der zwei Jahre in Eichenfässern und anschließend mindestens ein Jahr in der Flasche reift. Anfangs von tiefem Rubinrot, blumigem Bukett und fruchtigem Geschmack, gewinnt er mit zunehmender Reife ziegelrote Farbnuancen, Andeutungen von Trüffeln und Moos im Duft und mehr Komplexität am Gaumen.

Für ein Essen, bei dem ich Gerichte mit ausgeprägtem Geschmack reiche, wähle ich meist eine jüngere Riserva. Mit etwas Glück kann ich eine von 1997 aus dem Keller stibitzen, dem vielleicht besten Jahrgang des 20. Jahrhunderts. Einen älteren Jahrgang wähle ich hingegen bei einem besonders festlichen Diner, vor allem wenn es dabei Gerichte mit dunklem Fleisch gibt. Dieser Wein sollte unbedingt mehrere Stunden vor dem Servieren entkorkt werden, damit er atmen kann.

Der alte Name für die Sangiovese-Rebe lautet in dieser Gegend der Toskana Sangioveto. So heißt auch ein Wein der Badia a Coltibuono, der nur in herausragenden Jahrgängen von Trauben unserer ältesten Weinberge produziert wird. Er durchläuft einen mehrjährigen Ausbau in Holz und anschließend in der Flasche. Mit seinem ansehnlichen Körper und intensiven Aroma bildet der dunkelrubinrote Sangioveto das vollendete Pendant zu Wild, Braten und Schmorgerichten. Ich serviere ihn aber auch gern als zweiten Rotwein bei formellen Essen. So können meine Gäste ihn genießen, während sie nach einem hoffentlich köstlichen Mahl beisammen sind. Er ist also ein Wein, der sich für spezielle Gelegenheiten empfiehlt und der dekantiert werden sollte, um seine ganze Schönheit zur Entfaltung zu bringen.

Der bernsteingelbe Dessertwein der Toskana, bekannt als Vin Santo, entsteht traditionsgemäß aus Trebbiano- und Malvasia-Trauben, die vor dem Keltern mehrere Monate in Bündeln aufgehängt auf gut belüfteten Dachböden getrocknet werden. In kleinen Eichenfässern lassen wir den »heiligen Wein« dann etwa fünf Jahre reifen, wobei er sich ein üppiges Duft- und Geschmacksspektrum mit Anklängen an Aprikosen, Honig und Vanille aneignet. Der Coltibuono Vin Santo schmeckt leicht gekühlt zum Aperitif ebenso köstlich wie zu verschiedenen Pâtés oder zu pikantem Käse.

Den klassischen Abschluss eines Essens bildet ein Espresso. Dazu biete ich unseren Grappa an, gewonnen aus den Trestern, also den Schalen, Stielen und Kernen, die nach dem Pressen ausgewählter Trauben unserer Rotweine übrig bleiben. Der kristallklare Branntwein mit 40 Volumenprozent Alkohol ist reines Feuerwasser, zugleich aber, im Gegensatz zu den scharfen Destillaten mancher Hersteller, angenehm weich. Ist man erst einmal auf den Geschmack gekommen, rinnt er verführerisch glatt die Kehle hinab.

Kursivierte Seitenzahlen verweisen auf Abbildungen.

Allerheiligen-Brot 130, *131*
Antipasto 9, 12, 14, 16, 59, 102, 103, 142, 146, 148
Äpfel 147
Apfel-Zitronen-Konfitüre 150, *151*
Blätterteigröllchen mit Äpfeln, Birnen und Granatäpfeln 132
Feldsalat mit Apfel 53
Frikadellen mit Äpfeln 123
Kaltes Apfelsoufflé 174
Kuchen mit karamellisierten Äpfeln und Rosmarin 184
Pecorino-Apfel-Spießchen 154
Aprikosen 60
Aprikosen-Chutney 62, *63*
Aprikosen-Joghurt-Creme 90
Artischocken 9–11
Artischocken mit Olivenöl-Dip 154
Gemüsepfanne mit Artischocken, Dicken Bohnen und Erbsen 42, *43*
Gestürzter Reisauflauf mit Artischocken *181*, 183
Stockfisch mit Artischocken 166
Taglierini mit Artischocken 163
Auberginen 55–56
Auberginen-Auflauf mit Mozzarella 56, 61, *92, 94*
Garnelen-Auberginen-Pfanne 76
Gefüllte Auberginen 82
Penne mit Auberginen und schwarzen Oliven 71
Aufläufe
Auberginen-Auflauf mit Mozzarella 56, 61, *92, 94*
Auflauf mit Schweinswurst und Kartoffeln 138
Brokkoli-Auflauf 170
Gemüse-Auflauf mit Pancetta und Fontina 83
Gestürzter Reisauflauf mit Artischocken *181*, 183
Paprika-Auflauf mit Sardellen 91
Ausgebackene Zucchiniblüten und -streifen 82
Avacadocreme mit Portwein 178

Badia a Coltibuono 56, 61, 186–187
Baiser
Baiser mit frischen Früchten 88, *89*
Orangen mit Kokos-Baiser 178
Schnee-Eier auf Erdbeercreme 46
Basilikum 57, 58
einfrieren 64
Fettuccine und Zucchinistreifen mit Basilikum 30
Genueser Basilikumsauce 19
Kartoffel-Gnocchi in Zucchini-Basilikum-Sauce 52
Beeren 103
Gemischte Beeren mit Rotweinsirup 48
Geschmortes Wildschwein mit Johannisbeeren 101, 122
Himbeertorte mit Ricotta-Sahne 46, *47*
Sahnecreme mit Früchten 95
Schnee-Eier auf Erdbeercreme 46
Walderdbeeren mit Weinschaum gratiniert 44
Birnen 14, 147
Blätterteigröllchen mit Äpfeln, Birnen und Granatäpfeln 132
Blattsalate 12

Bohnen 56–57, 58, 142–144; *siehe auch* Dicke Bohnen
Bohnensalat mit Zwiebeln und Tomaten 84
Grüne Bohnen mit Pesto 40
Mangoldsuppe mit Bohnen 118
Pizzoccheri mit Frühkartoffeln und grünen Bohnen 29
Brauner Fond 153
Brokkoli 145
Brokkoli-Auflauf 170
Reis-Brokkoli-Suppe 159
Brote *siehe* Fladen und Brote
Bruschetta 105, 109
Bruschetta mit Steinpilzen und Schinken 109
Butter 10, 11, 12
Zitronenbutter 108

Castelvetro, Giacomo 12–13, 101–102
Caterina de' Medici 101, 147
Chianti 60, 97, 104, 186
Chicorée 145
Entenbrust mit Meerrettich auf einem Salatbett 66, *67*
Gefüllte Chicorée-Schiffchen 154
Gefüllter Chicorée 171
Chutney *siehe* Aprikosen
Crostini mit Ziegenkäse, Radicchio und Pancetta 156, *157*

Dicke Bohnen 9, 16, 17
Gemüsepfanne mit Artischocken, Dicken Bohnen und Erbsen 42, *43*
Kartoffel-Gnocchi mit Püree von Dicken Bohnen 22
Salat von Dicken Bohnen mit Pecorino 49, *50*
Suppe von Dicken Bohnen und Blattzichorie 29

Eier 16, 142
Auflauf mit Schweinswurst und Kartoffeln 138
Fettucine mit Haselnüssen und Wachteleiern 114
Grünes Omelett 41
Kaltes Apfelsoufflé 174
Kartoffelomelett mit Oregano 172, *173*
Salat von krauser Endivie und Radieschen mit Eiern 84, *85*
Spiegeleier auf Tomaten-Paprika-Gemüse 78
Eingelegte grüne Tomaten 108
Eingemachte Tomaten 64
Eis *siehe* Nektarineneis
Emmersuppe mit Salat 70
Ente *siehe* Geflügel
Erbsen 9–10
Erbsen mit Minze 40
Erbsencremesuppe mit Estragon 26
Gemüsepfanne mit Artischocken, Dicken Bohnen und Erbsen 42, *43*
Risotto mit Spargel und Erbsen 49
Tagliatelle mit Zuckererbsen und Lachs 28
Erdbeeren *siehe* Beeren
Erntefeste 104–105
Essig 12
Kaninchenbraten mit Balsamico-Sauce 164
Kapaun mit süßsaurer Balsamico-Sauce 184, *185*
Rosenessig 18
Esskastanien 98–100
Kastanienpüree mit Sahnehaube 134

Kastanien-Risotto 110, *111*
Rosenkohl mit Kastanien 128
Estragon 9
Erbsencremesuppe mit Estragon 26
Estragonöl 18
Seezungenfilets mit Zucchini und Estragon 36

Fasanenpastete mit weißer Trüffel 148, 179
Fastenzeit 15–16, 149
Feigen 102–103
Feigendessert 86
Feldsalat mit Apfel 53
Fenchel 13, 101–102
Gebackene Sardinen mit wildem Fenchel 78
Kartoffel-Fenchel-Suppe 30
Schweinekarree mit Fenchelsamen 35
Seezunge mit Fenchel und Orangenschale 168
Feste 7, 9
im Frühling 15–17
im Herbst 104–105
im Sommer 60–61
im Winter 147–149
Ostern 7, 9, 15–17, 49–53
Sommer-Picknick 61, 91–95
Weihnachten 7, 147–148, 179–184
Wein- und Erntefeste 104–105, 135–139
Fettuccine mit Haselnüssen und Wachteleiern 114
Fettuccine mit Pecorino 72
Fettuccine und Zucchinistreifen mit Basilikum 30
Fisch 58–60, 147
Gebackene gefüllte Sardinen 120
Gebackene Sardinen mit wildem Fenchel 78
Hühnchen-Thunfisch-Pastete 74
Kabeljau mit Frühlingszwiebeln und Safran 38
Mangold mit Knoblauch und Sardellen 126
Paprika-Auflauf mit Sardellen 91
Rotbarben mit Tomaten und Oliven-Pesto 59, 76, *77*
Sardellen in Öl 65
Schwertfischtatar 59, 74, *75*
Seeteufel mit Wacholderbeeren 120, *121*
Seezunge mit Fenchel und Orangenschale 168
Seezungenfilets in Kräuterkruste mit Zucchiniblüten *51*, 53
Seezungenfilets mit Mangold 119
Seezungenfilets mit Zucchini und Estragon 36
Stockfisch mit Artischocken 166
Tagliatelle mit Zuckererbsen und Lachs 28
Thunfisch mit Steinpilzen 122
Wolfsbarsch in Pergamenthülle gegart 59, 168
Fladen und Brote 16, 104, 105
Allerheiligen-Brot 130, *131*
Fladen mit Rosinen und Walnüssen 176, *177*
Kichererbsenfladen mit Salbei 144, 178
Kräuter-Focaccia 90
Toskanischer Fladen mit Weintrauben 130, *131*
Vollkornbrot 94
Walnussfladen 48
Fleisch *siehe* Kalbfleisch, Lammfleisch, Rindfleisch, Schweinefleisch; *siehe auch* Geflügel, Wild
Fleischgelee 153
Florenz 17, 55, 58

Focaccia 90, 178
Folienkartoffeln mit Käsefüllung 183
Fond *siehe* Brauner Fond
Frikadellen in Wirsinghülle 139
Frikadellen mit Äpfeln 123
Frittata 11, 41, 138, 172
Frittierte gefüllte Steinpilze *136*, 138
Frittierte Zwiebelringe 170
Frühling 7, 9–17
Frühlingsgemüse im Reisring 28

Garnelen 10, 59
    Garnelen-Auberginen-Pfanne 76
    Garnelensuppe 69
    Gebratene Garnelen mit Zucchinisauce 38, *39*
    Wildreis mit Spargel und Garnelen 24
Gebackene gefüllte Sardinen 120
Gebackene Rigatoni in knuspriger Hülle 162
Gebackene Sardinen mit wildem Fenchel 78
Gebratene Garnelen mit Zucchinisauce 38, *39*
Geflügel 13
    Entenbrust mit Meerrettich auf einem
    Salatbett 66, *67*
    Fasanenpastete mit weißer Trüffel 148, 179
    Gefüllter Truthahn 147, 179, *180*
    Gekräutertes Brathuhn 165
    Hühnchen-Thunfisch-Pastete 74
    Hühnerschenkel im Speckmantel 34
    Kapaun mit süßsaurer Balsamico-Sauce
    184, *185*
    Kapaunklößchen in Brühe 147, 159
    Kurz gebratenes Huhn 73
    Lammrollbraten mit Huhn-Petersilien-
    Füllung 52
    Ravioli mit Entenbrust-Spinat-Füllung 182
    Rebhuhn mit Steinpilzen 124
Gefüllte Auberginen 82
Gefüllte Chicorée-Schiffchen 154
Gefüllte Zucchini 91
Gefüllter Chicorée 171
Gefüllter Truthahn 147, 179, *180*
Gekräutertes Brathuhn 165
Gelbe Paprikasuppe mit Tomatensorbet 66
Gelee *siehe* Fleischgelee
Gemischte Beeren mit Rotweinsirup 48
Gemüse 58, 145
    Frühlingsgemüse im Reisring 28
    Gemüse-Auflauf mit Pancetta und Fontina 83
    Gemüsepfanne mit Artischocken, Dicken
    Bohnen und Erbsen 42, *43*
    Herbstliche Minestrone 116
    Minestrone mit Frühlingsgemüse 26, *27*
    Raumtemperiert servierte Fusilli mit rohem
    Gemüse 71
Genueser Basilikumsauce 19
Gersten-Emmer-Suppe 158
Geschmorte Lammhachsen 33
Geschmorter Hase mit Kirschen 124
Geschmortes Wildschwein mit Johannisbeeren
    101, 122
Gestürzter Orangenpudding 134
Gestürzter Reisauflauf mit Artischocken 183
Getrocknete Pilze 106, *107*
Glasierte Pfirsiche mit Amaretti-Sauce 86
Gnocchi 9, 58
    Kartoffel-Gnocchi in Zucchini-Basilikum-
    Sauce 52
    Kartoffel-Gnocchi mit Püree von Dicken
    Bohnen 22
    Kartoffel-Gnocchi mit Roter Bete 112, *113*
    Kürbis-Gnocchi 145, 155

Grüne Bohnen *siehe* Bohnen
Grünes Omelett 41

Hase *siehe* Wild
Herbst 7, 97–105
Herbstliche Minestrone 116
Herzhafte Gerstensuppe mit Rucola 70
Himbeertorte mit Ricotta-Sahne 46, *47*
Huhn *siehe* Geflügel

In Salz konservierte Weinblätter 108

Kabeljau mit Frühlingszwiebeln und Safran 38
Kaki 103
Kalbfleisch 146
    Kalbshachse mit Zitronensauce 165
    Kalbsrouladen mit Pancetta 166
Kaltes Apfelsoufflé 174
Kampanien 9, 58
Kaninchen
    Kaninchenbraten mit Balsamico-Sauce 164
    Kaninchen-Rollbraten mit Spargelfüllung
    36, *37*
Kapaun mit süßsaurer Balsamico-Sauce
    184, *185*
Kapaunklößchen in Brühe 147, 159
Karneval 149
Kartoffeln
    Auflauf mit Schweinswurst und
    Kartoffeln 138
    Folienkartoffeln mit Käsefüllung 183
    Kartoffel-Fenchel-Suppe 30
    Kartoffel-Gnocchi in Zucchini-Basilikum-
    Sauce 52
    Kartoffel-Gnocchi mit Püree von Dicken
    Bohnen 22
    Kartoffel-Gnocchi mit Roter Bete 112, *113*
    Kartoffelomelett mit Oregano 172, *173*
    Kartoffelsalat mit Bier 126
    Lauch-Kartoffel-Suppe 117
    Pizzoccheri mit Frühkartoffeln und grünen
    Bohnen 29
    Tintenfisch mit Kartoffeln und Zwiebeln 169
Käse 9, 12, 13–14, 17, 58, 102, 103, 147; *siehe
auch* Ricotta
    Auberginen-Auflauf mit Mozzarella 56, 61,
    92, 94
    Crostini mit Ziegenkäse, Radicchio und
    Pancetta 156, *157*
    Fettuccine mit Pecorino 72
    Folienkartoffeln mit Käsefüllung 183
    Gemüse-Auflauf mit Pancetta und Fontina 83
    Kleine Pizzas mit Steinpilzen und Mozzarella
    135, *137*
    Lauch mit Käsesauce 129
    Pastasalat mit Pecorino und Tomaten 95
    Pecorino-Apfel-Spießchen 154
    Raumtemperiert servierte Penne mit
    Mozzarella 72
    Röstbrotscheiben mit Käse und Steinpilzen
    belegt 128
    Salat von Dicken Bohnen mit Pecorino 49
    Salat von Zucchini, Kresse und Rucola mit
    Pecorino und Croûtons 83
    Spinatsalat mit Gorgonzola-Dressing 171
    Warmer gemischter Salat mit Scamorza 84
Kastanien *siehe* Esskastanien
Kichererbsenfladen mit Salbei 144, 178
Kirschen 14
    Geschmorter Hase mit Kirschen 124
    Kirschen mit Grand Marnier 44

Kleine Pizzas mit Steinpilzen und Mozzarella
    135, *137*
Knoblauch
    Knoblauchöl 19
    Mangold mit Knoblauch und Sardellen 126
    Spaghettini mit Öl, Knoblauch und
    Semmelbröseln 68
Kohl 101; *siehe auch* Schwarzkohl
    Frikadellen in Wirsinghülle 139
    Rosenkohl mit Kastanien 128
Konfitüre *siehe* Marmelade
Kräuter 12–13
    Gekräutertes Brathuhn 165
    Grünes Omelett 41
    Kräuter-Focaccia 90
    Kräuterreis 68
    Lammkoteletts in Mandel-Kräuter-Kruste 34
    Salat mit frischen Kräutern 40
    Seezungenfilets in Kräuterkruste mit
    Zucchiniblüten 53
    trocknen 20
Kroketten
    Spargel in knuspriger Hülle 12, 24
    Spinatkroketten 172
    Spinat-Schinken-Kroketten 135
Kuchen, Tartes und Torten 15, 16–17, 99,
    148, 149
    Himbeertorte mit Ricotta-Sahne 46, *47*
    Kuchen mit karamellisierten Äpfeln und
    Rosmarin 184
    Ricotta-Torte mit Sardellen 21
    Ricotta-Zitronen-Torte mit Pinienkernen 176
    Schokoladenkuchen mit Bananen *50*, 53
    Walnuss-Tarte 132, *133*
    Zucchini-Tarte 22, *23*
Kürbis-Gnocchi 145, 155
Kürbissuppe mit Amaretti 118
Kurz gebratenes Huhn 73

Lachs *siehe* Fisch
Lammfleisch 13, 16
    Geschmorte Lammhachsen 33
    Lammbraten auf toskanische Art 33
    Lammkeulen mit Schinkenfüllung 73
    Lammkoteletts in Mandel-Kräuter-Kruste 34
    Lammrollbraten mit Huhn-Petersilien-
    Füllung 52
Lasagne mit Rucola 32
Lasagne-Becher mit Ricotta-Creme 160, *161*
Lauch 101
    Lauch mit Käsesauce 129
    Lauch-Kartoffel-Suppe 117
Ligurien 16, 58, 148
Liköre
    Walnusslikör 64
    Zitronenlikör 152
Limoncello 152
Linsen mit Koriandergrün 171

Maifeiertag 17
Mailand 7, 15, 58, 104, 148
Mangold
    Mangold mit Knoblauch und Sardellen 126
    Mangoldsuppe mit Bohnen 118
    Seezungenfilets mit Mangold 119
Märkte 7, 9, 10, 55, 56, 58–59
Marmelade
    Apfel-Zitronen-Konfitüre 150, *151*
    Marmelade von gelben Pfirsichen 62
Meeresfrüchte *siehe* Fisch, Garnelen, Muscheln,
    Tintenfisch

Meerrettich
  Entenbrust mit Meerrettich auf einem
  Salatbett 66, *67*
  Rote Bete mit Meerrettich-Sahne-Sauce 126
Melonen-Risotto 69
Minestrone siehe Suppen
Minze 9, 56
  Erbsen mit Minze 40
Misticanza 12
Montebianco 134
Mousse von Panettone und Schokolade 174, *175*
Muscheln 58

Neapel 9, 15, 17, 57, 58–59, 105
Nektarineneis 88
Nocino 64
Norcia 141, 145

Öl
  Artischocken mit Olivenöl-Dip 154
  Estragonöl 18
  Knoblauchöl 19
  Olivenöl 10, 11, 12, 57, 101, 102, 104–105
  Sardellen in Öl 65
  Spaghettini mit Öl, Knoblauch und
  Semmelbröseln 68
  Zitronenöl 150
Oliven 102, 104–105
  Penne mit Auberginen und schwarzen
  Oliven 71
  Rotbarben mit Tomaten und Oliven-Pesto
  59, 76, *77*
Orangen 146–147
  Gestürzter Orangenpudding 134
  Orangen mit Kokos-Baiser 178
  Seezunge mit Fenchel und Orangenschale 168
Oregano 13
  Kartoffelomelett mit Oregano 172, *173*
Ostern 7, 9, 15–17, 49–53

Pancetta 9; *siehe auch* Speck
  Crostini mit Ziegenkäse, Radicchio und
  Pancetta 156, *157*
  Gemüse-Auflauf mit Pancetta und Fontina 83
  Kalbsrouladen mit Pancetta 166
  Spaghetti mit Pancetta und Rosmarin 155
Panettone 148
  Mousse von Panettone und Schokolade 174, *175*
Panna cotta 92, *95*
Paprika-Auflauf mit Sardellen 91
Paprikaschoten 55
  Gelbe Paprikasuppe mit Tomatensorbet 66
  Paprika-Auflauf mit Sardellen 91
  Roastbeef-Rouladen mit Paprikafüllung 80
  Spiegeleier auf Tomaten-Paprika-Gemüse 78
Parmigiana di melanzane 56, 94
Pasta 12, 57, 58, 142, 145, 148
  Fettuccine mit Haselnüssen und
  Wachteleiern 114
  Fettuccine mit Pecorino 72
  Fettuccine und Zucchinistreifen mit
  Basilikum 30
  Gebackene Rigatoni in knuspriger Hülle 162
  Lasagne mit Rucola 32
  Lasagne-Becher mit Ricotta-Creme 160, *161*
  Pastabecher mit Steinpilzen und Mais 109
  Pastasalat mit Pecorino und Tomaten 95
  Penne mit Auberginen und schwarzen
  Oliven 71
  Penne mit Schweinswurst 112
  Penne mit Schwarzkohl 156

Pizzoccheri mit Frühkartoffeln und grünen
  Bohnen 29
Raumtemperiert servierte Fusilli mit rohem
  Gemüse 71
Raumtemperiert servierte Penne mit
  Mozzarella 72
Ravioli mit Entenbrust-Spinat-Füllung 182
Spaghetti mit Pancetta und Rosmarin 155
Spaghettini mit Öl, Knoblauch und
  Semmelbröseln 68
Spaghettini mit Zucchiniblüten 68
Tagliatelle mit Zuckererbsen und Lachs 28
Taglierini mit Artischocken 163
Pasteten
  Fasanenpastete mit weißer Trüffel 148, 179
  Hühnchen-Thunfisch-Pastete 74
  Spinatpastetchen 41
Pecorino-Apfel-Spießchen 154
Penne mit Auberginen und schwarzen Oliven 71
Penne mit Schweinswurst 112
Penne mit Schwarzkohl 156
Peperonata 55, 78
Pesto 57, 58
  Genueser Basilikumsauce 19
  Grüne Bohnen mit Pesto 40
  Rotbarben mit Tomaten und Oliven-Pesto
  59, 76, *77*
  Wildreissalat mit Pesto *92*, 95
Petersilie 13, 57
  einfrieren 64
  Lammrollbraten mit Huhn-Petersilien-
  Füllung 52
Pfirsiche 60
  Glasierte Pfirsiche mit Amaretti-Sauce 86
  Marmelade von gelben Pfirsichen 62
Picknick 61, 91–95
Piemont 98, 104, 142
Pilze 97–98; *siehe auch* Steinpilze
Piselli al prosciutto 9
Pizza 135, *137*
Pizzoccheri mit Frühkartoffeln und grünen
  Bohnen 29
Polenta mit Rippchen *136*, 139
Polenta mit Selleriecreme 114
Prosciutto 103; *siehe auch* Schinken

Radicchio 145
  Crostini mit Ziegenkäse, Radicchio und
  Pancetta 156, *157*
  Reissuppe mit Radicchio 117
Raumtemperiert servierte Fusilli mit rohem
  Gemüse 71
Raumtemperiert servierte Penne mit
  Mozzarella 72
Ravioli mit Entenbrust-Spinat-Füllung 182
Rebhuhn mit Steinpilzen 124, *125*
Rehkeule mit Marsala-Sauce 123
Reis 9, 11, 148
  Frühlingsgemüse im Reisring 28
  Gestürzter Reisauflauf mit Artischocken
  181, 183
  Kastanien-Risotto 110, *111*
  Kräuterreis 68
  Melonen-Risotto 69
  Reis-Brokkoli-Suppe 159
  Reiskuchen 163
  Reissuppe mit Radicchio 117
  Risotto mit Foie gras 160
  Risotto mit Spargel und Erbsen 49
  Wildreis mit Spargel und Garnelen 24
  Wildreissalat mit Pesto 95

Ricotta
  Himbeertorte mit Ricotta-Sahne 46, *47*
  Lasagne-Becher mit Ricotta-Creme 160, *161*
  Ricotta-Torte mit Sardellen 21
  Ricotta-Zitronen-Torte mit Pinienkernen 176
Rindfleisch
  Frikadellen in Wirsinghülle 139
  Frikadellen mit Äpfeln 123
  Rinderschmorbraten in Rotwein 169
  Rindfleischpfanne mit Zitrone und
  Rosmarin 35
  Rindfleischsalat 80, *81*
  Roastbeef-Rouladen mit Paprikafüllung 80
Risotto *siehe* Reis
Roastbeef-Rouladen mit Paprikafüllung 80
Rom 10, 11, 16, 17, 105
Rosenessig 18
Rosenkohl mit Kastanien 128
Rosmarin 13
  Kuchen mit karamellisierten Äpfeln und
  Rosmarin 184
  Rindfleischpfanne mit Zitrone und
  Rosmarin 35
  Spaghetti mit Pancetta und Rosmarin 155
Röstbrotscheiben mit Käse und Steinpilzen
  belegt 128
Rotbarben mit Tomaten und Oliven-Pesto
  59, 76, *77*
Rote Bete 101
  Kartoffel-Gnocchi mit Roter Bete 112, *113*
  Rote Bete mit Meerrettich-Sahne-Sauce 126
Rucola 12
  Entenbrust mit Meerrettich auf einem
  Salatbett 66, *67*
  Herzhafte Gerstensuppe mit Rucola 70
  Lasagne mit Rucola 32
  Salat von Zucchini, Kresse und Rucola mit
  Pecorino und Croûtons 83
  Tomatenpuddinge auf Rucola 65

Safran
  Kabeljau mit Frühlingszwiebeln und Safran 38
Sagre 60–61, 104–105
Sahnecreme mit Früchten *92*, 95
Salate
  Bohnensalat mit Zwiebeln und Tomaten 84
  Entenbrust mit Meerrettich auf einem
  Salatbett 66, *67*
  Feldsalat mit Apfel 53
  Kartoffelsalat mit Bier 126
  Pastasalat mit Pecorino und Tomaten 95
  Raumtemperiert servierte Fusilli mit rohem
  Gemüse 71
  Raumtemperiert servierte Penne mit
  Mozzarella 72
  Rindfleischsalat 80, *81*
  Salat mit frischen Kräutern 40
  Salat von Dicken Bohnen mit Pecorino 49, *50*
  Salat von krauser Endivie und Radieschen
  mit Eiern 84, *85*
  Salat von Zucchini, Kresse und Rucola mit
  Pecorino und Croûtons 83
  Spinatsalat mit Gorgonzola-Dressing 171
  Warmer gemischter Salat mit Scamorza 84
  Wildreissalat mit Pesto *92*, 95
Salbei 13
  Kichererbsenfladen mit Salbei 144, 178
Sardellen *siehe* Fisch
Sardinen *siehe* Fisch
Saucen 9, 55
  Brauner Fond 153

Gebratene Garnelen mit Zucchinisauce 38, *39*
Genueser Basilikumsauce 19
Glasierte Pfirsiche mit Amaretti-Sauce 86
Grüne Bohnen mit Pesto 40
Kalbshachse mit Zitronensauce 165
Kaninchenbraten mit Balsamico-Sauce 164
Kapaun mit süßsaurer Balsamico-Sauce 184, *185*
Kartoffel-Gnocchi in Zucchini-Basilikum-Sauce 52
Lauch mit Käsesauce 129
Rehkeule mit Marsala-Sauce 123
Rote Bete mit Meerrettich-Sahne-Sauce 126
Schnee-Eier auf Erdbeercreme 46
Walderdbeeren mit Weinschaum gratiniert 44
Weinsirup 152
Wildreissalat mit Pesto 95
Schinken *siehe auch Prosciutto*
    Bruschetta mit Steinpilzen und Schinken 109
    Lammkeulen mit Schinkenfüllung 73
    Schinkenbällchen 21
    Spinat-Schinken-Kroketten 135
Schnecken 100
    Schnecken in Rotwein 119
Schnee-Eier auf Erdbeercreme 46
Schokolade 17, 142
    Mousse von Panettone und Schokolade 174, *175*
    Schokoladenkuchen mit Bananen 50, *53*
Schwarzkohl 142, 144–145
    Penne mit Schwarzkohl 156
Schweinefleisch 145–146; *siehe auch* Schinken, Speck
    Auflauf mit Schweinswurst und Kartoffeln 138
    Penne mit Schweinswurst 112
    Polenta mit Rippchen 139
    Schweinefilet mit Senf 164
    Schweinekarree mit Fenchelsamen 35
    Steinpilz-Wurst-Spieße 129
Schwertfischtatar 59, 74, *75*
Seeteufel mit Wacholderbeeren 120, *121*
Seezunge *siehe* Fisch
Sellerie
    Polenta mit Selleriecreme 114
    Selleriecremesuppe 158
Siena 142, 144, 148
Sizilien 9, 10, 15, 59
Soffritto 12
Sommer 7, 55–61
Spaghetti mit Pancetta und Rosmarin 155
Spaghettini mit Öl, Knoblauch und Semmelbröseln 68
Spaghettini mit Zucchiniblüten 68
Spargel 11–12, 16
    Kaninchen-Rollbraten mit Spargelfüllung 36, *37*
    Risotto mit Spargel und Erbsen 49
    Spargel in knuspriger Hülle 24
    Spargel mit Sesam und Koriandergrün 42
    Wildreis mit Spargel und Garnelen 24
Speck *siehe auch Pancetta*
    Hühnerschenkel im Speckmantel 34
Spiegeleier auf Tomaten-Paprika-Gemüse 78
Spinat 101
    Ravioli mit Entenbrust-Spinat-Füllung 182
    Spinatkroketten 172
    Spinatpastetchen 41
    Spinatsalat mit Gorgonzola-Dressing 171
    Spinat-Schinken-Kroketten 135

Spinatsuppe mit Grieß 117
Steinpilze 97
    Bruschetta mit Steinpilzen und Schinken 109
    Frittierte gefüllte Steinpilze *136*, 138
    Getrocknete Pilze 106, *107*
    Kleine Pizzas mit Steinpilzen und Mozzarella 135, *137*
    Pastabecher mit Steinpilzen und Mais 109
    Rebhuhn mit Steinpilzen 124, *125*
    Röstbrotscheiben mit Käse und Steinpilzen belegt 128
    Steinpilz-Wurst-Spieße 129
    Thunfisch mit Steinpilzen 122
    Zwiebelcremesuppe mit Steinpilzen 116
Stockfisch mit Artischocken 166
Suppen 9, 142–144
    Emmersuppe mit Salat 70
    Erbsencremesuppe mit Estragon 26
    Garnelensuppe 69
    Gelbe Paprikasuppe mit Tomatensorbet 66
    Gersten-Emmer-Suppe 158
    Herbstliche Minestrone 116
    Herzhafte Gerstensuppe mit Rucola 70
    Kapaunklößchen in Brühe 147, *159*
    Kartoffel-Fenchel-Suppe 30
    Kürbissuppe mit Amaretti 118
    Lauch-Kartoffel-Suppe 117
    Mangoldsuppe mit Bohnen 118
    Minestrone mit Frühlingsgemüse 26, *27*
    Reis-Brokkoli-Suppe 159
    Reissuppe mit Radicchio 117
    Selleriecremesuppe 158
    Spinatsuppe mit Grieß 117
    Suppe von Dicken Bohnen und Blattzichorie 29
    Zwiebelcremesuppe mit Steinpilzen 116

Tagliatelle mit Zuckererbsen und Lachs 28
Taglierini mit Artischocken 163
Tartes *siehe* Kuchen, Tartes und Torten
Thunfisch *siehe* Fisch
Thymian 13
Tintenfisch mit Kartoffeln und Zwiebeln 169
Tomaten 57–58
    Bohnensalat mit Zwiebeln und Tomaten 84
    Eingelegte grüne Tomaten 108
    Eingemachte Tomaten 64
    Gelbe Paprikasuppe mit Tomatensorbet 66
    Pastasalat mit Pecorino und Tomaten 95
    Rotbarben mit Tomaten und Oliven-Pesto 59, 76, *77*
    Spiegeleier auf Tomaten-Paprika-Gemüse 78
    Tomatenpuddinge auf Rucola 65
Torten *siehe* Kuchen, Tartes und Torten
Torta pasqualina 16
Toskana 7, 9, 13, 15, 16, 55, 60–61, 97, 98, 99, 100, 101, 102, 104, 105, 142, 146, 149, 187
Toskanischer Fladen mit Weintrauben 130, *131*
Trauben 102, 104, 186–187
    Spießchen mit Trauben und Perlzwiebeln 110
    Toskanischer Fladen mit Weintrauben 130, *131*
    Trauben in Spumante *137*, 139
Trüffeln 98, 141–142
    Fasanenpastete mit weißer Trüffel 148, 179
    Weiße Trüffeln in Wein 106
Truthahn *siehe* Geflügel

Venedig 10, 17, 149
Venetien 11, 144, 145

Vin Santo 99, 104, 148, 187
Vollkornbrot 94

Walderdbeeren mit Weinschaum gratiniert 44, *45*
Walnüsse
    Fladen mit Rosinen und Walnüssen 176, *177*
    Walnussfladen 48
    Walnusslikör 64
    Walnuss-Tarte 132, *133*
Warmer gemischter Salat mit Scamorza 84
Weihnachten 7, 147–148, 179–184
Wein 99, 104, 186–187
    Avacadocreme mit Portwein 178
    Gemischte Beeren mit Rotweinsirup 48
    Rehkeule mit Marsala-Sauce 123
    Rinderschmorbraten in Rotwein 169
    Schnecken in Rotwein 119
    Trauben in Spumante 139
    Walderdbeeren mit Weinschaum gratiniert 44, *45*
    Weinsirup 152
    Weiße Trüffeln in Wein 106
Weinblätter, in Salz konserviert 108
Weinfeste 104, 135–139
Wild 100–101; *siehe auch* Kaninchen
    Fasanenpastete mit weißer Trüffel 148, 179
    Geschmorter Hase mit Kirschen 124
    Geschmortes Wildschwein mit Johannisbeeren 101, 122
    Rebhuhn mit Steinpilzen 124, *125*
    Rehkeule mit Marsala-Sauce 123
Wildreis mit Spargel und Garnelen 24
Wildreissalat mit Pesto *92*, 95
Wildschwein *siehe* Wild
Winter 7, 141–149
Wolfsbarsch in Pergamenthülle gegart 59, 168

Zitronen 9, 11, 12, 57, 102, *103*
    Apfel-Zitronen-Konfitüre 150, *151*
    Kalbshachse mit Zitronensauce 165
    Ricotta-Zitronen-Torte mit Pinienkernen 176
    Rindfleischpfanne mit Zitrone und Rosmarin 35
    Zitronenbutter 108
    Zitronenlikör 152
    Zitronenöl 150
Zucchini 57
    Ausgebackene Zucchiniblüten und -streifen 82
    Fettuccine und Zucchinistreifen mit Basilikum 30
    Gebratene Garnelen mit Zucchinisauce 38, *39*
    Gefüllte Zucchini 91, *93*
    Kartoffel-Gnocchi in Zucchini-Basilikum-Sauce 52
    Salat von Zucchini, Kresse und Rucola mit Pecorino und Croûtons 83
    Seezungenfilets in Kräuterkruste mit Zucchiniblüten *51*, 53
    Seezungenfilets mit Zucchini und Estragon 36
    Spaghettini mit Zucchiniblüten 68
    Zucchini-Tarte 22, *23*
Zucchiniblüten *siehe* Zucchini
Zwiebeln 12
    Bohnensalat mit Zwiebeln und Tomaten 84
    Frittierte Zwiebelringe 170
    Kabeljau mit Frühlingszwiebeln und Safran 38
    Spießchen mit Trauben und Perlzwiebeln 110
    Tintenfisch mit Kartoffeln und Zwiebeln 169
    Zwiebelcremesuppe mit Steinpilzen 116